JN046412

『スティグマ』というエニグマ

ゴフマン社会学の新たな地平へ

USUI Akira

薄井 明

誠信書房

まえがき

2022年は、カナダ生まれで米国で活躍した社会学者アーヴィング・ゴフマン（Erving Manual Goffman）が誕生してからちょうど100年目に当たる。2022年2月24日、ロシアによるウクライナ侵攻が勃発し、世界に衝撃を与えた。そのウクライナ（当時ロシア帝国領）がアーヴィングの父マックスの出身地である。東欧系ユダヤ人だったマックス・ゴフマンは第一次世界大戦勃発直前の1913年にロシアを脱出、移民としてカナダに渡って衣類の小売店を営み、同じく東欧系ユダヤ人カナダ移民のアン・アヴァバックと結婚した。彼らの第二子として1922年6月11日に生まれたのがアーヴィング・ゴフマンである。

筆者が本書を公刊するのは、ゴフマンにとって大きな節目になるこの年に彼の社会学的業績を称揚するためである。ただし、「社会学者ゴフマン生誕100年を記念すること」の意味は他の社会学者の場合と異なる。たとえばÉ・デュルケーム、G・ジンメル、M・ウェーバーであれば、多少の解釈の幅はあったとしても、それぞれの社会学理論に関しては一定の共通理解が存在しているし、各理論に対する評価もほぼ固まっている。「社会学者〇〇生誕100年記念」の企画は、そうした共通理解と定評を再確認する形式的・儀式的なものになるだろう。出生年がゴフマンと比較的近いH・ガーフィンケルやN・ルーマンの場合も、同様だと考えられる。これに対し、ゴフマンの場合、生まれて100年（没後40年）が経つ現在でも、彼の社会学に関する共通の理解や定まった評価は存在していない。ゴフマン社会学の理論的な性格に関しては、「シンボリック相互作用論」的、「機能主義」的、「システム論」的、「構造主義」的、「現象学」的、「実存主義」的、「ポストモダン」的など種々のラベル付けがなされる一方で、どのラベルも決定的なものとは見なされていない。また、*Stigma*（1963）の邦訳『スティグマの社会学』が1970年にせりか書房から出版されて以来、計6冊のゴフマンの著書が邦訳されていながら、これらの著書に登場する基本的な術語の訳語すら確

定していない。さらに、ゴフマンの名がタイトルまたはサブタイトルに入った邦文研究書（翻訳を除く）の出版はこれまでのところわずか 3 冊にとどまっている。N・ルーマンの名がタイトルまたはサブタイトルに入った邦文研究書（翻訳を除く）が優に 20 冊を超えている状況などと比べると、ゴフマン社会学の邦文研究書が極端に少ないことがわかる。このように、E・ゴフマンという社会学者の名前および彼の著書名の「知名度」とゴフマン社会学の「理解度」には大きな落差がある。「ゴフマンの生誕 100 年、没後も 40 年経ち、ゴフマン社会学の初期の著書は全て邦訳されているが、一部の研究者以外では、ゴフマン社会学の内容はほとんど理解されていない」というのが日本におけるゴフマン社会学の受容状況に対する筆者の評価である。こうした受容状況では、ゴフマンの社会学的業績を称揚するといっても始まらない。

　そこで本書では、ゴフマン社会学の理解を少しでも進展させるために、ゴフマンの主著の 1 つである *Stigma*（以下『スティグマ』という）を取り上げ、やや詳しい解説と部分的な応用を試みる。なぜ『スティグマ』なのかというと、日本におけるゴフマン社会学の受け入れられ方という点でこの著書は典型的な存在だからである。すなわち、彼の著書の中で一番早く邦訳された結果、広くその書名と「スティグマ」という言葉が知られ、社会学をはじめ多くの学問領域で頻繁に言及されてきたにもかかわらず、その叙述内容と論理構成が全くといってよいほど理解されていない著書である。この著書を読み解くことができれば、ゴフマンのほかの著書の読解に道を開いていくことが期待できる。

　本書では、ゴフマンの著書『スティグマ』が日本の読者を遠ざけてきた「読みにくさ」と「理解しにくさ」の諸原因を究明しそれらを取り除きながら、発展性のある『スティグマ』の読解を試みる。その際、訳語などの翻訳上の問題も検討していく。本書の読了後「『スティグマ』には興味深い事柄がこんなに多く書かれていたのか」と読者に得心してもらうことが本書の一番目の目標である。また、『スティグマ』の視角および概念が現代日本の社会現象の分析において有効性を保っていることを本書において示す。読者諸氏に「『スティグマ』の分析は決して時代遅れになっていない」と再認識してもらうことが二番目の目標である。そして本書では、『スティグマ』が「スティグマ」問題だけを扱っている著書でないことを明らかにする。「『ス

ティグマ』の理論的視角や概念は多様な分野で応用が可能である」という展望と「応用してみよう」という意欲を諸氏に抱いてもらうことが三番目の目標である。

第1章「『スティグマ』を知る」では、国内外のゴフマン研究における『スティグマ』に対する一面的な見方ないしステレオタイプ化した見方を是正する一方で、ゴフマンがこの著書に施した「仕掛け」に注意を促して、読者が予断をもたず真正面から『スティグマ』に取り組めるような構えを提供する。ただし、第1章はゴフマン社会学の学説研究に関心をもつ社会学分野の学生および研究者を主要な読者に想定して書いた章なので、『スティグマ』の叙述内容を知ることを最優先する方はこの章を読み飛ばして第2章から読み始めることをお勧めする。第2章単独でも十分に理解できる書き方になっている。

第2章「『スティグマ』を読む」では、ゴフマンのこの著書を「読んでわかる」本に書き換える試みがなされる。『スティグマ』の目次に沿って叙述内容と論理構成を丁寧に追っていく「精読」を基本としつつ、叙述順序の部分的な入れ替え、叙述内容の言い換え、思い切った削除をおこなう。後者の改変措置は、『スティグマ』の元の叙述では理路が整然としていなかったり、内容的に重複する箇所があったり、表現がわかりにくかったり、記述分量にバランスの悪さがあったりといったゴフマンの叙述上の難点を矯正する目的でなされる。また、多くの箇所で当時の米国の事例を現代日本の事例に置き換えているが、これは『スティグマ』の叙述内容をわかりやすくすると同時にゴフマンの視角および概念が現代日本における「差別」現象の分析にも有効であることを示す意図による。

第3章「『スティグマ』を使う」では、『スティグマ』がよく引き合いに出される「偏見」や「差別」という文脈を離れて、この著書の視角および概念が現代日本の社会現象の分析に応用可能であることを例証する。この章で扱う現象は「恐喝」「大学デビュー」「なりすまし被害」の3つである。これらの現象は筆者が『スティグマ』の視角と概念を援用して日常生活の出来事を考察していく過程で着想したものであり、深いところで「スティグマ」問題とつながっていると筆者は考えている。この章では「研究の試作」のような形でしか提示できないが、従来学問的に扱われなかった社会学的な諸問題を

分析する上で『スティグマ』が有効な視角・概念の宝庫であることは示すつもりである。

　筆者は本書のタイトルに「謎めいた文章」という意味のギリシャ語「エニグマ（enigma）」を使っている。「難解である」「正体がつかめない」と評されることが多いゴフマンの『スティグマ』は、確かに、読者には「エニグマ」に近いものに感じられるかもしれない。しかし、難解な文書も、文書である以上、決して解読不能ではない。その「難解さ」の諸原因を解き明かしそれらを解消していきさえすれば、意味のあるメッセージが立ち現れてくるはずである。本書が『スティグマ』というエニグマの「解読装置」の役割を果たし、読者諸氏が邦訳『スティグマの社会学』を読んでみようと思い（読んだことがある方は読み直してみようと思い）、さらに原典の Stigma に当たってみようと思ってもらえたとき、「社会学者ゴフマン生誕 100 年」を記念しようという筆者の所期の目的は達成される。また、本書をきっかけに、ゴフマン社会学の本格的な理解および応用を進めようとする日本の研究者が出てきてくれれば、「ゴフマンの著書はどれを読んでも文句なくおもしろい」という思いをずっと抱いてきた一研究者としては、この上ない喜びである。

1　筆者も 1 章を担当した安川一（編）『ゴフマン世界の再構成——共在の秩序と技法』（世界思想社）、高橋裕子『「女らしさ」の社会学——ゴフマンの視角を通して』（学文社）、中河伸俊・渡辺克典（編）『触発するゴフマン——やりとりの秩序の社会学』（新曜社）の 3 冊である。個別の章を割いてゴフマン社会学を論じている邦文研究書はほかに何冊かあるが、ゴフマン社会学をメインの論題にしている邦文研究書は上記 3 冊のみである。ゴフマン研究書としてよく読まれている Y・ヴァンカン『アーヴィング・ゴッフマン』（せりか書房）は翻訳なので、ここではカウントしていない。

2　ルーマンに関する邦文研究書が特に多いというわけではない。T・パーソンズの名がタイトルまたはサブタイトルに入っている邦文研究書（翻訳を除く）も 20 冊を軽く超えている。ゴフマンとほぼ同世代の H・ガーフィンケルが創始した「エスノメソドロジー」に関していうと、エスノメソドロジーの語がタイトルまたはサブタイトルに入っている邦文研究書（翻訳を除く）も約 20 冊出版されている。

目　次

凡 例

1. 本書では、引用文において本文だけでは理解しにくい部分に亀甲括弧〔　　〕を使って語句等を補足する。また、大括弧［　　］を使って、意味がわかりにくい語句の言い換えをおこなう。

2. 本書では、文献からの出典表示は全て章末の「注」の箇所にまとめて掲載する。また、『スティグマ』をはじめゴフマンのいくつかの著書・論文から繰り返し引用するため、それらの著書・論文を表す以下の略語を使用する。

   SC　　"Symbols of Class Status," *The British Journal of Sociology* 2(4), 1951.

   CM　　"On Cooling the Mark Out: Some Aspects of Adaptation to Failure," *Psychiatry: Journal for the Study of Interpersonal Processes* 15(4), 1952.

   CC　　"Communication Conduct in an Island Community," unpublished Ph. D. Dissertation, University of Chicago, 1953.

   PS　　*The Presentation of Self in Everyday Life*, Doubleday and Company, 1959＝邦訳：『行為と演技──日常生活における自己呈示』（石黒　毅訳）, 誠信書房, 1974.

   AS　　*Asylums: Essays on the Social Situation of Mental Patients and Other Inmates*, Doubleday and Company, 1961＝邦訳：『アサイラム──施設被収容者の日常世界』（石黒　毅訳）, 誠信書房, 1984.

   EN　　*Encounters: Two Studies in the Sociology of Interaction*, The Bobbs-Merrill Company, 1961＝邦訳：『出会い──相互行為の社会学』（佐藤　毅・折橋徹彦訳）, 誠信書房, 1985.

   BP　　*Behavior in Public Places: Notes on the Social Organization of Gatherings*, The Free Press, 1963＝邦訳：『集まりの構造──新しい日常行動論を求めて』（丸木恵祐・本名信行訳）, 誠信書房, 1980.

   ST　　*Stigma: Notes on the Management of Spoiled Identitty*, Prentice-Hall, 1963＝邦訳：『スティグマの社会学』（石黒　毅訳）, せりか書房, 2012.

   IR　　*Interaction Ritual: Essays on Face-to-Face Behavior*, Doubleday and Company, 1967＝邦訳：『儀礼としての相互行為──対面行動の社会学』（浅野敏夫訳）, 法政大学出版局, 2002.

第1章

『スティグマ』を知る

What is Goffman's *Stigma*

---

1. 日本の社会学内外における『スティグマ』の論じられ方[1]

　ゴフマンの『スティグマ（*Stigma*）』（邦訳：『スティグマの社会学』）は、タイトルに使われた「スティグマ［負の烙印・汚名］」という語のインパクトもあり、社会学の内外で広く名の知れた著書となった。特に「偏見」や「差別」を論じる分野では必読文献のように位置づけられるまでになっている。Google Scholar の被引用数で、ゴフマンの著書のうち、最も有名な『日常生活における自己呈示（*The Presentation of Self in Everyday Life*）』（邦訳：『行為と演技』）に次ぐ 2 番目の多さである[2]。

　1963 年の発行のため「古典」並に扱われる著書であり、その言及・引用の回数も膨大であるにもかかわらず、『スティグマ』の全体的な内容が本当の意味で理解されているとはいえない現状[3]にある。

　以下で、『スティグマ』の従来の取り上げられ方、理解のされ方、批判および検証・検討の研究動向について論じるが、次に掲げるこの著書の目次[4]と照らし合わせるだけで、従来の論点がいかに一部に集中し偏っているかがわかる。圧倒的な頻度で引用または言及されてきた節は ★★★ を付してゴシック体で強調し、ある程度の数の研究者によって論じられてきた節は ★★ を付してゴシック体で強調している。また、研究文献数はごく少ないが言及されたことがある節には ★ を付している。なお、この節で検討するのは、邦文の文献、すなわち日本語で書かれた論文・著書および邦訳された外国語の著書に限定し、『スティグマ』に出てくる術語に触れている程度のものは対象にしていない。

(1) 日本における『スティグマ』言及の傾向
a）スティグマの定義と3類型

　社会学の内外で論者が『スティグマ』に言及する場合、スティグマの「定義」とその「3類型」を取り上げることが圧倒的に多かった。そうした状況は現在も変わっていない。「スティグマ（stigma）」の語は一般的な語彙に属するギリシャ語起源の単語であって、ゴフマンのオリジナルな術語ではない。一般的な語彙としてならゲオルク・ジンメル（1858-1918）やマックス・ウェーバー（1864-1920）もスティグマの語を使っているし、公的文書・学術文献における使用例は彼ら以前にもみられる。しかし、スティグマの意味を明確に規定して社会学に導入し「スティグマが生じる構造的な前提条件」を主題的に論じたのは、ゴフマンが最初だといってよい。

　したがって、スティグマがキーワードになる研究分野、特に「差別」研究や「偏見」研究の分野において『スティグマ』への言及が目立つのも当然のことである。だが、そのほとんどはスティグマの「定義」や「3類型」について述べた箇所の引用か、それらへの言及である。『スティグマ』を引き合いに出しているといっても、その参照箇所はChapter I の最初の節である「諸概念の前置き」（上掲目次で ★★★ とゴシック体で強調した節）の、さらにその冒頭部分にすぎないのである。「スティグマ」の語がタイトルに入っている1冊の学術書でさえ、著書『スティグマ』に関しては、スティグマの定義やその3類型に集中し、その叙述の分量もせいぜい1頁か2頁のものが大半である。きわめてよく引用される「定義」と「3類型」を述べた箇所を掲載しておく。

　　見知らぬ人が私たちの面前にいるとき、その人がある種の属性——人間のカテゴリーにおいてその人が他の人たちと異なることを示す属性——、そして望ましくない属性——極端な場合、極悪だとか、危険だとか、愚鈍だとかの属性——を所有している証拠が現れることがある。その人は、このようにして私たちの心の中で、健全で普通の人物から堕落して価値の低い人物へと降格される。そうした属性がもつ信用を失わせる効果が非常に広範囲にわたるとき、その属性はスティグマである。そうした属性はまた、欠点、短所、ハンディキャップとも呼ばれる。

ひどく異なる3つのタイプのスティグマを挙げることができる。最初に、周囲の人に嫌悪感を引き起こす身体的特徴、すなわち肉体上の種々の奇形・不具が存在している。次に、意志薄弱、強烈な情念または異常な情念、不誠実で頑迷な信念、不正直と理解される個人の性格上の欠陥が存在している。これらの欠陥は、たとえば精神障害、収監、麻薬常用、アルコール依存、同性愛、失業、自殺企図、過激な政治運動などの記録から推測されるものである。最後に、人種、民族、宗教による種族的なスティグマが存在している。これは、家系を通して伝えられ、家族全員を等しく汚染するスティグマである。[12]

b)「関係」概念としてのスティグマ

同じくゴフマンによるスティグマの「定義」に関連することだが、上記の一般的な定義に加えて、それとやや異なった視角から彼はスティグマを規定している。こちらの規定も、比較的よく知られている。

> スティグマという術語は、今後、その人の信用を深く毀損する属性を指す術語として使用するが、本当に必要なのは関係を表す術語であって、属性を表す術語ではないということが理解されるべきである。[13]（傍点は引用者）

「属性」概念としてのスティグマという捉え方と「関係」概念としてのスティグマという捉え方とでは、同じ「スティグマ」現象の見え方が違ってくることは確かである。ゴフマンはこの点に関して詳しくは述べていないので、スローガン的な捉え方といえなくもないが、スティグマを「関係」概念として捉えるゴフマンの視角への言及は散見される。[14]『スティグマ』の当該箇所を読んだ場合、ゴフマンのこの視角について自然に導き出せるのは、たとえば次のような解釈だろう。

> ゴッフマンが念を押して言うように[15]、スティグマとはじつのところ「属性ではなく関係を表現する言葉」である。ひとつの属性それ自体は、相互作用の文脈如何によって、信頼を失わせるものとなったり、逆に信頼を得たり、友好をもたらしたり、もしくは何の特別な反応をも引き起こさなかったりすることが

ある。[16]

　ゴフマンのこの視角に関しては、もう少し踏み込んだ解釈もある。日本で
は比較的早い時期になされた次の指摘は、「関係」概念としてのスティグマ
というゴフマンの捉え方の核心に迫るものの1つである。

　　社会学的にいえば、〈異人〉の補完項は〈常人〉[17]である。ゴッフマンにな
　らって、ある特定の役割期待から負の方向に逸脱していない者を、〈常人〉と
　よんでおく。いうまでもないが、〈異人〉と同様、〈常人〉は実体としてではな
　く、関係として把握されねばならない。〈常人〉の役割と〈異人〉の役割と
　は、ある社会関係のなかで図／地のように組みあわされ、両者はたがいに相手
　の部分をなしている。たがいに相手を〈内なる他者〉として内面化している、
　といってもよい。[18]

　これと類似した記述は、『社会学事典』（弘文堂）の「スティグマ」の項目
の説明文にもみられる。

　　ゴフマンは、このスティグマを、属性から関係に組み替える。すなわち、ス
　ティグマを負う者といわゆる健常者とは実体として区別できる二つのグループ
　ではなく、二つの役割ないし視角によって上演される社会過程である。共通の
　社会規範を遂行している相互行為の中から、スティグマをもつ者と健常者への
　差異化が生れるとき、文化それ自体が差別の体系から成り立っていると言え
　る。[19]

　こうした「スティグマ」理解と関連するのが「ノーマル者[20]－スティグマ保
持者[21]の統一体」概念である。『スティグマ』の最後のほうに出てくる考え方
で、「ノーマル者－スティグマ保持者」という二分法的な思考法の無効を宣
言するものである。この概念に関する次の説明は、妥当なものだといえるだ
ろう。

　　Goffman は『スティグマ』の終盤において、「ノーマルな（範囲の）逸脱

(normal deviant)」や「自己 - 他者統一体（self-other unity)」「常人 - スティグマ保有者統一体（normal-stigmatized unity)」という概念を提示する。それまであえて二項対立的に論じられていたスティグマのある者と常人とは、実はそれぞれがお互いに相手の一部をなすものである、ということを含意するものだ。これにより、件の状況において「常人として」あるいは「スティグマ保有者として」関係づけられている彼女の経験の構造の変換可能性を示唆している。[22]

　これらの解釈を含めて、「関係」概念としてのスティグマという捉え方が意味するものについては、本書の第2章で述べる。

c)「縁者のスティグマ」概念
　先のスティグマの3類型とは異なる、スティグマの派生態として、ゴフマンは「縁者のスティグマ（a courtesy stigma)[23]」という概念を提示している。単純化していえば、スティグマがある人の親族［親・子・配偶者・きょうだい］が負うスティグマのことである。したがって、スティグマの問題と家族関係の双方に関心をもつ研究者がこの概念に着目する。そうした研究者はごく少ないが、「縁者のスティグマ」概念に関する次の説明は原典に忠実なものである。

　　親のこうした新しい立場を、Goffman の「縁者のスティグマ」概念から捉え返してみたい。彼はスティグマを付与される人物と「社会構造上スティグマのある人に関係をもっている人」が、時に当事者の外側の包括社会から何らかの点で一つのものとして扱われると指摘する。その例として「精神疾患者の貞実な配偶者、刑余者の娘、肢体不自由児の親、盲人の友、絞首刑執行人の家族」を挙げ、「みな彼らが関係しているスティグマのある人の不面目をいくらか引き受けることを余儀なくされている」と述べる。[24]

d)「情報コントロール」の一形態としての「パッシング」
　ゴフマンの『スティグマ』に登場する術語のうち、「スティグマ」に次いで言及される頻度が高い術語として「パッシング［なりすまし］(passing)[25]」が挙げられる。『スティグマ』という著書の日本における研究動向に関して次

のような指摘が 1990 年代半ばになされたが、その傾向は現在にも跡を残している。

　　当該社会から差別される存在である個人が「パッシング（passing）」や「カヴァリング（covering）」によって自らの情報を操作している部分のみがクローズ・アップされ、それがゴフマンの「スティグマ論」としてパッケージングされて流通しているかのように見える。[26]（傍点は引用者）

ただ、流行めいた状況があったにもかかわらず、「パッシング」概念は日本の社会学辞典類にはほとんど掲載されていない。そうした中で『新社会学辞典』（有斐閣）には「パッシング」の項目があり、次のような説明がなされている。

　　たとえば、異国に潜入しているスパイや、政治的迫害からの亡命者のように、自分の「隠された身分」が他者に露見する危険に備えながら、自分の「外見」を他者の前で操作して「外見通りの身元をもった者」として生きていく作業をいう。[27]

ゴフマンが提示した"passing"のことを指している旨の記述はこの文に見当たらないものの、この説明は『スティグマ』の「パッシング」にも当てはまる内容である。だが、一般に「パッシング」概念に関しては、言及されているわりに、その理解および説明は曖昧だと言わざる得ない。[28]しかも、隣接する概念である"covering［和らげ・部分的覆い隠し[29]］"との違いに至っては、それを説明している論文・著書はきわめて少ない。[30]そうした現状の中、次の 2 つの記述は妥当なものだといえる。

　　ゴフマンによるとスティグマの処理の仕方には、パッシングとカバリングとがある。パッシングとはスティグマが顕わになることを避けるために情報を操作すること、カバリングとは顕わになったスティグマが相互行為を掻き乱さないように情報操作することである。[31]

スティグマ者の戦略として、スティグマとなるカテゴリーを状況に露出させ ず隠そうとするパッシングや、露出したカテゴリーをなるべく目立たないもの にしようとするカヴァリングが論じられてきたのである[32]。

パッシングだけに注目が集まっている観があるが、同じくカヴァリング ［カバリング］も「情報コントロール」の技法に属する。これら以外の技法に ついても、ゴフマンは Chapter II の「情報コントロールの種々の技法」で論 じている。研究者たちの関心がパッシングに集中してきた理由として、この 概念をハロルド・ガーフィンケルも使用し、ゴフマンの「パッシング」概念 をガーフィンケルが批判したことが挙げられる。この点に関しては、本節の (2)「著書『スティグマ』への批判」の箇所で論じる。

e)「よい適応」概念

その数はきわめて少ないが、「よい適応（good adjustment）」概念に着目す る研究がある。この概念は『スティグマ』の Chapter III の「外集団に軸足を 置く路線」の節に登場するもので、スティグマを負った人がノーマルな人に 対しておこなう察しと配慮の応対を指す。「軽度障害者と異形の人びと[33]」が おこなう「個人的な陰の努力[34]」の実態をゴフマンの「よい適応」概念ですく い取ろうする日本の社会学者の1人は、この概念に次のような適切な説明を 与えている。

> そしてそれは、ゴフマンが「よい適応」と呼んだものである。スティグマ者 が「よい適応」に従って個人的に対処している限りは問題は顕在化せず、ス ティグマにともなう苦痛も表明されない。さらには常人たちの見せかけの寛容 さが暴かれることもなければ、常人たちが自省を迫られることも、アイデン ティティを脅かされることもない。支配的文化の視点に基づいた「よい適応」 は、何よりも社会にとって都合のよいものなのである[35]。

また、「障害者役割」に着目する研究も「よい適応」と密接に関連してい る。「障害者は障害者らしく振る舞っているかぎりで一般の人々に受け入れ

られる」という意味で、実質的に、ゴフマンが「ミンストレル・ショー化（minstrelization）[36]」と呼んだ事態を問題として扱っている研究である。別の日本人の社会学者は、「障害者と健常者の関係」に関してゴフマンに依拠しつつ、的確に指摘している。

　　健常者は障害者と接する時は、これらのステレオタイプ化された障害者像［「無能」「依存的」「自主性のなさ」］を信じ込み、それに依拠した行動をとることになる。そして健常者は、障害者がその信じ込みに合致した行動や振る舞いをすることを期待するのである[37]。

　　ゴッフマンの考察においても、障害者は「彼にとって事態が気楽なものになるようにと配慮する常人たちの努力が効果的であり、理解されているかのように行為する」ことが求められていると述べている。例えば、障害者が健常者から、本人にとって不適切な方法で援助を受けたとしても、障害者はその健常者の努力や好意を認め、受けいれることが求められているのである[38]。

　これらスティグマを負った人の「よい適応[39]」については、本書の第2章で述べる。

f）アイデンティティをめぐる3つの概念

　アイデンティティをめぐる3つの概念、すなわち「社会的アイデンティティ」「個人アイデンティティ」「自我アイデンティティ」は『スティグマ』のキーワードと見なされるにもかかわらず、これらの概念への論及は従来ほとんどなかった。訳語が確定していないのも、この点と関係しているだろう。「社会的アイデンティティ（social identity）」の訳語は定着している一方で、「個人アイデンティティ（personal identity）[40]」に関しては「個人的アイデンティティ」や原語表記の「パーソナル・アイデンティティ[41]」といった訳語が併存し、「自我アイデンティティ（ego identity）[42]」にも原語表記の「エゴ・アイデンティティ」が訳語候補として使われることがある。

　これら3つの概念のうち、社会的アイデンティティに関しては、ゴフマンの記述が比較的明瞭で詳しいため、その理解の仕方に幅や揺れはない。基本

的に社会的アイデンティティは他者認識の際に用いられる「カテゴリー」を指すと考えてよい。『スティグマ』の Chapter I.「スティグマと社会的アイデンティティ」の冒頭に近い箇所で、ゴフマンは次のように述べている。

> 見知らぬ他者が私たちの面前に現れたとき、私たちは最初に見た外見からその人のカテゴリーと属性、すなわち彼の「社会的アイデンティティ」を予想することができる。この術語を使うのは、「職業」のような構造上の属性だけでなく、「正直」という個人的属性を〔この術語に〕含ませることができるからである。[43]

　ただ、"a virtual social identity" と "an actual social identity" という社会的アイデンティティの2つの相に関しては、訳語の問題が未解決である。現在の邦訳で用いられている「対他的な社会的アイデンティティ」–「即自的な社会的アイデンティティ」は原語が表す意味を適切に伝える訳語ではない。[44]前者に「仮想の社会的アイデンティティ[45]」や「実効の社会的アイデンティティ[46]」の訳語を、後者に「実際の社会的アイデンティティ[47]」の訳語を充てているものがある。後者の訳語はよいとして、前者の訳語に関しては適訳とは言い切れないもどかしさを感じる。筆者は本書で"a *virtual* social identity"に「見かけの社会的アイデンティティ[48]」の訳語を、"an *actual* social identity"に「本来の社会的アイデンティティ[49]」の訳語を充てている。
　一方、個人アイデンティティと自我アイデンティティに関しては、ゴフマンがあまり詳しく説明していないこともあって、これらの概念の理解が十分に進んでいるとは言いがたい。ゴフマンが自我アイデンティティをエリク・H・エリクソンの同名の概念「自我アイデンティティ」と同義で使っていることは確実だ[50]が、同時に、自我アイデンティティと一見類似した個人アイデンティティという術語を設定しているため、この2つの概念を混同している研究者も見受けられる。個人アイデンティティを明示的に説明している研究者はきわめて少ないという研究状況の中で、次の説明は具体例を挙げていて比較的わかりやすい説明ではあるものの、他の2つのアイデンティティ概念との異同を明らかにする説明になっているとはいえない。

最後に個人的アイデンティティである。このアイデンティティは、物理的に
ひとつの身体しか持ち合わせないことに起因する行為者の、性別、生年月日、
生誕地、本籍地、居住地、婚姻関係、家族構成、学歴、職歴など、公的な記録
に記すことができる生活史のことである。[52]

> 　パーソナル（個人）アイデンティティは、私たちが社会的カテゴリー（もし
> くは役割）の背後に「いる」と想定する、固有名と、固有の身体的な見かけ
> と、固有のバイオグラフィーと、固有の人格をそなえた個人を指し示す。たと
> えば、名刺や身分証は、各種の社会的カテゴリーと、姓名や見かけを示す写真
> を同一フレーム内に表示することによって、その所持者の社会的ID とパーソ
> ナル ID をセットで示している。[53]

　これら 3 つのアイデンティティに関しては、まずもって、最初の 2 つ（社
会的アイデンティティ・個人アイデンティティ）と最後の 1 つ（自我アイデ
ンティティ）との間に局面の違いがあることを理解する必要がある。同じく
「アイデンティティ」の語が含まれているが、心理学的な意味で使われてい
るのは最後の自我アイデンティティだけである。わかりやすくいえば、社会
的アイデンティティと個人アイデンティティがともに他者が特定の人物に関
して判断する際に用いられる手がかりの 2 つの相であるのに対して、自我ア
イデンティティは特定の人物が自分自身に関して判断する際に自分に帰属さ
れる社会的アイデンティティ・個人アイデンティティに基づいて構築する自
己像を指す。この点も含めて 3 つのアイデンティティ概念に関して、本書の
第 2 章で説明する。

g)「モラル・キャリア」概念
　この概念は、『スティグマ』よりも先に発行された『アサイラム』（1961
年刊）所収の論文「精神病患者のモラル・キャリア」で提出された概念であ
る。したがって、「モラル・キャリア（moral career）」[54]は精神病患者のスティ
グマ[55]と結びつけられることが多いが、「スティグマ」現象一般においても重
要な分析概念になっている。この概念に注目して、「家族崩壊を経験した子
ども」というカテゴリーが適用されることから生じる社会化過程を追究する

日本人の研究者がいる。次の引用にみられるその理解と活用法は、適切なものである。

　　客観的キャリアと主観的キャリアは密接に結びついており、地位や役割の変化といった客観的なキャリアの変容は、付随的に主観的アイデンティティの変容——特に、人びとが自己や他者の人間性を判断する際にその人の自我やイメージの枠内で引き起こる規則的な変化——を引き起こす。こうした、ある人の地位が変化する際に伴う道徳的・精神的・主観的な変化に注目するとき、ゴッフマン（1961b、1963）は、ある社会的カテゴリーのメンバーが辿る類似した「自己アイデンティティの変遷」を意味する「モラル・キャリア（moral career）」という概念を提示した。[56]

　　福祉機関等の社会的介入によって「家族崩壊を経験した子ども」と社会的に認知されれば、実際に親がいるかいないかには関係なく、「家族を失った／親のいない子ども」と見なされることになり、彼あるいは彼女たちが直面する生活過程上の問題やアイデンティティの変遷にはいくつかの重要な点で類似が見られる。[57]

(2) 著書『スティグマ』への批判
a) スティグマを負う人の「現状への適応」の理論という批判

　米国の社会学者アルヴィン・W・グールドナーがゴフマンの著書『日常生活における自己呈示』および『アサイラム』に対しておこなった次のような特徴づけは、『スティグマ』にも向けられるゴフマン社会学に対する典型的な批判である。

　　ゴッフマンは、人びとがいかにしてこれらの官僚組織の構造とか他の社会体系の構造を変革しようとするかという問題を扱うことなく、むしろ反対に、人びとがどのようにそれに対して適応し、またその内部において適応するかの問題を扱うのである。[58]

　確かに、この批判はゴフマン社会学の一面を衝いている。ゴフマンが社会

構造にほとんど言及することなく「相互行為秩序」を主要な論究対象とした
というのは事実である。[59]「社会問題の構築主義」論で知られるジョン・I・キ
ツセは、グールドナーと類似した視点から『スティグマ』における「逸脱
者」像を批判している。キツセのゴフマン批判に関して、ある日本の社会学
者は次のようにまとめている。

> ゴフマンらの逸脱者観は後にキツセ（Kitsuse 1980）によって、「過社会化」
> されていると批判されることとなった。いまここで確認したのも、常人のまな
> ざしを取得し自己否定的なアイデンティティ管理によって事態に対処していこ
> うとする、社会への適応に過剰に配慮する人びとの姿であった。それに対して
> キツセは、逸脱者の「自己肯定」と政治的抗議行動の場への「カミングアウ
> ト」に注目した。[60]

> この新しい異議申し立て活動の担い手像には、ゴフマンの描いたスティグマ
> 所有者とは別の典型というべき主体像が含意されている。人びとは、彼らを
> 「逸脱」と定義する社会に異議を唱える。その活動主体は、個人であるよりグ
> ループである。そのメンバーは、彼／彼女らを共通の不利な立場に置くアイデ
> ンティティに自らアイデンティファイし、それに立脚して社会を問題化する。[61]

この批判は、『スティグマ』の理論的含意という点では間違っているとは
いえないが、「事実認定」の面では疑問を抱かせるものである。[62] というの
も、ゴフマンは『スティグマ』の Chapter I の「同類の人たちと事情通の人
たち」の節でスティグマ保持者の集団の代表者が彼らに対して用いられる差
別的な表現を是正するように働きかけるケースを取り上げ、[63] Chapter III の
「内集団に軸足を置く路線」の節でスティグマが刻印された人たちが同じ境
遇の人たちの立場を肯定する「戦闘的な行動方針」の活動のケースを取り上
げているからである。ただ、「自らの特異性からスティグマ性を取り除く」[65]
ことを目的とする彼らの戦闘的な努力がアイロニカルな帰結をもたらすと彼
は指摘し、戦闘的な行動方針に沿った運動に若干シニカルな態度をみせてい
る。すなわち、キツセのいう「彼らを『逸脱』と定義する社会に異議を唱え
る」活動主体をゴフマンは『スティグマ』の中で取り上げているものの、こ

のタイプの活動を彼は評価していない。このように表現すれば、『スティグマ』の叙述内容に関する正確な描写になるだろう。したがって、もし仮にゴフマンに批判されるべき点があるとすれば、「内集団に軸足を置く路線」に「戦闘的な行動方針」しかないかのような狭い見方をしている点、そして、そうした極端な行動方針がもたらす否定的な帰結をあげつらうことによって「内集団に軸足を置く路線」全体を否定しているようにみえる点だろう（本書第2章の3の(3)）。

b）スティグマを負う人の「感情」を軽視・無視しているという批判

英国の社会政策研究者のポール・スピッカーは、社会福祉政策の文脈からゴフマンの『スティグマ』に言及し、「スティグマは、実際は属性とステレオタイプとの間の特殊な関係である[66]」というゴフマンによる（定義というより）規定を取り上げながら、以下のように批判する。

> 私にはスティグマを負った人の属性があまりにも強調されているように思えてならない。スティグマはその人の特徴に対する否定的な周囲の反応であると言うのがより正確であろう。とにかく、上記の定義の主たる誤りは、スティグマを負う人の感情を意に介さないことであるが、これこそスティグマの概念の重要な部分である。人々は諸社会サービスを利用するのに気後れを感じ、そのような境遇を恥じる。この感情が一般にスティグマの感情と規定できる[67]。（傍点は引用者）

ゴフマンによる上記の「スティグマ」の規定に「スティグマの感情」への言及がないのは事実である。先に(1)のa)で挙げた有名な「定義」も基本的にノーマルな人の側の視点に立ってなされており、定義それ自体はスティグマを負う人の「感情」の面を考慮したものではない。しかし、だからといって、ゴフマンがスティグマを負う人の「感情」の面を軽視または無視しているというのは、明らかに誤った指摘である。他の著書からの引用という形をとってゴフマンが『スティグマ』に組み込んだスティグマを負う人たちの数多くの経験の中に彼らの「感情」を読み取らないことのほうが困難だろう。たとえば、目の見えない女性が10代前半のときに自分がスティグマを負う

人だと思い知らされたエピソードを、ゴフマンは引用している。

　　私が自分のおかれた状況を初めて理解し、そのことに起因するひどく深い悲
　しみを最初に味わうことになったのは、10 代前半の仲間で日帰りで浜辺に行っ
　た日のことでした。それは本当に何気ない形で起こりました。私は砂の上に寝
　ころんでいました。友だちやほかの女の子たちは私が眠っていると思っていた
　のでしょう。友だちの〔男の子の〕1 人がこう言いました、「僕はドメイニカ
　がとても好きだけど、目の見えない女の子とは絶対にデートはしない」と。人
　をこれほど完全に拒絶する偏見は考えられません[68]。

　また、ゴフマンは著書『スティグマ』の中でスティグマのことを「恥ずべ
き特異性（a shameful differentness)[69]」と言い換えており、また「恥」の感情
がスティグマが刻印された人の中心的な問題であると明確に述べている。

　　さらに、対面的相互行為場面の外部にある社会から彼［スティグマが刻印さ
　れた人］が取り入れた基準のために、他の人たちが彼の欠点と見なすものに対
　して彼は内心敏感になっていき、ほんの一時的にせよ、不可避的に自分が本来
　そうであるべきものにまったく届いていないことに同意するよう強いられてい
　くのである。恥（shame）が最も起こる可能性のあるものであり、この感情
　は、彼自身の属性の 1 つが穢れたものであるためにそれを所有できず、そして
　自分自身がそれを所有していないと直ちにわかるものに個人が気づいているこ
　とから生じる[70]。（傍点は引用者）

c)「パッシング」概念をめぐるガーフィンケルの批判

　ゴフマンが『スティグマ』で提示した「パッシング」概念に対して、エス
ノメソドロジーの創始者ハロルド・ガーフィンケルは 1967 年発表の論文
「パッシングと『間性』［トランスジェンダー］の人物における性的地位の管理・
操作」の中で批判的なコメントを残している。

　　ゴッフマンの分析はすべて何らかのエピソードを具体例としてあげるか、あ
　るいは彼の分析図式によって分析される状況をエピソード的なものに変えるか

している。だが、戦略分析は、出来事がエピソード的なものではない場合にはうまくいかない[71]。

こうした批判は、アグネスについて語るとき、彼女が女性として通過した（passed）という表現の不正確さを指摘することによって、不十分ではあるがまとめることができる。むしろ、彼女は、女性としての通過作業を行ない続けた（passing）という能動態で表現することが必要なのである[72]。

単純化していえば、ゴフマンの「パッシング」は時間的に限定されたエピソード内で遂行される個々の「パスト（passed）」の操作であって、同一の人物が多様な場面でおこない、絶え間なく続けなければならない「パッシング（passing）」の操作ではないというのがガーフィンケルの批判の要点である。この点に関して、日本人の社会学者の1人は次のようにわかりやすく説明している。

ここで、ゴフマンが実際にどのような営為をパッシングとして捉えていたのかをみると、たとえばほとんど失明に近い若者が、恋人とのデートで、目が悪いことを恋人に気づかれないように様々な手立てを講じることがパッシングとして位置づけられている。この場合、目が悪いことを相手に悟られないようにすることが、この若者にとっての達成目標であるのだ。そして、このデートさえ乗り切れば、この若者にとってパッシングは成功として位置づけられるのである。だがこのようなパッシングの見方は、パッシング実践の一部分しか分析できていないとガーフィンケルは主張する[73]。

ガーフィンケルのこの批判は間違ってはいない。ただ、ゴフマンに対する彼の批判が成り立つようにみえるのは基本的に2人の視点ないしスタンスが異なっているからだともいえる。当該論文でガーフィンケルは、男性から女性へ性転換した19歳の1人の人物アグネスが「社会生活を織りなすさまざまな条件のなかで生ずるやもしれない露見や破滅の危険に備えながら、自分が選択した性別で生きていく権利を達成し、それを確保していく作業」を「パッシング」と呼んで、アグネスが「普通の」女性の文化的特徴を日常の

あらゆる場面で呈示し続けた実践的な達成の様態を描き出している。一方、ゴフマンが『スティグマ』でおこなおうとしているのは、「パッシング」を「情報コントロール」の技法の一形態に位置づけ、種々のエピソードを併置しながら、情報コントロールの多様な技法に関する「カタログ」を作成することである。両者の目指すものが異なっているということである。

(3)『スティグマ』の知見の検証と検討

a)「スティグマが相互作用活動に及ぼす影響」に関する社会心理学実験

　ゴフマンが『スティグマ』で提示した知見に関して、のちに米国でいくつかの社会心理学の実験が実施され、その結果が日本人の研究者によって紹介されている。顕在的なスティグマ保持者がノーマル者と対面的相互行為場面にいるとき両者間に「緊張」が発生し、その「緊張の処理・管理[75]」が中心的な問題になる、とゴフマンは『スティグマ』の中で述べている。たとえば、車椅子を使用した質問者［スティグマ保持者］と普通の質問者がそれぞれ被面接者［ノーマル者］に5項目の質問をする設定のクレックらの実験結果は、ゴフマンの見解をほぼ確証するものだった。しかも、緊張の処理・管理の具体的な形態が見いだされている。

　　　身体的ハンディキャップをもつ人が健常者を相手役として実施した面接においては、①被面接者が面接者に差し障りのある事柄への言及を意識的に避けようとするためか、ステレオタイプな対応になりやすいこと、②被面接者がこうした事態を早く終了させたいためか、回答も手短かなものとなりやすいこと、などが明らか〔に〕された[76]。

　また、ハンディキャップをもつ30名（手足切断患者12名・両足麻痺患者10名・半身不随患者8名）を被験者として、質問者［面接者］を健常者に設定した条件（Normal条件）と車椅子使用者に設定した条件（Handicapped条件）を比較した結果、ハンディキャップを負った人は、自分と同じようにハンディキャップを負った人と対面するときより健常者と対面するときのほうが「不安」を強く感じるということが示唆された。ここでも、緊張の処理・管理の具体的な形態が「非言語的な手掛かり」として見いだされている。

Normal 条件に割りあてられた患者は Handicapped 条件の場合と比較して、①面接をより早く終了させていたこと、②面接中は身体をできるだけ動かさないようにしていたこと、③笑いや eye contact も少なかったこと、④面接をあまり好ましいものと感じていなかったこと、⑤面接者との距離を大きくとっていたこと、⑥受け答えも型にはまったものとなっていたこと、が明らかにされた。[77]

　さらに、ゴフマンが『スティグマ』の中でスティグマをもつ人の態度およびノーマルな人の態度に関して述べている「両価性」[78]を主題にした実験もある。この現象に着目するアーヴィン・カッツの実験結果は、スティグマをもつ人に対するノーマルな人の態度に関するゴフマンの主張を裏づけるものになっている。

　　一方、Katz, I. (1981) は健常者が physical stigma をもつ人に抱く感情は、④友好、同情、受容といった側面と、㋺敵対、中傷、拒否といった側面とが入りまじったアンビバレントなものであり、両者の拮抗する度合が強ければそれだけ極端な反応となって現われるというアンビバレント行動増幅仮説 (ambivalence-induced behavioral amplification) を提唱した。[79]

b) スティグマの３類型に対する進化心理学による学問的裏づけ

　すでに述べたように、ゴフマンは『スティグマ』の最初のほうでスティグマの「３類型」、すなわち「周囲の人に嫌悪感を引き起こす身体的特徴」「個人の性格上の欠陥」「種族的なスティグマ」を指摘している。これらが「ひどく異なる３つのタイプのスティグマ[80]」であることは理解できるが、なぜスティグマがこの３タイプなのかの理由をゴフマンは示していない。一種の「理念型」のような提示の仕方をしていて、それ以上の説明を与えていないのである。

　もちろん、この３類型の妥当性が維持されていれば、その根拠が示されていなくても問題はない。長くそうした状況が続いてきた中、近年、臨床心理学者スティーヴン・P・ヒンショーは、ゴフマンによるスティグマの３類型が進化心理学の知見と符合することを見いだして、次のように述べている。

たとえば、ゴフマンが提示した三つのカテゴリーのモデルは、スティグマとスティグマ付与に関する社会心理学的な説明とはあまり関連がないように見えたが、カーズバンとリアリーが提示した三つの検知モジュールとは驚くほど似通っている。二者間の社会的相互作用で詐取する人や社会資本が少ない人は、「特質上の欠点［個人の性格上の欠陥］」と明らかに関連性をもっているし、寄生虫感染の危険性の検知は、ゴフマンが挙げた身体的な変形および「体の忌まわしい部分［周囲の人に嫌悪感を引き起こす身体的特徴］」（そして一部の精神障害の予測不能な行動）と密接に関わっている。また、連合搾取モデルは、国籍や民族や人種の異なる人の支配に関係する、部族のスティグマ［種族的なスティグマ］と強い関連性をもっている。[81]

　進化心理学による学問的裏づけは、スティグマに対する恐怖や忌避がヒトの進化にとって合目的的であったことを主張する点から、スティグマへの差別意識を生物学的に正当化する根拠に使われる危険性がある。しかし、こうした進化心理学の知見によって、一般的な「偏見」と異なり「スティグマ」になぜインパクトがあるのか、スティグマとして扱われる属性がなぜこの3タイプなのかという問題の理解が深まる可能性はある。

2. 初期ゴフマン社会学における『スティグマ』の位置

　数多くあるゴフマンの著書の中で『スティグマ』は彼の主著の1つに数えられる。著書として5番目のもので、ゴフマンの初期の著書群に属する。1959年刊[82]の『日常生活における自己呈示』[83]（以下『自己呈示』という）を皮切りに、1961年刊の『アサイラム（*Asylums*）』、同年刊の『出会い（*Encounters*）』、1963年刊の『公共の場での振る舞い（*Behavior in Public Places*）』（邦訳：『集まりの構造』）、そして『スティグマ』と、彼は5年間に主著級の著書5冊を立て続けに公刊している。[84]ゴフマンの経歴の上では、カリフォルニア大学バークレー校の教員だった時期（1958年1月から1968年6月まで）の前半にあたる。

近接した時期に出版されたこれら 5 つの著書を読んだときに受けるそれぞれの印象はかなり違う。一部では同じ術語が使われているものの、全体として「著書ごとに全面変更されている」といってよいほど術語は異なっている。テーマや考察対象にもほとんど共通性はないようにみえる。要するに、一見してこれらの著書の間に「関連性」が見いだせないのである。しかし、同じ著者がほぼ同時期に執筆した著書群に何らの関連性もないとは考えにくい。では、これらの著書群にはどのようなつながりがあるのだろうか。「それぞれが独自の著書」という外見の背後にある互いの関係の実態を探るには、やや迂回した考察が必要になる。

　まず、『スティグマ』の執筆過程について確認しておこう。1963 年刊の『スティグマ』に直接つながる最初の構想は 1957 年[85]に遡る。それは、『スティグマ』の「まえがき (Preface)」の脚注でゴフマンが著書完成までの 3 つの段階に関して述べた次の記述からわかる。

> 　初期の簡約版は、M・グリーンブラット、D・レヴィンソン、R・ウィリアムズ〔編〕の『患者と精神病院』(New York: Free Press of Glencoe, 1957) の pp. 507-510 に収録されている。その後それを発展させた内容は、1962 年 4 月 13 日にケンタッキー州ルイヴィルで開催された南部社会学会のマッキーヴァー講演で発表された。現在の著書は、「少年非行」に関する大統領委員会の補助金を得て、カリフォルニア大学バークレー校の「法と社会」研究センターから援助を受けている。

　引用文冒頭の「初期の簡約版 (An earlier summary version)」とは、『患者と精神病院 (The Patient and the Mental Hospital)』(1957 年刊) 所収の M・グリーンブラットと T・リズの論文「問題の諸次元 (Some Dimensions of the Problem)」の中に組み込まれた、ゴフマンのアイデアに基づく記述箇所[86]を指す。この箇所には「『ノーマルな逸脱者』としての患者——スティグマと孤立に関する諸問題 (The Patient as a "Normal Deviant"—Problems of Stigma and Isolation)」の小見出しが付けられている。この小見出しからわかるように「スティグマ」問題は「精神病患者のスティグマ」の問題を中心に展開されていた。ただし、このアイディアに肉付けしていったものが『スティグマ』という著書[87]

になったと考えるのは早計である。確かに、この小論にはスティグマの3類型が明示されており、スティグマをもつ人の「(1) 個人内の〔過程〕：ここには、自己憎悪、分離、否認、『二次的利得』などが含まれる」といった記述のほか、「(2) 逸脱集団の内部での対人的な反応」「(3) 逸脱集団のメンバーと外部社会との間の対人的な反応」「(4) 集団としての反応」との小見出しが付された簡略な記述がある。だが、この記述は英文3頁弱のごく短い文章であり、内容・分量の両面で『スティグマ』とは相当の隔たりがある。この点からすると、ゴフマンが『スティグマ』の執筆に本格的に取りかかったのは、バークレー校で1961年の春学期に担当した講義「逸脱と社会的統制」の際だったと考えるのが妥当だろう。そのように想定すれば、1957年の粗い構想を発展・充実させた内容を1962年のマッキーヴァー講演でゴフマンが話したという事実と符合する。1961年の講義を準備し実施する過程で彼が「スティグマ」関連の文献を渉猟し、「スティグマ」問題に対する視野を広げると同時に考察を深めていった研究成果を1962年の講演で公にしたというストーリーである。

(1)『自己呈示』と『スティグマ』の関係

　1962年にマッキーヴァー講演をおこなったという事実は『自己呈示』と『スティグマ』の内容的な関連性の手がかりも提供する。上記の引用で言及されているマッキーヴァー講演は1961年のマッキーヴァー賞受賞に応えたゴフマンの講演を指すと考えられるので、『自己呈示』による受賞を記念する講演で彼は『スティグマ』に近い内容を話したことになる。こうした外面的な事実関係から、彼は『自己呈示』と『スティグマ』とを非常に近い著書、対をなすような著書と位置づけていたと推断できる。両著の連続性を指摘する海外の研究者もいる。

　　　『スティグマ』で展開された分析は『日常生活における自己呈示』の自然な連続線上にある。『自己呈示』でゴフマンは、その場で有効な状況の定義を維持する際に人々が協働し、適切な自己を相互にうまく演じる際に助け合う仕方を探究している。このテーマは『スティグマ』でも明白であるが、『自己呈示』が日常生活の状況におけるノーマルな人たちの相互行為上の協働を調べる

ことでこのテーマを追究しているのに対して、『スティグマ』は不適切な特性、信用を失わせる特性、スティグマとなる特性を相互行為において管理・操作する面に焦点を当てている。こうした理由で『スティグマ』は「日常生活における信用失墜した自己の呈示（The Presentation of Discredited Selves in Everyday Life)」[94]）という書名で出版したほうが適切だったかもしれない。[95]

　知覚心理学でいう「図と地」に喩えれば、『自己呈示』が「図［図柄］」で『スティグマ』が「地［背景］」であることを暗示する記述が『スティグマ』に見いだせる。「シンボル」の中に「威信のシンボル（prestige symbol)」とそれと対照的な「スティグマのシンボル（symbols of stigma)」が含まれていることを指摘した箇所である。

> シンボルによって伝達される社会的情報が威信、名誉、または望ましい階級上の位置に対する特別な権利主張――他の仕方では呈示されないか、他の仕方で呈示されても、自動的には保証されない権利主張――を確立することがある。そのような記号は一般に「ステイタス・シンボル」と呼ばれるが、「威信のシンボル」と呼んだほうが正確である。ステイタス・シンボルという語は、高度に組織化された社会的位置を指す場合に使えば適語となる。威信のシンボルと対比されるのがスティグマのシンボルである。スティグマのシンボルとは、〔そのシンボルが現れると〕アイデンティティ上の食い違いに目を向けさせ、描かれたはずの〔当該個人に関する良好な〕一貫した全体的人物像を粉砕し、当該個人の評価を確実に下げる帰結をもたらすような記号を指す。[96]

　ゴフマンが「スティグマ」の対極に「威信」を位置づけていたことは明らかである。『スティグマ』は、呈示される「ノーマルな人」という自己像を破壊する危険性のあるスティグマ情報の管理・操作に焦点を当てている。「スティグマのシンボル」はその管理・操作の対象の中心に位置する。それに対して『自己呈示』は、「威信のシンボル」を主題にしているとは明示していないものの、実質的に「階級ステイタスのシンボル」[97]や「職業のシンボル」[98]を中心に論を展開している。この著書が少なくともポジティヴな「役柄」の自己呈示の面を扱っていることは間違いない。

これ以外にも2つの著書の連続性を示す手がかりが『スティグマ』にいくつかある。まず、『自己呈示』の術語とされる「オーディエンス分離 (audience segregation)[99]」とほぼ同じ表現「役割とオーディエンスの分離 (role and audience segregation)[100]」が『スティグマ』にもある。また、『自己呈示』に固有の術語と思われがちな「印象管理 (impression management)」は、『スティグマ』にも登場している[101]。そして、仕事中やサービス場面での振る舞いを「なりすまし (passing)」に位置づける『スティグマ』の記述がある[102]。この見方は、「劇場のパフォーマンス」をアナロジー［類比］として日常の対面的相互行為を考察する『自己呈示』の視角ときわめて近いものだといえる。

　以上の点を踏まえると、これら両著は対面的相互行為を捉える理論枠組みにおいて相似の関係にあると考えられる。すなわち、ゴフマンは日常の対面的相互行為を『自己呈示』では「パフォーマー (a performer)」が「役柄 (a character)[103]」を「演じる (play)[104]」という構図で捉えているのに対して、『スティグマ』では本来の社会的アイデンティティ[105] (an *actual* social identity) の相で「スティグマがある人」が見かけの社会的アイデンティティ[106] (a *virtual* social identity) の相で「ノーマルな人」に「なりすます (pass)」という構図で捉えているということである（図1）。また、『スティグマ』で「スティグマ」がもつ働きに対応するものが『自己呈示』では「破壊的情報 (destructive information)[107]」ないし「秘密[108]」となっていると見なせる。

　各著書のキーワードである「印象管理」と「スティグマの管理 (stigma management)[110]」[109]をこの構図に重ねてみると、ともに広義の「演出」を意味す

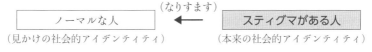

『自己呈示』の構図

役　柄　←（演じる）　パフォーマー

『スティグマ』の構図［「信用を失いかねない者」の場合］

ノーマルな人　←（なりすます）　スティグマがある人
（見かけの社会的アイデンティティ）　（本来の社会的アイデンティティ）

図1

る「管理・操作（management）」が含まれている一方で、『自己呈示』では「役柄」のほうに力点が置かれ、『スティグマ』では「スティグマがある人」のほうに力点が置かれているという違いがあることがわかる（図1）。『自己呈示』において描かれる「役柄」が千姿万態なのに対して「パフォーマー」の記述内容は単調であり、『スティグマ』において描かれる「スティグマがある人」が多種多彩であるのに対して「ノーマルな人」の記述内容は一様であるのは、両著の主題に由来する力点の違いによるものだろう。

(2) 『アサイラム』『公共の場での振る舞い』『スティグマ』の相互関係

先述したように、ゴフマンにとって「スティグマ」問題の端緒の1つは「精神病患者のスティグマ」だった。この点から『アサイラム』（1961年刊）と『スティグマ』（1963年刊）との間に一定の関連性があることは容易に予想できる。

確かに『アサイラム』に収録されている4つの論文全てに「スティグマ」「スティグマを刻印する（stigmatize）」「スティグマの刻印（stigmatization）」の語が登場する。それらは以下のような記述として現れている。

> もう1つの要因はスティグマの刻印である。人が〔精神病院の〕入院患者になることによって後々に影響を与える低い地位に就くと、〔退院後〕外部世界では冷たい扱いを受ける。そして、元精神病院入院患者は、彼のようにスティグマがない人にとってさえ大変なことなのに、仕事や住む家を探さなければならないときに、非常に冷たい扱いを受けるのである。[111]

> 精神病に対するスティグマの刻印と〔精神病患者の〕意思に反した病院収容は、礼儀作法への〔彼らの〕違反行為に対して私たちが報いる手段である。[112]

ただし、『アサイラム』において「スティグマ」関連語が登場するのは（脚注を入れて）13か所で、英文で400頁近くある著書の割には非常に少ない。しかも、記述内容も簡略で、その分析に鋭さは感じ取れない。一見つじつまが合わないようにみえるこの事態、すなわち「スティグマ」問題の端緒の1つだった「精神病患者のスティグマ」が『アサイラム』で周辺的な扱い

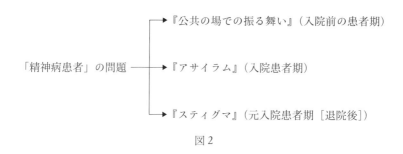

図 2

になっているという事態は、「精神病患者」の問題が分化し整理されて3つの著書に書き分けられていった結果だと考えると、無理のない形で理解できる。エチケットやマナーを破る「異常な」振る舞いを通して「精神病」患者が析出され排除される過程を主題とする『公共の場での振る舞い』、「全体主義的施設（total institution）[113]」としての精神病院で被収容者が被る自己の毀損過程および適応過程を主題とする『アサイラム』、精神病院の入院歴という「スティグマ」が退院後の元精神病患者の社会生活に与える影響と彼らの対処法を主題とする『スティグマ』の3つの著書に分かれていったということである（図2）[114]。

　この結果、当初の「精神病患者のスティグマ」の問題を「スティグマ」問題の一事例として組み込み、『スティグマ』で中心的に取り上げることにした結果、ゴフマンは「精神病患者のスティグマ」の問題を『アサイラム』では触れる程度の扱いにしたと推定できる。この推定を裏づける記述が『アサイラム』の第2論文「精神病患者のモラル・キャリア」にある。この論文で彼は、精神病患者が共通して経験するモラル・キャリアの3つの局面、すなわち「入院前の患者期（the prepatient phase）」「入院患者期（the inpatient phase）」「元入院患者期（the ex-patient phase）」のうちの最初の2つの局面だけを扱うと明記している[115]。言い換えれば、精神病院入院患者の退院後につきまとうスティグマの問題は、『アサイラム』では扱わず、『スティグマ』で扱うと事実上宣言しているのである。

　こうした直接的な「スティグマ」関連語以外で『スティグマ』とのつながりを示す手がかりが『アサイラム』には2つ存在している。その1つが、「モラル・キャリア」概念である。『アサイラム』の第2論文の題名は「精神

病患者のモラル・キャリア（The Moral Career of the Mental Patient）[116]」であり、『スティグマ』の Chapter I の最終節の小見出しは「モラル・キャリア（Moral Career）[117]」である。この概念は、シカゴ大学における師エヴァレット・C・ヒューズ[118]がその用法を拡張した「キャリア」概念をゴフマンが継承し発展させたものである。

　ただし、モラル・キャリアという同一の術語を使いつつも、『アサイラム』と『スティグマ』では問題設定に違いがある。ゴフマンは「精神病患者」の問題を「入院前の患者期」「入院患者期」「元入院患者期」の3期に分けて、それぞれ『公共の場での振る舞い』『アサイラム』『スティグマ』に割り振ったという筆者の解釈を先に提示した。同様に考えれば、ゴフマンは「精神病患者のモラル・キャリア」を「入院前」「入院」「退院後」の各局面に分けて考察していることになるが、実際は最初の2つの局面における精神病患者の「自己」像の改変－変容過程を『アサイラム』で扱っているだけである。「退院後」の局面における「精神病患者のモラル・キャリア」の問題は、『スティグマ』その他を含めて、扱っていない。

　他方、『スティグマ』の「モラル・キャリア」の節でゴフマンが扱っているのは、「スティグマが刻印される人のモラル・キャリア」という一般化された問題である。実際、彼はこの節で精神病患者には言及しておらず、その他のスティグマが当該人物に刻印される人生の段階に応じて4つのパターンに大別し、当該人物が「自分がスティグマを刻印された者である」ことをどのようにして「学習」するか、その様態と自己像への影響について考察している。

　これらの点からすると、ゴフマンは「精神病患者のスティグマ」の問題が「モラル・キャリア」の概念ではうまく捉えられないと考えたようだ。『スティグマ』で彼は「元精神病院入院者のスティグマ」の問題をおもに「情報コントロール」の面から扱っている。

　『アサイラム』と『スティグマ』のつながりを解明するもう1つの手がかりは、「パッシング」およびその動詞"pass"の用法である。『アサイラム』には、以下のような記述がある。

　　刑務所や精神病院から出所・退院する人たちのように、後々に影響を与える

地位が好ましくないものであるとき、私たちは「スティグマの刻印」という術語を使うことができ、元入所者は彼の過去を隠し、「〔普通の人に〕なりすます（pass）」努力をするだろうと予想できる。[119]

〔精神病院の〕部外者と仲間として交際することがその人が精神病患者ではないという感覚を強化する。それゆえ、〔精神病院内の〕運動場や遊技場では「〔正常な人への〕なりすまし（passing）」が実行されるが、当然それは、精神病患者が正常な人（the sane）と実際に区別できないということ、正常な人もそれほど明敏ではないということを確証する根拠になる。[120]

　これらの記述からわかるのは、遅くても『アサイラム』[121]の段階でゴフマンは「パッシング」概念を自覚的に用いていたこと、彼はこの概念を精神病院内の「精神病患者」の参与観察[122]を通して構築していったことの2点である。「精神病患者のスティグマ」といっても、当該人物にスティグマが刻印される主要な原因は「精神疾患の既往歴がある」[123]または「精神病院への入院歴がある」という純粋な情報である。元精神病院入院患者の現在の「外見」からその「恥ずべき特異性〔スティグマ〕」が知覚できるわけではない。したがって、そうした経歴が他人に知られなければ当該人物は「ノーマルな人」で通用する（pass）可能性が高い。精神病患者のこの「なりすまし」の可能性を直接に観察したことから、ゴフマンは、社会的アイデンティティの2つの相である「見かけの社会的アイデンティティ」と「本来の社会的アイデンティティ」の区別を導き出し、スティグマが顕在化している「信用を失った者」[124]のケースとは事情が異なる「信用を失いかねない者〔スティグマが他者に知られていない人〕」[125]のケースを独自の考察対象にしていったと推測される。
　そして、「なりすまし」現象をゴフマン社会学に特徴的な「ダブル・ライフ〔二重生活〕」[126]のテーマの一事例と捉えれば、『アサイラム』と『スティグマ』との間に類似した構図が存在していることに気づく。それが、「一次的適応」に対する「二次的適応（secondary adjustment）」[127]の方略と、「信用を失いかねない者」における「見かけの社会的アイデンティティ」と「本来の社会的アイデンティティ」の乖離である。『アサイラム』の第3論文「ある公的施設の隠された生活」のキーワードである二次的適応は、以下のように

定義されている。

　　二・次・的・適・応・とは、組織の成員が公認されていない手段を用いたり、公認され
ていない目的を達成したり、またはその双方によって、成員のすべきこと・得
るべきもの、したがって成員がそういう人物であるべき像に関する組織の想定
からうまく逃れるために〔成員が〕常用する手法と定義される。[128]（傍点の強調
は原著者）

　成員が組織の目標や行動規範に同調し、管理者の命令・指示を遵守する適
応の仕方を「一次的適応（primary adjustment）[129]」と命名したゴフマンは、そ
れらに外見上は従いつつ組織の監視や管理を巧みにかわし、許可されていな
い手段によって禁じられた目的を密かに達成することによって「自分らし
さ」を保持しようとする成員の方略を「二次的適応」と呼んで概念化してい
る。「一次的適応」に対する「二次的適応」という構図は、どちらかといえ
ば『出会い』における「役割距離（role distance）[130]」の構図に近いが、「ダブ
ル・ライフ」という視点からすると、『アサイラム』『出会い』『自己呈示』[131]
『スティグマ』の４つの著書には、緩やかな意味で類似した構図が潜在して
いるといえるだろう（図3）。

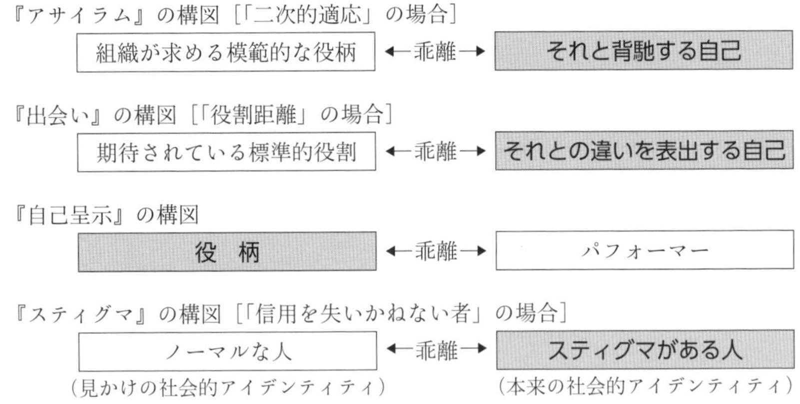

『アサイラム』の構図［「二次的適応」の場合］

| 組織が求める模範的な役柄 | ←乖離→ | それと背馳する自己 |

『出会い』の構図［「役割距離」の場合］

| 期待されている標準的役割 | ←乖離→ | それとの違いを表出する自己 |

『自己呈示』の構図

| 役　柄 | ←乖離→ | パフォーマー |

『スティグマ』の構図［「信用を失いかねない者」の場合］

| ノーマルな人 | ←乖離→ | スティグマがある人 |
| （見かけの社会的アイデンティティ） | | （本来の社会的アイデンティティ） |

図3

(3)『スティグマ』と『出会い』の関係

　初期の著書の残りのもう 1 冊『出会い』にも『スティグマ』との関係を示す痕跡が残されている。それが、『出会い』の中で唯一「スティグマ」の語が登場する前半部の論文「ゲームの楽しさ（Fun in Game）」の箇所である。若干長くなるが、その前後の記述も含めて引用する。

　　　ここで明記されるべきなのは、盲目の人や足の不自由な人などハンディキャップを負った人たちの特殊な運命として、〔不適切な〕言葉の滲み出し（leaky words）や非関連情報顕現状況（sign situation）が発生しやすい状況を創り出すということである。〔身体障害という〕欠点に「気づかない〔ふりをする〕」という機転をきかせた標準的な〔振る舞い方の〕ルールが厳守されていれば出会い〔焦点の定まった相互行為〕には安楽が生まれるが、その安楽は不安定なものである。というのは、〔身体障害者の〕ほとんどあらゆる身体的な動きによってその舞台は非関連情報顕現状況に変わってしまうからである。また同様に、何気ない普通の言い回しがきっかけになって、それ以前には禁圧されていたり自発的に注意が向けられていなかったりした事柄がその出会いに滲み出してしまうのである。人種的または民族的な種類の社会的スティグマをもつ人たちも、また元精神病患者、元受刑者、同性愛者のような道徳的スティグマをもつ人たちも、これと同じような苦境に立たされる。そのような人たちは、自分たちが関与するほとんど全ての出会いにおいて妨げになる都合の悪い特性をうまく処理する術を身につけなければならないのである。[132]

　この引用文からは、まず、1957 年の小論の段階で確立していたスティグマの 3 類型というゴフマンの捉え方が 1961 年段階でも基本的に変わっていないことがわかる。「スティグマ」問題の端緒の 1 つだった「精神病患者のスティグマ」は、元受刑者や同性愛者のスティグマなどとともに「道徳的スティグマ（a moral stigma）[133]」と類型化され、「人種的または民族的種類の社会的スティグマ（a social stigma of racial or ethnical kind）[134]」という類型と身体障害のスティグマという類型と併せてスティグマの 3 類型となっている。この点から、『出会い』を執筆していたゴフマンの頭の中では『スティグマ』の理論枠組みが共存していたと想定できる。

こうした視点で上記の引用文およびその周辺の箇所を読むと、『出会い』と『スティグマ』との間には、見かけ以上に、重要な理論構成上の対応関係があることがわかる。その対応関係とは、ゴフマンが『出会い』で「ディスフォリア（dysphoria）[135]」概念によって表そうとした対面的相互行為の状態と、彼が『スティグマ』で論じたノーマルな人とスティグマが顕在化している人の対面的相互行為の状態との類似性[136]である。対面的相互行為のうち「出会い（encounter）」、すなわち「焦点の定まった相互行為（focused interaction）[137]」を考察対象にした当該論文の中で、参与者たちの自発的関与とフレーム適用・維持とが一致して対面的相互行為システムが円滑に作動している「居心地のよい」状態のことを、ゴフマンはÉ・デュルケームまたはA・R・ラドクリフ=ブラウンの術語を転用して、「ユーフォリア［愉快状態・安定状態］（euphoria）[139]」[138]と呼んでいる。その対極に位置する相互行為状態が「ディスフォリア［不快状態・不安定状態］」で、参与者たちの自発的関与が妨げられたり、フレーム適用・維持が困難になったりして対面的相互行為システムが円滑に作動しなくなる「居心地の悪い」状態を指している。同論文に「緊張またはディスフォリア（tension or dysphoria）」「安楽またはユーフォリア（ease or euphoria）[140]」という表現がみられるように、対面的相互行為における「ディスフォリア」と「緊張」、「ユーフォリア」と「安楽」はそれぞれ互換的な語として用いられている。一方、スティグマが顕在化している人とノーマルな人との対面的相互行為における中心的な問題は「緊張を処理・管理すること（managing tension）[141]」であるとゴフマンは『スティグマ』で述べている。また同じく『スティグマ』で、「可視的」スティグマがある人とノーマルな人との対面的相互行為が「不安で流動的な相互行為（anxious unanchored interaction）[142]」になり、そうした相互行為の参与者たちは「落ち着かなさ（uneasiness）[143]」を経験すると彼は指摘している。

　『出会い』と『スティグマ』に登場する、相互行為における「安楽」「落ち着かなさ」「緊張」の術語をみるだけでも『出会い』と『スティグマ』の理論構成上の対応関係はある程度確認できる。さらに、この2つの著書の間に1957年公刊のゴフマンの論文「相互行為からの疎外（Alienation from Interaction）[145]」[144]を入れてみると、これら2つの著書の理論構成上の対応関係はいっそう明確になる。この論文でゴフマンは、種々の理由から対面的相互

行為への自発的関与が妨げられている状態を「相互行為からの疎外」と呼び、4つの「疎外の諸形態」、すなわち「他のことに気が取られている状態」「自己に過度に意識が向いてしまっている状態」「相互行為に過度に意識が向いてしまっている状態」「他者に過度に意識が向いてしまっている状態」[146]を指摘している。これらのうち、2番目と4番目の疎外形態は、スティグマが顕在化している人とノーマルな人が対面したときに陥る相互行為状態にも当てはまる。たとえば「顔に大きなアザがある」[147]人と初対面で会話する「普通の」人は、どうしても相手の顔のアザが気になってしまって、相手との「会話」に集中できなくなる。相手の顔のアザをじろじろ見るのも失礼だし、かといって相手の顔を見ないのも不自然になると考え、どう振る舞えばよいかわからない落ち着かない状態になる。他方「顔に大きなアザがある」人のほうも、対面する相手に悪感情を抱かせる（と自分が考える）自分の顔のアザのことを意識しすぎて、相手との「会話」に自然に入り込めなくなる。

　このように見てみると、対面的相互行為システムの機能不全状態を「ディスフォリア」概念で捉えているゴフマンは、（この概念を表に出さずに）「ディスフォリア」が生じる典型的なケースの1つとして「相互行為からの疎外」を考察し、スティグマが顕在化している人とノーマルな人との上記のような相互行為状態を「相互行為からの疎外」のさらに具体的で特殊な一形態に位置づけている。また彼は、対面的相互行為における「緊張」とその軽減法を論じた『スティグマ』の箇所を『出会い』[148]の一般的な記述の中に位置づけてもいる。すなわち、著書・論文ごとに術語や概念は異なっているが、それらの背後に確固としたゴフマン社会学の理論枠組みが控えているということである。こうした点を見抜けないと、「葦の髄から天井を覗く」[149]のように、部分部分を見てゴフマン社会学の全体像を捉え損なう可能性がある。

3. ゴフマン社会学の発見的方法＝叙述方法と叙述スタイル

(1)「異事象併置による透視図法」という発見的方法＝叙述方法

　『スティグマ』を読んだ人の中に、この著書の引用や例示の仕方に戸惑いや違和感を覚えた人が少なくないのではないかと筆者は想像する。スティグ

マをもつとされる以下の人たちを彼は『スティグマ』で無作為に挙げている
ようにみえるからである。ゴフマンが引用文や例で取り上げているのは、肢
体不自由の人、失業者、脳性麻痺の人、視覚障害者、元精神病院入院患者、
黒人、ハンセン病患者、難聴の人、下層階級の人、職業的犯罪者、同性愛
者、片足を切断した人、自殺企図者、ユダヤ人、車椅子使用者、売春婦、麻
薬常用者、性同一性障害の人、人工肛門装着者、吃音の人、孤児、ポリオ
[脊髄性小児麻痺・急性灰白髄炎] の人、小人症 [低身長症] の人、聾者[耳が聞こ
えない人]、知的障害者、元受刑者、尿道狭窄症の人、非識字の人、アルコー
ル依存症者、職業的絞首刑執行人、ジプシー [ロマ]、等々である。しかも、
引用文の出典は、手記・ルポルタージュ・小説・一般書・学術論文・学術書
であり、統一性がない。このようにデータとしての均一性を欠く事例を無秩
序に羅列している印象を受ける彼の引用や例示の仕方は、現代の通常の社会
科学の観点からいって（「質的調査法」という観点だったとしても）およそ
「科学的」または「学術的」方法とは見なされないだろう。ときにゴフマン
が「体系的理論家というよりエッセイストである」と揶揄される理由がここ
にある。

　しかし、ゴフマンが『スティグマ』をはじめとする彼の著書で依拠してい
るのは「異事象併置による透視図法（perspective by incongruity）」という独
得の発見的方法＝叙述方法であって、仮説を実証するための通常のデータ提
示の方法ではない。文芸評論家のケネス・バークが「異質で相容れないと見
なされてきた粒子を組織的に混ぜ合わせること」によって新しい見方を現出
させるこの発見的方法を、E・C・ヒューズが社会学の比較法に発展させた。
この方法をゴフマンが受け継いだのである。バークからヒューズを経てゴフ
マンに継承された「異事象併置による透視図法」については、次の説明が簡
にして要を得ている。

　　相互行為秩序に対するゴフマンの分析的な関心および彼の特徴的な叙述スタ
　　イルを理解する鍵は、文学理論家ケネス・バークが「異事象併置による透視図
　　法」と命名した技法にある。ヒューズはこの技法を、高い地位のグループの仕
　　事と低い地位のグループの仕事、たとえば医者と娼婦といった、通常は同一の
　　問題を共有していると見なされない人たちの仕事を連続的に比較するという形

で用いている。その目的は、2つの異質なグループを慎重に比較することで、仕事にまつわる興味深い事柄を明るみに出すことであった。ワトソンは、通例は自明視されている対面的相互行為の諸特性を明るみに出すためにゴフマンが一連の隠喩および直喩を用いて同じことをしている様態を示している。[155]

　異事象併置による透視図法を1952年の公刊論文「カモをなだめることについて──不首尾に対する適応の諸相」[156]で採用して以来、ゴフマンはいくつ[157]かの著書で適用している。方法論に関してほとんど語ることがなかった彼が自らの社会学の方法について触れている数少ない記述箇所の1つが次の一節である。最初の著書『自己呈示』の「まえがき（Preface）」の最後に出てくる文章である。

　　　本書で例証として用いた種々の資料・データは異なる分野からの混成となっ・・・・・・
　　　ている（are of mixed status）。一方の極に信頼できる形で記録された均一現象が適切な形で一般化された立派な研究からの引用があり、他方の極には多種多様な人が書いた非公式の体験記からの引用があるが、多くはその中間に位置する。加えて、シェトランド諸島の小作農コミュニティに関する私自身の研究からも引用している。こうしたアプローチが正当化できるのは（それはまたジンメルのアプローチが正当化できることでもあると考えるが）、例証となる異質な資料・データを1か所にまとめてみるとそれらが一定の統一的な枠組みに適合的に組み込まれ、そしてその枠組みを通して見ると読者の中にすでにある数々の断片的な経験が1つにまとまり、制度的な社会生活のケース・スタディにおいても適用可能な手引きを研究者に提供する。[158]（傍点は引用者）

　異質で無関係な諸事象を併置してそれらの重なりの中にみえてくる同型の構造を可知化する方法が異事象併置による透視図法であるとすれば、それぞれ相当事情が異なる「肢体不自由の人」「元精神病院入院患者」「黒人」「ハンセン病患者」「同性愛の人」「ユダヤ人」などのケースを同じ「スティグマが刻印された人」の経験・対処戦略の例として列挙しているのは、この発見的方法＝叙述方法の適用だと考えられる。彼がこの方法によって『スティグマ』で追究しているのは、個々のスティグマの特殊性や特定のスティグマに

固有の問題ではなく、スティグマが刻印された多種多様な人たちに共通する対面的状況や相互行為、対人関係・集団形成の「形式」または「構造」の抽出である。そうしたゴフマンの分析スタンスは『スティグマ』の次の文に表れている。

　　異なるスティグマをもつ人たちはかなり類似した状況に置かれており、また
　　かなり類似した仕方で反応すると想定してよい。[159]

そして、これこそ、ゴフマンがジンメルから受け継いだ「形式社会学[160]」の視角である。ゴフマンが形式社会学の視角を採用していることは、たとえば彼の最初の著書『自己呈示』の次のような記述から明らかである。

　　ある相互行為場面で打ち立てられた作業上の合意と別の場面で打ち立てられ
　　たそれとは内容的にかなり異なることは理解しなければならない。例えば、一
　　緒にランチを食べている友人の間では愛情、尊敬、相手への気遣いが互いに持
　　続的に表示される。他方、サービス業では専門家が顧客の問題に公平無私に関
　　わるというイメージを維持し、顧客は専門家の能力と誠実さに対する尊敬の表
　　示をもって応える。だが、内容上のそうした違いを除くと、これら作業上の協
　　定の一般的な形式は同一である。[161]（傍点は引用者）

　この形式社会学と異事象併置による透視図法とは表裏の関係にある。というのも、形式社会学でいう相互行為の「形式［様式］」を抽出する方法が異事象併置による透視図法だといえるからである。ジンメルは「形式社会学」を提唱し、実際にその視角によって多種多様な対人社会的現象を描いてみせたが、それらを導き出す具体的な「方法」については語っていない。ジンメルの形式社会学の「隠れた」方法を顕在化させ整備したものがE・C・ヒューズの「異事象併置による透視図法」だといえる。こうした見方で『自己呈示』の「まえがき」の最後に出てくる先の引用文を読み返してみると、文中の括弧内の「ジンメルのアプローチが正当化できることでもある」との記述の含意も理解できるだろう。

(2) ゴフマンの「ひねった」叙述スタイル

　ゴフマンの「知的生活誌」研究で有名なイヴ・ヴァンカンは「ゴフマンの作品は一種の自伝である[162]」という仮説を提示した。もしこの仮説が正しければ、「東欧系ユダヤ人カナダ移民2世」であるゴフマンは自らの著書『スティグマ』に「ユダヤ人差別」の問題をもっと数多く取り上げていてもよかったはずである。ゴフマンはスティグマの3類型を区分し、その3番目の類型として「人種、民族、宗教による種族的なスティグマ[163]」を挙げている。20世紀前半の欧州および北米において差別を受けていた「ユダヤ人[164]」がこの類型に該当することは明らかである。にもかかわらず、『スティグマ』における「ユダヤ人」への言及は量的に少ない。断片的な例示が6か所、他のユダヤ人研究に基づく言及が6か所である[165]。引用文らしい引用文はない。スティグマをもつ多彩な人々の事例にまぎれて、「ユダヤ人」に関する記述内容は印象が薄いものになっている。

　では、ヴァンカンの仮説は誤りなのか。筆者は、ヴァンカンの仮説は誤っているのではなく「単純」ないし「素朴」なのだと考える。ゴフマンが『スティグマ』を著す動機の1つに「東欧系ユダヤ人カナダ移民2世」の彼が「種族的なスティグマ」をもつ人たちの1人だったという背景が関係していた[166]ことは間違いないだろう。ただ彼は、そうした動機をそのままの形で学術的な問題として設定したり、探究した理論的な成果をストレートに表現したりするような研究者ではなかった。ランドール・コリンズは「〔著作活動において〕彼［ゴフマン］は自分の足跡を消し去る達人だった[167]」と指摘したが、確かにゴフマンの著書には強く影響を受けた思想・理論を表面上そのように・・・・みえないように書くという叙述スタイルが見いだせる[168]。この見方を押し広げれば、『スティグマ』においてゴフマンが自らの出自との関係を目立たなくしている可能性は十分にある。そう想定できる根拠として、1963年刊の『スティグマ』における「黒人」問題の扱い方[169]が挙げられる。公民権運動が全米的に盛り上がっていた1950年代半ばから60年代初頭の社会状況を考えれば「種族的なスティグマ」の焦点になっていた「黒人」に関する記述が目立っていて当然なのに、『スティグマ』では言及数も少なく、叙述上の存在感はかなり薄い。当時の現実世界では盛んに話題になりゴフマンも無関心ではいられなかったと思われる事柄が著書の中では目立たない周辺的な扱いになっ

ているのである。もちろん、彼は『スティグマ』執筆の際に「黒人」や「ユダヤ人」の問題を十分に意識していた。そのことは、カリフォルニア大学バークレー校での教え子が伝えるゴフマンの次の発言から明らかである。1960年代初頭の発言である。

　　彼［ゴフマン］が、上昇する「私たちのような人々」というようにふざけて言及したり、大学などのエリート機関で増えつつある成員たちのことを「スティグマが刻印された民族的アイデンティティ」および背景をもつ人々が「文明化された」者（"detribalized" persons of "stigmatized ethnic identity" and backgrounds）と冗談半分に言及していたことを私は覚えている。彼は、カトリック、ユダヤ人、黒人など劣位に置かれてきた出自の人々が、以前は門戸が閉ざされていた世界に「侵出していった」のはつい最近の出来事であり、いつ取り消されるかわからない不安定なものであることをよく知っていた。[170]

　内心ではユダヤ人や黒人の問題に強い関心をもっていたにもかかわらず、『スティグマ』では目立たない記述になっている。これがゴフマンの「ひねった」書き方に起因すると考えると、表面的には「目立たない」記述箇所に彼がこれらの問題を忍び込ませている可能性がある。そうした観点で『スティグマ』を読んでみると、「ユダヤ人」とは明示しない形での「ユダヤ人」への言及が数多くある。たとえば、次の記述は「ユダヤ人」の事例を指していると推定できる。

　　民族的理由からある種のホテルに宿泊できない人々は、彼らの名前から民族的アイデンティティを同定されたのだろう。[171]

　この記述は、ドイツ系ユダヤ人米国移民で大成功を収めた銀行家ジョセフ・セリグマンが「ユダヤ人」だという理由で1877年ニューヨーク州サラトガ・スプリングスのグランド・ユニオン・ホテルで宿泊を断られた有名な「事件」[172]をはじめ、1950年代末までおこなわれていたユダヤ人に対するリゾート・ホテルの宿泊拒否を指していると思われる。このような形をとった「ユダヤ人」に関する記述は見かけ以上に多い。[173]また、ゴフマンが著書『ス

ティグマ』でも「異事象併置による透視図法」を適用しているという前提に立てば、彼がユダヤ人を念頭に置いて書いた可能性のある箇所をさらに多く探し当てられるだろう。というのは、この方法は、ユダヤ人以外の事例を使ってユダヤ人にも共有された同型の構造を可知化する方法だからである。[174]

　そして、意識していることをあえて目立たないように記述する「ひねった」叙述スタイルをゴフマンがとっているという観点から『スティグマ』以外の著書群を見直してみると、同一のゴフマン社会学の理論枠組みに立脚しているにもかかわらず、著書ごとに異なる術語を使って読者を眩惑するゴフマンの叙述の仕方も、「ひねった」叙述スタイルの1つの表れと見なすことができる（前節参照）。ゴフマンの頭の中では「ゴフマン社会学の理論枠組み」が明確に描かれていて、その一部ないし一側面を個々の著書で論じているのに、そうした全体と部分の関係については述べず、著書ごとに全く異なる術語を使うなど、わざと人の目を眩ますような叙述の仕方をしているということである。

　R・コリンズは「ゴフマンは部内者だけにわかるような秘教的な書き方をする人物である（an esoteric in-group writer）」と指摘している。[175]「秘教的」とは「奥義に達した少数の者のみが理解できる」という意味である。やや大げさな表現だが、ゴフマンが「ひねった」書き方をしている点、「わかる人にはわかる」が「わからない人にはわからない」ような叙述スタイルをとっている点からすると、「秘教的」叙述スタイルという形容も要所を押さえた表現かもしれない。さらに、自身がスティグマを刻印された者だったにもかかわらず「私たちノーマルな人たち（we normals）」と皮肉を込めた表現を使っている彼である。[176]自らの著書における「自己呈示」で部分的覆い隠し（covering）やなりすまし（passing）を実践しているかのようにみえるゴフマンの「ひねった」叙述スタイルに十分注意しないと、巧妙な「隠し絵」の[177]仕掛けにはまって絵の中に隠されたもう1つの絵がみえない人の轍を踏むことになりかねない。

注［第1章 『スティグマ』を知る］

［1. 日本の社会学内外における『スティグマ』の論じられ方］

1 本節で問題にするのは、あくまで著書『スティグマ』の論じられ方であって、「スティグマ」というテーマの論じられ方ではない。したがって、ゴフマンの『スティグマ』を取り上げていない「スティグマ」研究は除外してある。

2 Google Scholar の被引用数（2022年5月8日現在）でゴフマンの『日常生活における自己呈示』が80,557件、『スティグマ』が47,542件、『フレーム・アナリシス』が41,605件、『相互行為儀礼』が35,271件、『アサイラム』が26,766件となっている。

3 ゴフマンの『スティグマ』全体の概括的な紹介として安川（1998）があり、『スティグマ』の主要な概念を紹介している文献に宮内（1995）がある。翻訳ではあるが、ソープ（2018）も『スティグマ』の主要な概念に関する一定の解説を提供している。しかし、『スティグマ』全体を対象にした一定程度詳しい解説といえるものは現在のところ公にされていない。

4 下掲の目次および節の訳語は、現在の邦訳『スティグマの社会学』（せりか書房）に従っていない。筆者が独自に訳出したものである。

5 一般的な語彙としての「スティグマ」の語を、ジンメルは "the immoral hides itself for obvious reasons even where its content meets with no social **stigma** as, for instance, in the case of certain sexual deliquencies" (Wolff 1950: 331) という形で使っており、ウェーバーは "This occurs in such a way that every physical contact with a member of any caste that is considered to be 'lower' by the members of a 'higher' caste considered as making for a ritualistic impurity and to be a **stigma** which must be expiated by a religious act." (Gerth & Mills 1991: 188-9) という形で使っている。

6 ゴフマンの用法と同様の「スティグマ」の語の公的な使用例は19世紀の英国にまで遡るようである（スピッカー 1987: 19-21）。

7 ST: 2＝訳 14。

8 大谷（1993）、白石（1994）、西尾（1996）などを参照のこと。この傾向は、医学研究や看護学研究でも変わらない。看護学研究に関しては、黒江（2020）などを参照のこと。

9 スティグマの「定義」に関しては、ここで引用した箇所以外にも「規定」と呼べる叙述箇所が『スティグマ』の中にいくつかある。その代表的なものが「スティグマ——社会に完全に受け入れられる資格が当該個人から奪われている状況」（ST: Preface＝訳 3）という規定である。

10 「信頼を失わせる」ではなく「信用を失わせる」とすべきである。そもそも、原語の"discrediting" は dis-**credit**-ing という構成で、credit（信用）を含んでいる。"discrediting" に「信用失墜」（中河 2022: 9）と適切な訳語を充てている文献もある。この点に関して詳しくは、第2章の注 12 を参照のこと。

11 ST: 2-3＝訳 15-6。なお、訳文は現在の邦訳そのままではない。適宜筆者が訳し直している。（以下同様）

12 ST: 4＝訳 18-9。

13 ST: 3＝訳 16。

14　松浦（2018）、藤井（2020）、種田（2021）などを参照のこと。

15　Goffman の日本語表記には従来「ゴッフマン」と「ゴフマン」の2つが併存してきた。もちろん、どちらでもよいわけだが、筆者は「ゴフマン」のほうを採用する。米国の映画俳優 Dustin Hoffman の表記が日本では「ダスティン・ホフマン」が一般的であること、数多くいる有名なドイツ人の姓 Hoffmann、Hoffman、Hofman が「ホフマン」と表記されてきたこと、病的な反射の一種である Hoffmann's reflex の日本語訳が「ホフマン反射」であること、米国の計算機科学者 David Albert Huffman が考案したデータ圧縮法 Huffman method が一般に「ハフマン法」と表記されることなどから、撥音便「ッ」は入れる必要がないと判断した。ちなみに、Goffman は Hoffman からの音変化で生まれた姓で、Hof- は「入植地・農地」または「希望」、-man は「男・人」を意味する語幹だという説が有力である。

16　内田 2002: 56-7。なお、引用箇所を表す（　）内の記述は省略してある。

17　現在の邦訳では "a normal"・"normals" を「常人」と訳しているが、筆者はこの訳語に違和感を覚える。「ノーマルな人」または「ノーマル者」などとすべきである。その理由に関しては、第2章の注28を参照のこと。ただし、この論者（赤坂）の場合のように、〈異人〉の対概念として〈常人〉を用いているのは許容できる。

18　赤坂 1985: 278。

19　見田・栗原・田中 1994: 510。

20　本書では基本的に "normals" に「ノーマル者」の訳語を充てるが、第1章で論じる「ゴフマンの『スティグマ』」研究では論者たちの訳語が統一されていないため、「ノーマルな人」を使うこともある。「ノーマル者」という訳語に関しては、第2章の注28を参照のこと。

21　基本的に本書では "the stigmatized" に「スティグマ保持者」の訳語を充てるが、同様に訳語が統一されていないため、第1章では文脈に応じて「スティグマを負う人」「スティグマがある人」「スティグマが刻印された人」を使う。

22　柄本 1992: 96。

23　ST: 31＝訳 59。

24　三部 2014: 187。なお、引用箇所を表す（　）内の記述は省略してある。

25　"passing" は原語そのままに「パッシング」とされることが多いが、「なりすまし」の訳語を充てることを筆者は提案する。その根拠は、米文学に「なりすまし小説（passing novels）」というジャンルが戦前からあったことである。また、英和辞典には自動詞 "pass" の語義として「《俗》〈ユダヤ人が〉キリスト教徒のふりをする」「〈ホモが〉異性愛者［ヘテロ］だと思わせる、ノン気で通す」（『リーダーズ英和辞典』）、「《米》〈黒人の血を引く者が〉白人として通る」（『新英和大辞典』）が掲載されており、その用法全てが日本語の「なりすます」で置き換え可能であることも根拠になるだろう。現在の邦訳では「パッシング」の訳語のほか、「越境」の訳語も充てられているが、原義を適切に伝える訳語ではない。この点に関しては、第2章の注159を参照のこと。

26　宮内 1995: 233。

27　森岡・塩原・本間 1993: 1183。

28　「パッシング」に関しては、明確に定義されることが少ない。そうした中、「パッシング」を説明しているものとして以下のような記述があるが、わかりやすい説明とはいえない。

　　　「一瞥の世界」とは、私たちの相互行為がカテゴリー的に表出／読解されるかたちで、切りつめられていることを意味している。この見解によって、Goffman はスティグマを

「見てわかるもの」と「見てわからないもの」に分類している。そして後者、すなわち「見てわからないもの」であるスティグマに関して、「スティグマを付与されうる者自身による情報の取り扱い」(Goffman 1963a: 41-2) をパッシングと呼ぶ。(鶴田 2009: 42-3)

　　また、「パッシングとは、スティグマを負った者が、スティグマを負わせた社会の『基準』の下で、自らのスティグマに関する情報を統制・管理しながら、自身のアイデンティティと社会との折衝を行う行為」(桑畑 2010: 124) であるという説明は、パッシングやカヴァリングを含む「情報コントロールの技法」のことを指している。

29　「パッシング」に日本語の定訳がないだけでなく、「カヴァリング」にも定訳はない。筆者は "covering" に「和らげ」「部分的覆い隠し」を提唱するが、この点に関しては、第 2 章の注 206 を参照のこと。

30　「パッシング［なりすまし］」と「カヴァリング」との違いについて論じている他の論考もあるが、理解しやすいものとはいえない。

　　　両者を、公共的「自己」、私的「自己」という概念を用いて改めて定義すると、パッシングとは、意図的あるいは無意図的に、公共的「自己」を私的「自己」と乖離しないような形で呈示していくことを指している。カバーリングとは、私的「自己」と異なる公的「自己」の特徴をできる限り不可視的なものとするための意図的な努力である。(坂本 2005: 158)

31　高橋 2002: 142。

32　山口 2003: 139。

33　矢吹 2011: 213。

34　矢吹 2011: 214。

35　矢吹 2011: 215。なお、引用箇所を表す (　) 内の記述は省略してある。

36　ST: 110＝訳 185-6。現在の邦訳では「劇化」となっているが、これでは原義をほとんど伝えていない。「ミンストレル・ショー化」については、第 2 章の注 228 を参照のこと。

37　山下 2000: 96。

38　山下 2000: 98。

39　「よい適応」概念と同一の問題圏に属する概念として「幻影の受け入れ［見せかけの受容］(phantom acceptance)」(ST: 122＝訳 205) があるが、管見によれば、現状においてその的確な理解は提示されていない。スティグマを負った人の「よい適応」を前提にしたノーマルな人（たち）の「受け入れ」が「幻影の受け入れ」だと筆者は理解するので、次のような解釈は筆者のそれとは異なる（「幻影の受け入れ」に関しては、第 2 章で述べる）。

　　　スティグマ者は、カヴァリングに習熟すると、緊張を緩和することに長じてくる。そのような場合、常人の側でも緊張をもたらさないでいることが一層容易になり、なごやかな「最大限の寛容」がもたらされることになる。「見せかけの受容［幻影の受け入れ］」とは、そうした状態のことである。それは、スティグマ者が「快活に、自意識を持たずに、本質的に常人と同じ存在として自分自身を受容して」(Goffman [1963: 121]) いるように振る舞うことで達成される状態である。(山口 2003: 144)

40　ST: 51＝訳 93。"personal identity" を「個人的アイデンティティ」と訳すことが多いが、

「個人的」は直訳すぎる。日本語の「個人的」は「当事者以外の他人が関わっていないこと」や「公的ではなく私的な事柄に関係すること」(『日本国語大辞典』)のニュアンスがあるため、「個人的アイデンティティ」という訳語に筆者は違和感を覚える。「個人に関する情報」を「個人情報(personal information)」と呼び「個人的情報」とは呼ばないのと同じ理由から、「個人アイデンティティ」のほうが適切な訳語だと筆者は考える。

41 芦川 2015: 53。原語のカタカナ表記「パーソナル・アイデンティティ」としても、それだけでは意味の曖昧さは解消されない。

42 ST: 105＝訳 179。

43 ST: 2＝訳 14。

44 「対他的な社会的アイデンティティ」と「即自的な社会的アイデンティティ」の双方が訳語として不適切である理由に関しては、第2章の注5および注6を参照のこと。

45 山口 2003: 143。"virtual reality" を「仮想現実」、"virtual memory" を「仮想記憶」と訳してきた流れで "a virtual social identity" を「仮想の社会的アイデンティティ」と訳しているのだと思う。「対他的な社会的アイデンティティ」よりは少し原義に近い。しかし、日本語の「仮想」は「実際にはないことを、仮に現実のこととして考えること」(『明鏡国語辞典』)という意味なので、この場合 "virtual" の訳語として「仮想の」は適切ではない。

46 安川 1998: 150。英語の原義を表している点で訳語としては悪くないが、「実効の——」対「実際の——」の訳語では2つの語の対比的な意味合いが十分に表せていない。

47 安川 1998: 150、山口 2003: 143。

48 筆者が「見かけの社会的アイデンティティ」という訳語を採用する根拠については、第2章の注5を参照のこと。

49 同じく、筆者が「本来の社会的アイデンティティ」という訳語を採用する根拠については、第2章の注6を参照のこと。

50 ST: 105＝訳 179。

51 この「最後に」という語句からわかるように、この論者は「社会的アイデンティティ」「自我アイデンティティ」「個人的アイデンティティ」の順に論じている。「社会的アイデンティティ」「個人的アイデンティティ」と「自我アイデンティティ」では局面が異なるため、「社会的アイデンティティ」「個人的アイデンティティ」そして「自我アイデンティティ」という『スティグマ』の順番に論じるべきである。

52 高橋 2000: 42。

53 中河 2022: 10。ただし、同論考ではこの説明の直後で、3つのアイデンティティ概念の異同をゴフマンが論じた『スティグマ』の箇所(ST: 105-6＝訳 179-80)を引用していて、これは的確な指摘だといえる。この箇所が3つのアイデンティティ概念を明確に区別する鍵を握っていることは間違いない。

54 AS: 127-69＝訳 138-79、ST: 32-40＝訳 61-75。

55 藤澤(1992)を参照のこと。

56 田中 2009: 57。

57 田中 2009: 57。

58 グールドナー 1978: 514。

59 ただし、これは一般論であって、ゴフマンが「相互行為秩序」論を超えた次元で議論を展開している箇所は少なからず存在している。「ゴフマンの議論は相互行為論として見られがちだが、よく読んでみると、ゴフマンは、相互行為状況を主題として扱うべきものとして指摘

しながらも、必ずしも、相互行為状況だけを主題的に取り上げているわけではない」（芦
川 2015: 46）と的確に指摘している日本人の社会学者がいる。実際のところ、ゴフマンは
『アサイラム』では「組織論」の視点でも理論を展開しているし、『スティグマ』では「集団
論」の視点でも議論を展開している。

60　草柳 2004: 100。

61　草柳 2004: 101。

62　アンスパッチの論文「スティグマからアイデンティティ・ポリティクスへ」（Anspach 1979）
　　の影響で、『スティグマ』におけるゴフマンの理論展開と「アイデンティティ・ポリティク
　　ス」とを二項対立的に捉える図式的な理解が広まっていったようである。

63　ST: 24＝訳 50。

64　ST: 113＝訳 190。

65　ST: 114＝訳 191。

66　ST: 4＝訳 17。

67　スピッカー 1987: 77。

68　ST: 33＝訳 63。

69　ST: 10＝訳 27。

70　ST: 7＝訳 22。

71　ガーフィンケル 1987: 276。

72　ガーフィンケル 1987: 276。

73　河村 2017: 43。なお、引用箇所を表す（　）内の記述は省略してある。

74　ガーフィンケル 1987: 246。

75　ST: 135＝訳 227。

76　三井 1985: 104。

77　三井 1985: 106。

78　「両価性（ambivalence, Ambivalenz）」はもともと精神分析の用語で、「同一の対象への関係
　　に、相反する傾向、態度および感情、とくに愛と憎しみが同時に存在すること」（ラプラン
　　シュ＆ポンタリス 1977: 494）を指す。

79　三井 1987: 100。

80　ST: 4＝訳 18。

81　ヒンショー 2017: 106。

[2. 初期ゴフマン社会学における『スティグマ』の位置]

82　『スティグマ』がゴフマンの著書として「5 番目」という場合、英国のエディンバラ大学社
　　会科学調査研究センターからモノグラフの第 2 集として 1956 年に出版された『日常生活にお
　　ける自己呈示』と米国のダブルデイ・アンド・アンカー社から 1959 年に出版された『日常生
　　活における自己呈示』とを同じものとして数えている。後者は前者の増補改訂版なので両著
　　の記述にわずかな違いはあるが、同じ著書として扱って問題はないだろう。

83　『日常生活における自己呈示』は最初 1956 年にエディンバラ大学から出版されたが、この
　　ときはあまり反響はなかった。ベストセラーになったのはその増補改訂版が 1959 年に米国の
　　大手出版社のダブルデイ・アンド・アンカー社から出版されて以降のことである。

84　5 年間で 5 冊の出版というのは「多産さ」を示すものだといえる一方で、「やや無理な」
　　ペースでの執筆活動ともいえる。したがって、この時期にゴフマンが執筆した著書の中に準

備と推敲が不十分なものが含まれている可能性がある。筆者は、『スティグマ』に理論的な詰めの甘い箇所が散見されたり記述分量のバランスが悪かったりする理由がそうした事情と関係しているのではないかと推測している。

85　ゴフマンは彼の博士論文「ある島コミュニティにおけるコミュニケーション行動」（1953年12月提出）の第20章「欠陥をもった人たち（Faulty Persons）」（CC: 258-72）で、知的障害者などコミュニケーション能力に障害がある人たち、口唇口蓋裂の人など見た目に「問題」がある人たちとの対面的相互行為を取り上げている。「スティグマ」の語こそ出てこないが、対面的相互行為における「スティグマ」問題はゴフマン社会学の最初期からのテーマだったといってよい。

86　Greenblatt 1957: 507-10。現代の学術論文ではあまり考えられないが、別の2人の著者名（グリーンブラットとリズ）の論文にゴフマンの着想による記述が挿入されるという形式で掲載されている。

87　ゴフマンの博士論文の第20章「欠陥をもった人たち」にも『スティグマ』のもとになった思考が記されているが、これを加えても、分量・内容の両面で著書『スティグマ』とは隔たりがある。

88　Greenblatt 1957: 508。「『種族的』スティグマ（"tribal" stigmas）」「身体的ハンディキャップに結びついたスティグマ（the stigmas attached to physical handicap）」「道徳的責任感の堕落と見なされる事柄に付随したスティグマ（stigmas pertaining to what is somehow seen as a decay of moral responsibility）」の3つのタイプのスティグマが挙げられている。

89　Greenblatt 1957: 509。

90　Greenblatt 1957: 509。

91　Marx [1984]2000: 62。この講義を受講していた当時の大学院生ゲイリー・T・マークス（Gary T. Marx）は「彼の講義の題材の多くは、当時まだ出版していなかった『スティグマ』から引かれていた」（Marx [1984]2000: 63）と述べている。

92　筆者の知るかぎりでは、1962年におこなわれたゴフマンのマッキーヴァー講演の記録は残されていない。

93　マッキーヴァー賞（the MacIver Award）は、直前に出版された社会学関連の著書の中から最も優れたものをアメリカ社会学会（ASA）が選定して与える賞だった。この賞は、「コミュニティ／アソシエーション」概念で有名な、英国生まれで米国で活躍した社会学者ロバート・M・マッキーヴァー（Robert M. MacIver）の名を冠したものである。

94　Friedson 1983: 361。

95　Jacobsen & Kristiansen 2015: 97。なお、引用箇所を表す（　）内の記述は省略してある。

96　ST: 43-4＝訳82-3。

97　「階級ステイタスのシンボル（Symbols of Class Status）」はゴフマンの最初の公刊論文のタイトルである。この論文は1951年の『英国社会学雑誌（*British Journal of Sociology*）』第2巻第4号に掲載された。

98　「職業のシンボル（occupational symbols）」も、ゴフマンの最初の公刊論文に登場する語である（SC: 296）。当初ゴフマンは「ステイタス・シンボル」の語で括っていたが、のちにそれを「階級ステイタスのシンボル」と「職業のシンボル」に分けて考察している。この点に関しては、薄井（2012: 3）を参照のこと。

99　PS: 139＝訳161。単に「オーディエンス分離」という術語が共通して使われているというだけではない。ゴフマンは『自己呈示』で、現在の役柄を維持するために過去のオーディエ

ンスを分離するという言い方をしている（PS: 137-8＝訳 160）。これは、『スティグマ』で、故郷での生活誌が「スティグマ保持者」として書き込まれ、新しい土地での生活誌が「ノーマル者」として書き込まれる人が、故郷における「スティグマ保持者」としての自分を知っている人（たち）の登場を非常に恐れるという記述と同一の内容を指している（ST: 78-9＝訳 136）。

100　ST: 63＝訳 111。

101　ST: 130＝訳 219。

102　ST: 79＝訳 136-7。

103　「役柄（a character)」は「(劇・TV ドラマ・映画・小説・アニメの）登場人物」を指す。たとえば映画『Shall we ダンス？』（1996 年公開）では、「俳優・役所広司」というパフォーマーが「ボタン会社の経理課長・杉山正平」という役柄を演じている。ただし、ゴフマンの演出論的パースペクティヴでは、「本人・橋本広司」というパフォーマーが「俳優・役所広司」という役柄を演じているという捉え方になる。

104　『スティグマ』における「信用を失いかねない者」の「なりすまし」の構図により近いのは、『自己呈示』の第 1 章で述べられている「不実表示（misrepresetation)」の構図である。その証拠に、この節には、元受刑者、凌辱された人、てんかん患者といった 1 つだけ致命的な欠点［スティグマ］をもつ人たちが自分たちの欠点を隠そうとする行為が例として挙げられている（PS: 60＝訳 69-70）。

105　現在の邦訳では「即自的な社会的アイデンティティ」という訳語が充てられているが、筆者は「本来の社会的アイデンティティ」の訳語を充てることを提案する。第 2 章の注 6 を参照のこと。

106　同様に、現在の邦訳で充てられている訳語「対他的な社会的アイデンティティ」に代わって「見かけの社会的アイデンティティ」の訳語を筆者は提案する。第 2 章の注 5 を参照のこと。

107　PS: 141＝訳 164。

108　PS: 141-4＝訳 164-8。『自己呈示』の第 4 章で「秘密」が類型化されている。そのうち“暗い”秘密（PS: 141＝訳 165）が「スティグマ」と同じ働きをするといえる。

109　「印象管理」の語は『スティグマ』にも登場する（ST: 130＝訳 219）。

110　ST: 51＝訳 93。この術語はここ以外に何度も登場する。

111　AS: 73＝訳 75。

112　AS: 306＝訳 302。この記述内容は、『スティグマ』との関連性だけでなく、『公共の場での振る舞い』との関連性を示している（BP: 248＝訳 267）。

113　"total institution" は現在の邦訳では「全制的施設」となっているが、実質的な意味からいうと「全体主義的施設」という訳語のほうが適切である。この点に関しては、薄井（2020: 11-2）を参照のこと。

114　「精神病患者」の問題が「入院前の患者期」「入院患者期」「元入院患者期」の 3 つの時期に分けられ 3 つの著書に割り振られていったと述べたが、この順番にゴフマンが執筆し公刊していったというのではない。おもに「入院患者期」を対象にした『アサイラム』を最初に公刊し、次に「入院前の患者期」を対象にした『公共の場での振る舞い』、「元入院患者期」を対象にした『スティグマ』という順に公刊している。

115　AS: 130-1＝訳 136-7。

116　AS: 127-69＝訳 133-79。現在の邦訳では「精神障害者の精神的閲歴」となっている。こ

の論文はウィリアム・アランソン・ホワイト研究所の雑誌『精神医学：対人関係過程の研究のための雑誌』第22巻第2号（1959年5月刊）に掲載され、のちに『アサイラム』（1961年刊）に再録された。

117　ST: 32-40＝訳 61-75。現在の邦訳では「精神的経歴」となっている。

118　エヴァレット・C・ヒューズ（Everette Cherrington Hughes）は、アイルランドからの移民の子として1897年に米国・オハイオ州ビーヴァーで生まれた。父親はメソジスト派教会の牧師だった。オハイオ・ウェスリアン大学でラテン語・フランス語・ドイツ語を学んだのち、1923年にシカゴ大学の社会学・人類学（大学院課程）に入学してロバート・E・パーク（Robert E. Park）らの指導を受けた。1927年からカナダのマッギル大学で教鞭を執り、1938年にシカゴ大学に戻ってからは20年余り大学院生の指導に当たった。ゴフマンも彼の教え子の1人である。ゴフマンはヒューズから「キャリア」概念だけでなく、「全体主義的施設」概念や「異事象併置による透視図法」など多くの考え方を継承している。

119　AS: 72＝訳 74-5。

120　AS: 218＝訳 226。

121　1957年の小論に「全面的『なりすまし』と分化的『なりすまし』(total and differential "passing")」(Greenblatt & Lidz 1957: 509) という形で登場しているので、ゴフマンが「パッシング」を術語として意識的に使用していたのは遅くとも1957年に遡る。

122　ゴフマンは1954年の2か月と1955年から56年にかけての1年間、精神病院で参与観察のフィールドワークを実施している。

123　「パッシング」という用語の出処としては、戦前から米文学にあった「なりすまし小説(passing novels)」というジャンルの存在が考えられる。『スティグマ』でゴフマンは、1912年刊のJ・W・ジョンソン（James W. Johnson）の小説『元黒人男性の自伝（*The Autobiography of Ex-Colored Man*)』(ST: 37＝訳 255) や1955年刊のR・リー（Reba Lee）の小説『私は白人になりました（*I Passed For White*)』(ST: 80＝訳 263) に言及している。

124　ST: 4＝訳 18。現在の邦訳では「すでに信頼を失った者」となっているが、筆者は「信用を失った者」の訳語を採用する。なぜ「信頼」ではなく「信用」なのかについては、第2章の注12を参照のこと。

125　ST: 4＝訳 18。現在の邦訳では「信頼を失う事情のある者」となっている。「信頼」を「信用」に替えて「信用を失う事情のある者」にすれば訳語として問題はない。「信用を失う可能性のある者」でもよいが、本書では「信用を失いかねない者」の訳語を充てる。

126　ゴフマンは単に「ダブル・ライフ (a double life)」という語は用いていないものの、「単純なダブル・ライフ (a single double life)」や「二重のダブル・ライフ (a double double life)」という語を『スティグマ』で使っている (ST: 77＝訳 134)。また、『自己呈示』では「二重性 (duplicities)」という語も使っている (PS: 71＝訳 82)。

127　AS: 188-207＝訳 200-16。現在の邦訳ではそれぞれ「第一次的調整」と「第二次的調整」となっている。この訳語でもよいが、もしそうするなら『スティグマ』に出てくる "good adjustment" には「よい調整」の訳語を充てなければならない (ST: 121＝訳 202)。

128　AS: 189＝訳 201。

129　AS: 189＝訳 200。

130　EN: 108＝訳 115。

131　この点に関しては、薄井（2020: 19-21）を参照のこと。

132　EN: 46-7＝訳 40。

133 EN: 46＝訳 40。

134 EN: 46＝訳 40。

135 EN: 42＝訳 34。ただし、「ディスフォリア」の用語は「ユーフォリア」とともに、すでに
ゴフマンの博論文（1953 年 12 月提出）に登場している（CC: 243）。

136 「スティグマ」論を先取りするゴフマンの博士論文の第 20 章「欠陥をもった人たち」に
は、「欠陥をもった人たち」と普通の人たちとの相互行為がシステムの機能不全に陥った
「ディスフォリック」な状態であるとの記述がある（CC: 258-9）。

137 EN: 7＝訳 i。

138 もしゴフマンが「ユーフォリア／ディスフォリア」概念をデュルケームから借用したと
すればその出処はデュルケーム（2014: 372）であろう。また、ラドクリフ=ブラウンからの借
用ならラドクリフ=ブラウン（2002: 293）が出典となる。どちらの場合も、実質的に「社会シ
ステム」を前提にした概念である。

139 EN: 44＝訳 37。

140 EN: 44＝訳 37。

141 ST: 135＝訳 227。

142 ST: 18＝訳 40。

143 ST: 19＝訳 42。

144 EN: 41＝訳 33。

145 現在の邦訳では「相互行為からの心的離反」（IR: 113＝訳 115）となっている。「心的離
反」という訳語でも原義をある程度伝えているが、従来からある「疎外」の語で十分に間に
合う。「みんなの話の輪に入れず自分だけが疎外感を味わう」というときの「疎外」が原義に
近い。

146 IR: 117-25＝訳 120-8。現在の邦訳では「外部への没頭」「自己に向ける意識」「相互行為
に向ける意識」「他人に向ける意識」の訳語が充てられているが、原義を伝える訳語とはいえ
ない。原語は順に、"External Preoccupation"・"Self-consciousness"・"Interaction-consciousness"・
"Otner-consciousness" である。

147 ST: 18＝訳 41。

148 スティグマが刻印された人の状況をより一般的に扱った論考が自身の論文「相互行為か
らの疎外」であるという記述が『スティグマ』の中にある（ST: 19＝訳 252）。

149 『スティグマ』の Chapter III の脚注 23 に、『出会い』の 7 頁にわたる記述が『スティグ
マ』の当該箇所の一般化した記述であると記されている（ST: 116＝訳 272）。

[3. ゴフマン社会学の発見的方法＝叙述方法と叙述スタイル]

150 Williams 1988: 70。

151 Burke [1935]1984: liv-lv。"perspective by incongruity" には従来「不協和によるパースペ
クティヴ」（内田 1995: 28）、「矛盾により開ける視界」［石黒毅］（ヴァンカン 1999: 41）、「不
調和によって得られるパースペクティヴ」（渡辺 2015: 29）の訳語が充てられてきた。筆者
は、石黒の以前の訳語「異事象併記の視角」（石黒 1985: 33）を部分的に活かして、「異事象
併置による透視図法」とする。

152 ケネス・バーク（Kenneth Burke）は米国の文学理論家・哲学者である。1897 年にペンシ
ルヴェニア州ピッツバーグで生まれた。オハイオ州立大学でフランス語・ドイツ語・ギリ
シャ語・ラテン語を学んだが中退し、のちにコロンビア大学に入学した。シカゴ大学・カリ

フォルニア大学・ハーヴァード大学などで教鞭を執った。ゴフマンがシカゴ大学在学中、バークは同大学で教えていた。シカゴ大学の教授ルイス・ワース（Louis Wirth）がバークの著書『恒久と変化（*Permanence and Change*）』を非常に高く評価し、大学院生たちに読むよう勧めたため、「異事象併置による透視図法」について書かれているこの著書をゴフマンも読んでいる。K・バークの主著としてほかに『文学形式の哲学』『動機の文法』『動機の修辞学』などがある。ゴフマンは『自己呈示』において、バークの『恒久と変化』（PS: 136＝訳 334）に言及しているほか、『動機の文法』（PS: 25＝訳 319）や『動機の修辞学』（PS: 164-5; 175; 194＝訳 337; 339; 341）にも言及している。

153　Burke［1935］1984: lv。

154　Watson 1999。

155　Travers 2001: 51。

156　ゴフマンの 2 番目の公刊論文で、ウィリアム・アランソン・ホワイト研究所の雑誌『精神医学：対人関係過程の研究のための雑誌』第 15 巻第 4 号（1952 年 11 月刊）に掲載された。この論文については、薄井（2016）を参照のこと。

157　この点に関しては、薄井（2016: 5-6）を参照のこと。

158　PS: vi-vii＝訳 iv。

159　ST: 130＝訳 220。

160　ジンメルの「形式社会学（formal sociology; formale Soziologie）」は、個々人を相互行為へと促していく個別の動機・目的・関心と関係なく、それらを実現する際にとられる共通の「社会化の形式［関係形成の様式］」を考察対象とする社会学である。

161　PS: 10＝訳 12。

162　ヴァンカン 1999: 13。

163　ST: 4＝訳 18。

164　この点に関しては、佐藤（2000）や薄井（2018）を参照のこと。

165　この点に関しては、薄井（2018）を参照のこと。ゴフマンが「東欧系ユダヤ人カナダ移民 2 世」として戦前および戦後の北米社会を生きたことがゴフマン社会学の形成に及ぼした影響に関しては、本書とは別の著書で詳しく論じる予定である。

166　この点に関しては、薄井（2019: 6-7）を参照のこと。

167　Collins 1986: 109。

168　この点に関しては、薄井（2013）を参照のこと。

169　公民権運動（Civil Rights Movement）は、「1950 年代、60 年代に全米を席巻した、マイノリティ、特に黒人が、憲法で認められた個人の権利の保障を訴えた運動」（『ブリタニカ国際大百科事典』）のことをいう。1954 年 5 月に下されたブラウン判決［「公立学校における人種分離教育は違憲である」という連邦最高裁判所の判決］や 1955 年 12 月に始まったアラバマ州モンゴメリのバス・ボイコット事件［公共交通機関における人種隔離措置に対する抗議運動］をきっかけに急速に運動が盛り上がった。奴隷解放宣言 100 周年に当たる 1963 年には、20 万人以上のワシントン大行進の際にキング牧師による「私には夢がある」演説がおこなわれ、運動はピークに達した。

170　Marx［1984］2000: 67。

171　ST: 61＝訳 108。

172　シルバーマン 1988: 48-9。

173　「スティグマのシンボル」の例として挙げられている第二次世界大戦中の「敵国に協力し

た女性たちの剃られた頭」(ST: 44＝訳83) は、ドイツ兵と性的関係をもったフランス人女性に対して大戦末期のフランスでおこなわれた見せしめの処罰を指すだけでなく、ユダヤ人との親密な関係を疑われたドイツ人女性に対して大戦初期のドイツでおこなわれた見せしめの処罰も指している。また、「マイノリティ民族集団の出身者たちがおこなう姓名変更は社会的アイデンティティの問題に向けられている」(ST: 58＝訳104) と一般的な形に書かれているが、この「マイノリティ民族集団の出身者たち」にユダヤ人が含まれていることは間違いない。

174　確証はないが、ゴフマンが『スティグマ』で引用している「脳性麻痺患者」の被差別体験 (ST: 34＝訳64) は、第二次世界大戦中に北米で強まった反ユダヤ主義のためにゴフマン自身がマニトバ大学を中退せざるを得なかったときの経験を仮託したものとしても読めると筆者は考える。この点に関しては、薄井 (2018) を参照のこと。

175　Collins 1986: 108。

176　ST: 5＝訳19。

177　隠し絵 (double image) とは「絵の中へ更に他の絵を目立たないように描き込んだもの」(『広辞苑』) である。簡単なものとしては「若い女性」に見える絵に「年老いた女性」が書き込まれている『妻と義母 [若い女性と老婆]』が有名だが、安野光雅の『もりのえほん』のように難解なものもある。

第2章

『スティグマ』を読む

Reading Goffman's *Stigma*

　ゴフマンの『スティグマ』は比較的小さな作品ではあるが、内容的には「きわめて盛り沢山」である。数多くの事例が引用され、多種多様な現象が取り上げられているだけでなく、論点も多岐にわたり、発見と洞察が随所にちりばめられている。その意味で、『スティグマ』は依然として読む価値のある著書だと筆者は考える。しかし他方で、「『スティグマ』を読んでも理解できない」と語る人が非常に多いのも事実である。

　確かに『スティグマ』は読みやすい本ではない。その原因として、ゴフマンの用語や文体が日本語に翻訳しにくいという面があるほかに、彼の叙述スタイルが独特であることが挙げられる。それは、前章で指摘した彼の「ひねった」書き方だけではない。『スティグマ』の各章にはタイトルがあり、小見出しも付されているものの、小見出しと記述内容とが適合していない箇所や、論旨を無視して個別の論点が詳述されている箇所が少なくない。叙述の展開も理路整然とは言いがたい。また、ある論点には多すぎるほどの例証が付けられているかと思えば、別の論点には全く例証が付されていないといったバランスの悪さも目立つ。章の分量も不均衡で、英文で60頁の章もあれば7頁の章もあるといった具合である。さらに、『スティグマ』が出版されたのが1960年代初頭の米国であったという背景も影響している。その時代の暗黙の了解事項は記されていない点、当時の米国では適切だった事例が現代日本では必ずしも妥当でない点、挙げられている例が社会や文化の違いのために私たち日本人には感覚的にわからないものがある点なども、『スティグマ』の理解しにくさの原因になっている。

　筆者が本章「『スティグマ』を読む」で目指すのは、この著書の忠実な抄訳や論旨に沿った要約ではない。上記の諸要因が理解を妨げている原因であ

49

ることから、叙述の順番に抄訳や要約を作成していっても『スティグマ』の内容が理解しやすくはならないだろう。叙述順序の部分的な入れ替え、叙述内容の言い換え、思い切った削除をおこなわないと、ゴフマンのこの著書は「読んでわかる」本にはならない。また、事例・現象を現代日本のものに置き換えたほうがリアリティが増したり文意が取りやすくなると筆者が判断した箇所も多々ある。その点からいうと、本章は、英語で書かれた *Stigma* を縮約して日本語で再現するものではない。そのエッセンスを抽出して、理解しやすい形で叙述する試みである。『スティグマ──現代日本編』（ダイジェスト版）といってもよい。ただし、以下の叙述では、『スティグマ』の元の章立てと小見出し、およびその順序はそのままにする。元の小見出しにはない番号を付して、その目次を以下に再掲する。

Chapter I. スティグマと社会的アイデンティティ
 （1）諸概念の前置き
 （2）同類の人たちと事情通の人たち
 （3）モラル・キャリア

Chapter II. 情報コントロールと個人アイデンティティ
 （1）信用を失った者と信用を失いかねない者
 （2）社会的情報
 （3）可視性
 （4）個人アイデンティティ
 （5）生活誌
 （6）生活誌における他者
 （7）なりすまし
 （8）情報コントロールの種々の技法
 （9）和らげ［部分的覆い隠し］

Chapter III. 集団への軸足の置き方と自我アイデンティティ
 （1）両価性
 （2）職業的代弁者による行動規範の呈示

（3）内集団に軸足を置く路線
（4）外集団に軸足を置く路線
（5）アイデンティティの政略

Chapter IV. 自己とその他者
（1）種々の逸脱と種々の規範
（2）ノーマルな逸脱者
（3）スティグマと現実

Chapter V. 逸脱行為と逸脱

　なお、Chapter V は本書では扱わない。Chapter V は逸脱者や逸脱者集団の分類整理をおこなっている付録的な章（英文で7頁）であり、『スティグマ』の結論は Chapter IV の末尾で述べられているからである。

1.「Chapter I. スティグマと社会的アイデンティティ」を読む

　ゴフマンは「スティグマ」の問題を扱うに当たって、まず、この語の起源や語法を確認する。「スティグマ（stigma）」は古代ギリシャ起源の語で、もともとは「表徴が身体に刻印ないし烙印され、その表徴の保持者が奴隷、罪人、裏切り者であることを周囲に告知する」ものだった。歴史的な語義の変遷を経て、スティグマの語は、身体上の表徴よりも「不名誉・恥（disgrace）」自体を表すという現代の用法に至る。しかし、語源・語法がわかったとしても、それだけではスティグマの語を使って社会を分析することはできない。この語を分析用語に格上げしようと思うなら「スティグマが生じる構造的な前提条件」を解明する必要があるが、そうした研究はゴフマンのこの著書以前にはなされていない。学術論文で使われる場合でも、スティグマの語に「定義」すら与えられていなかったのである。

(1)「諸概念の前置き」

　スティグマが生じる構造的な前提条件に関してゴフマンは、一般的な対面的相互行為場面の構造から考察する。対面的相互行為場面において、特に他者が見知らぬ人または初対面の人である場合、その他者が「何者か」「どんな人なのか」を知ることはきわめて重要である。その際、私たちはまず「人々をカテゴリー化するという手段[3]」に頼る。「この人はロシア人だ」「この人は女性だ」「この人は看護師だ」「この人は30歳ぐらいにみえる」「この人はイスラム教徒のようだ」「この人は優しそうだ」等々。こうした表層的で概括的なカテゴリーとそれにより他者に帰属される属性をゴフマンは「社会的アイデンティティ（social identity）[4]」と呼び、「職業」などの社会構造上の属性だけでなく「人柄」などの個人の属性もこれに含まれるとする。『スティグマ』の叙述全体を見てみると、社会的アイデンティティには「国籍」「人種」「民族」「出身地域」「性別」「宗教」「職業」「社会階級」「年齢階梯」から「人柄・性格」「疾病・障害」「体格・体型」「容貌」「性的指向」「知性」まで広範囲の特徴・性質が含まれる。

　この社会的アイデンティティ概念を踏まえてゴフマンは、ある人物の自己内に乖離が存在する可能性を想定し、社会的アイデンティティに2つの異なる相を設定する。それが「見かけの社会的アイデンティティ（a *virtual* social identity）[5]」と「本来の社会的アイデンティティ（an *actual* social identity）[6]」である。「見かけの社会的アイデンティティ」とは、対面的相互行為において「そういう人物」として通り、「そういう人物」であることに他者が疑問を抱かないときのカテゴリー・属性・経歴を指す。卑近な例だが時代劇TVドラマの『水戸黄門』でいえば、「越後のちりめん問屋のご隠居・光右衛門」になりすまして諸国を漫遊しているときの「ちりめん問屋のご隠居[7]」が見かけの社会的アイデンティティである。ドラマの大半の時間、劇中の他の登場人物たちは彼を「越後のちりめん問屋のご隠居」と信じ込んでいる（という想定になっている）。一方、「本来の社会的アイデンティティ」とは、通常の対面的相互行為場面では問題にされないが、開示しようと思えば開示できる社会的アイデンティティである。同じ『水戸黄門』でいえば、ドラマの最後に「こちらにおわす御方をどなたと心得る。おそれ多くも先の副将軍・

水戸光圀公であらせられるぞ」と（お供の者が）彼の身分・素性を明かすときの「先の副将軍」が本来の社会的アイデンティティだといえる。こうした区別がスティグマ状況で重要になるのは、「スティグマを刻印された者（the stigmatized)」（以下「スティグマ保持者」という）のうち、ゴフマンのいう「信用を失いかねない者［スティグマ潜在者］」（後述）のケースにおいてである。「それ［スティグマ］は、見かけの社会的アイデンティティと本来の社会的アイデンティティとの特殊な食い違いを構成している」とゴフマンが規定[8]するとき、この特殊な食い違い[9]とは、見かけの社会的アイデンティティの相において「まともで普通の人」で通っていた人が、本来の社会的アイデンティティの相に隠していた「まともでない」「普通でない」側面を露呈させてしまう事態を指している。この場合、スティグマになる属性・経歴は、リストカットの傷跡や特異な性嗜好など隠蔽が可能な種類のものである[10]。薬物使用による逮捕が報道された有名人や脳性麻痺の人などスティグマになる属性・経歴の隠蔽が困難なケースには、上記のスティグマの規定は当てはまらない[11]。

　これらの概念を押さえた上で、ゴフマンはスティグマになる属性をその対人社会的な効果から定義する。『スティグマ』で最も頻繁に引用される箇所なので、再度掲載する。

　　見知らぬ人が私たちの目の前にいるとき、その人がある種の属性——人間のカテゴリーにおいてその人が他の人たちと異なることを示す属性——、そして望ましくない属性——極端な場合、極悪だとか、危険だとか、愚鈍だとかの属性——を所有している証拠が現れることがある。その人は、このようにして私たちの心の中で、健全で普通の人物から堕落して価値の低い人物へと降格される。そうした属性がもつ信用を失わせる効果が非常に広範囲にわたるとき、その属性はスティグマである。そうした属性はまた、欠点、短所、ハンディキャップとも呼ばれる[12]。（傍点は引用者）

　ある人物が特定の社会的アイデンティティに同定されると、一般の人たちからその人物は「普通ではない」「まともでない」「異常だ」「恐ろしい」「穢れている」などと知覚・判断され、当該人物は忌避または拒絶・排除され

る。次のエピソードはゴフマンの『スティグマ』に引用されている事例ではなく 2010 年代のドイツの話で、冬の寒さが苦手な既婚のドイツ人男性があるとき偶然デパートの婦人用品売り場で女性用ストッキングを着用したことがきっかけで女性の生活スタイルの魅力に開眼していったことをレストランで妻のマリアに告白したときの彼女の反応である。一般の人たちが彼の行動を知ったら、彼女と同様に彼を「女装趣味の男性」と見なすだろう。

　　彼女は「変態」「目立ちたがり屋」と言った。ほんの少し普通とは違うことをしただけで、そんな言葉でレッテルを貼ろうとする。普通でないとレッテルを貼られた者は、ほかの人々から隔離される。そこに交流はない。社会から締め出され、忘れ去られる。マリアとの会話で僕が感じたのはそんな不安だった。すべてを失う怖さ。妻を、そしてそれ以上のものも。ストッキングをはいて、ただそれを告白しただけなのに。[13]

　また、ハンセン病[14]の元患者の家族に対して周囲の人たちが加えた次のような仕打ちには、「信用を失わせる」という形容をはるかに超えたスティグマへの恐れの感覚が読み取れる。これは、1960 年代の日本での話である。

　　東北地方で暮らす 50 代男性の小学校時代の様子だ。「どす」は、ハンセン病患者の蔑称。男性の父がハンセン病療養所にいることに、同級生の一人が気付いたのがきっかけだった。
　　いじめはエスカレートした。ランドセルを隠され、真冬の氷が張った池に突き落とされた。修学旅行では一人、押し入れで寝た。運動会では地域の人の輪から離れ、母とふたりで弁当を広げた。地域でものけ者にされ、祭りや子供会の行事にも呼ばれなかった。[15]

　しかし、考えてみればわかることだが、ある属性・経歴それ自体にその保持者の信用を貶（おとし）める働きが内在しているわけではない。その属性・経歴の開示は、その保持者と周囲の人たちとの「関係」によって、当該人物の信用を低めることもあれば、高めることもあれば、ほとんど変化させないこともある。[16] 1960 年頃の米国では「大卒」が一定の仕事に就く上での条件だった

ため「大卒でないこと」が一般社会では一種のスティグマになったが、職業
的犯罪者の集団の中では逆に「大卒」が信用を失わせる経歴になっていると
いう例をゴフマンは挙げる。「傷害致死罪で5年服役していた」という経歴
は日本の一般社会ではスティグマになるが、反社会的勢力の中では「勲章」
のように扱われることもあるだろう。「スティグマ」とされる属性・経歴の
「スティグマ」性が相対的であることについて彼が簡潔に述べているのが以
下の箇所である。

> したがって、スティグマという用語は、今後、その人の信用を深く毀損する
> 属性を指す用語として使用するが、本当に必要なのは関係を表す用語であっ
> て、属性を表す用語ではないということが理解されるべきである。[17] （傍点は引
> 用者）

ゴフマンが「スティグマ自体の自然史[18]」として述べている特定のカテゴ
リー・属性・経歴の「スティグマ」性の消長、たとえば「離婚歴」が昔のよ
うに「人生の汚点」とは見なされなくなったという例のほか、スティグマ保
持者と接触する機会が多い人［事情通の人たち（後述）］ほどスティグマ保持者
とされる人に「スティグマ」性を感じなくなる傾向、さらには同一のスティ
グマをもつ者どうし［同類の人たち（後述）］の集団内では「スティグマ」自体
が存在しないという当たり前の事実などが著書『スティグマ』の中で指摘さ
れる。

スティグマ保持者として括られる人たちをもう少し詳しく見てみると、彼
らが直面するスティグマの問題の違いにより2つのケースに大別される。そ
の1つが「［社会的な］信用を失った者 (the discredited)[19]」（以下「スティグ
マ顕在者[20]」という）のケース、すなわち「スティグマ保持者が自分の特異性
［スティグマ］がすでに知られていたり、その場で明らかにされていると想定す
るケース[21]」である。身体に重篤な損傷・奇形があることが外からわかるケー
スやその人の犯罪逮捕歴が世の中に知られている有名人のケースがこれに該
当する。もう1つが「［社会的な］信用を失いかねない者 (the discreditable)[22]」
（以下「スティグマ潜在者」という）のケース、すなわち「スティグマ保持
者が自分の特異性［スティグマ］がそこに居合わせる人に知られておらず、そ

の場で彼らに知覚されていないと想定するケース[23]」である。顔以外の身体上の箇所にある重篤な火傷跡や大きなアザを衣服でつねに隠している事例、その人の懲戒解雇歴が現在の職場の人たちに知られていない事例などがこれに該当する。スティグマ顕在者が直面する主要なスティグマ問題はスティグマ保持者とノーマルな人との間の「緊張の処理・管理[24]」であり、これに関してはおもに Chapter I で論じられる。他方のスティグマ潜在者が直面するスティグマ問題は主として「自分の欠点［スティグマ］に関する情報の操作・管理[25]」であり、これに関しては Chapter II で論じられる。

　そして、ゴフマンは外面上および性格上異なる 3 つのタイプのスティグマを指摘する。この叙述箇所も、『スティグマ』の叙述のうちで（「定義」とともに）最も頻繁に引用・言及される箇所なので、再度掲載する。

　　　ひどく異なる 3 つのタイプのスティグマを挙げることができる。最初に、周囲の人に嫌悪感を引き起こす身体的特徴、すなわち肉体上の種々の奇形・不具が存在している。次に、意志薄弱、強烈な情念または異常な情念、不誠実で頑迷な信念、不正直と理解される個人の性格上の欠陥が存在している。これらの欠陥は、たとえば精神障害、収監、麻薬常用、アルコール依存、同性愛、失業、自殺企図、過激な政治運動などの記録から推測されるものである。最後に、人種、民族、宗教による種族的なスティグマが存在している。これは、家系を通して伝えられ、家族全員を等しく汚染するスティグマである[26]。

ゴフマンの両親はともに東欧系ユダヤ人カナダ移民だったので少なくとも戦前期の北米では「種族的なスティグマ」をもつ者だった[27]はずだが、この箇所で「ユダヤ人」には言及していないし、『スティグマ』全体でも「ユダヤ人」の事例が明示されている箇所は数えるほどしかない。

　スティグマ保持者の対極に位置している人たちが「ノーマルな人たち（normals）[28]」（以下「ノーマル者」という）である。ノーマル者には「スティグマとされる属性・経歴をもたない人[29]」といった否定形による消極的な定義しか与えられていない。きわめて多様なスティグマ保持者が登場するのと対照的に、ノーマル者に関する記述はかなり少ない。

　自分を「ノーマル」だと信じている人たちは、スティグマ保持者が自分た

ちと同じような人間ではないと考える結果、同じノーマル者に対してとるような「普通の自然な態度」がとれなくなる。その発現形態として、たとえば目が見えないだけの人を広範に障害をもつ人であるかのように過度に配慮する「無能者」扱いや、逆に、目が見えない人にはそれを補う特殊な能力があるとする「神話」化が挙げられる。単純性血管腫による赤いアザが顔を含む全身にある 30 代の日本人女性 A[30] は、自らの半生における周囲の人たちの反応を回顧してこう述べる。[31]

> 子どもの頃から奇異の視線を浴び続けて生きてきた。ある人は暴言を吐き、ある人は同情の言葉を並べて顔のアザをなで続けた。血管腫に気づくや、眉をひそめて遠ざかる人もあれば、祝福すべき者にでも出会ったかのようにいきなり手を握ってくる人もあった。延々と繰り返されてきたこれらのことに、やがて傷つき疲れて何も感じなくなってしまった自分がいた。[32]

ノーマル者［異性愛者］とは異なる性的指向をもつ人に対してもノーマル者は「普通の自然な態度」がとれなくなる。

> これまで、異性愛以外のセクシュアリティは、過度に「性的」とされてきたから、カミングアウトがいわゆる「下ネタ」と同じ文脈で受け取られることは多々ある。バイセクシュアルに対する「性に奔放なイメージ」も同様だし、ゲイやレズビアン、またはトランスジェンダーの当事者がカミングアウトした際に、真っ先に「どうやってセックスするの？」といった質問が繰り出されることを考えれば、そうしたステレオタイプは至る所で見てとることができる。[33]

さらに、ノーマル者たちは「スティグマの理論」すなわち「彼ら［スティグマ保持者たち］の劣等性と彼らが体現する危険性を説明し、ときに社会階級といった別の差異性に起因する〔スティグマ保持者に対するノーマル者たちの〕敵意を正当化するイデオロギー」[34]を作り上げていくとゴフマンはいう。彼はこれ以上のことを述べていないが、戦前の欧米でユダヤ人に対して非ユダヤ人が加えた差別・虐待やナチ・ドイツにおけるユダヤ人への狂虐・蛮行を正当化する多種多様な「理論」があったことを想起させる。「なぜユダヤ

人を嫌うのか、それはユダヤ人が〇〇だからだ」「なぜユダヤ人を排除する
のか、それはユダヤ人が〇〇だからだ」「なぜユダヤ人を抹殺するのか、そ
れはユダヤ人が〇〇だからだ」等々。この「〇〇」の箇所にもっともらしい
属性・経歴などが挿入されれば、自己完結的な「スティグマの理論」ができ
あがる。「ユダヤ人は〇〇だから抹殺すべきなのだ」と。

　スティグマ保持者に対してノーマル者たちがとる態度に安定性が欠如して
いるのと同様、そのようなノーマル者たちの中に置かれるスティグマ保持者
が自らのスティグマをめぐる状況に対してとる態度にも不安定さが付きまと
う。それゆえ、スティグマ保持者がスティグマ状況に対して示す反応も一様
ではない。奇形や火傷跡・腫瘍・アザがある人が形成手術を受けてスティグ
マとなっている属性を矯正・除去しようとする者、足の不自由な人が水泳や
テニスで上達する例のように努力によってハンディキャップ状況を克服しよ
うとする者、ノーマル者たちによる差別がおこなわれる現実社会から引きこ
もる者、他の理由で生じた失敗の口実にハンディキャップを持ち出してス
ティグマによる「二次的利得」を得る者、身体障害者になったおかげで他人
に対する意識が深まったと考えてスティグマ状況を逆に「祝福」だと解釈す
る者などがいる。また、ノーマル者のまなざしを内面化する結果、鏡で自ら
の姿を見ただけで強い自己嫌悪に陥るスティグマ保持者がいる一方で、メ
ノー派教徒[35]や超正統派ユダヤ教徒のように自分たちこそノーマルであって、
一般人たちのほうが堕落していると確信している人たちもいる。

　スティグマ保持者に対するノーマル者の反応・対応・解釈とスティグマ状
況に対するスティグマ保持者の反応・対応・解釈を概観したゴフマンは、著
書『スティグマ』で主要な関心事とする場面設定が「異種混合の接触（mixed
contacts）[36]」すなわちスティグマ保持者とノーマル者が同一の状況に居合わせ
る場面であることを明らかにする。『スティグマ』全体では「対面的相互行
為」よりも大きな視点、たとえば集団形成、内集団／外集団、集団内の関係
といった視点もみられるが、対面的相互行為論を基軸とするというゴフマン
社会学の特徴が本書にも表れている。彼はこの対面的相互行為場面をフロイ
トの精神分析用語を借りて「社会学の『原光景（primal scene）[37]』」と呼ぶ。
幼児にとって衝撃的な出来事であるため呑み込めず、のちに神経症の原因に
なる外傷体験が「原光景」だが、ゴフマンはそれになぞらえて、スティグマ

保持者とノーマル者の双方にとって対処に苦慮する鮮烈な場面といった意味合いを込めて「社会学の『原光景』」と呼んでいるようだ。スティグマ保持者とノーマル者とが接触する場面は、通常の対面的相互行為の土台が崩れていることによる関係の不安定性によって特徴づけられる。この不安定さからノーマル者もスティグマ保持者も「普通の自然な態度」がとれず、解釈や判断が揺れ動き、極端化しがちになる。その発現形態は、スティグマ保持者のちょっとした成功を特筆すべき能力の証であるかのようにノーマル者が過大評価する傾向であったり、逆に、スティグマ保持者のささいな失敗をノーマル者がすぐにスティグマに原因帰属する傾向であったりする。ゴフマンは前者の例として、職業的犯罪者がペーパーバックの小説を読んでいると「あんたたちがこんな本を読んでいるとは驚きですねぇ」とノーマル者がひどく感心することを、後者の例として、精神疾患の既往歴がある人が配偶者・雇い主に怒りを向けるとそれが自然で正常な反応であっても精神疾患の徴候だと見なしがちであることを挙げる。

　また、「ノーマル者たちが彼［スティグマ保持者］をどのように同定し、どのように受け入れるかに関して不確かだと感じている」[38]スティグマ保持者がノーマル者の何気ない視線に「自分のプライバシーはむき出しにされ、侵害されるままになる」[39]と感じる結果、過度に警戒的で萎縮した態度になったり、逆に、ノーマル者たちに対して虚勢を張った敵対的な態度をみせたりする。ゴフマンが挙げる事例、すなわち1930年代の世界大恐慌のときに失業者が外を歩いていると周囲の人たちから「おまえはタバコを吸う資格なんかない、働いていないんだから」[40]と指弾されていると感じたという事例は萎縮した態度に該当する。単純性血管腫で顔の左半分にアザがある日本人女性Bが中学校のとき（1990年代）経験したのもこれと類似した心理状態であり、同時にそれへの反動形成的な態度である。

　　その頃から自分の顔を意識しはじめ、自分の顔が嫌になってきた。自意識過剰になり、学校の外へ出ると、常に人の視線を感じるようになった。歩いている人も、車に乗っている人も、自転車に乗っている人も、みんな私を見ている気がした。そして何か言われているんじゃないかと思い込んでいた。

　　（中略）

こんな顔だからといってなめられてはいけない。弱さなんて見せてはいけない。かわいそうなんて思われたくない。両親にも、「私はこの顔でも別に平気だ」と、言っていた。[41]

　ゴフマンは、スティグマ保持者に対するノーマル者の扱いは過小評価か過大評価か、そのどちらも不可能なら「彼が『存在しない人（non-person）』であるかのように振る舞う」[42]ことに帰着するという。「人格をそなえた一人前の人間」と見なされない「幼児」が実際はその場にいても対人儀礼上「その場にいない」ように扱われるのと同様に、実際にその場にいる身体障害者が「その場にいない」ように扱われることがある。

(2)「同類の人たちと事情通の人たち」

　スティグマ保持者たちは、その属性・経歴ゆえに信用を失い社会から切り離されて、不寛容な世界と向き合わざるを得ないが、その一方で、彼らに対して共感を示す人たち、彼らと同じ観点をもち「彼らも人間であり、本質的にはノーマルである」[43]という感覚をもつ人たちが存在している。ゴフマンは、その2種類のグループを指摘する。

　スティグマ保持者に共感的な人たちの第1グループは、いうまでもなく、同じスティグマをもつ「同類の人たち（the own）[44]」である。「嘆きをともにする同類の人たちに、彼［スティグマ保持者］は精神的支持を求め、他のノーマル者と全く変わるところのない人間として受け入れられ、くつろぎ、やすらいだ気分にひたれる慰めを求め」[45]、同類の人たちは生活する上での種々の有益な情報を提供してくれる。次の引用は、中学校のときに円形脱毛症を発症[46]して髪の毛がほとんど抜けてしまい、大学入学後ウィッグを着けることで対人関係の不安や劣等コンプレックスを解決してきた日本人男性と、同じ病気で苦労している人たちとの関係について論評した文章である。

　　また、森田さんは、同じ脱毛症になった者同士だからできることがあるとも話してくれました。家族や親しい人たちが病気のことを理解しようとしてくれていることに感謝はしつつも、同じ症状を持つ仲間たちと「わかる、僕もそうだよ」と無条件でわかりあえる感覚に自分は支えられてきたと言います。きっ

と今、仲間たちの役に立てることが、森田さんの生きがいにもつながっているのでしょう。[47]

　ただ、スティグマ保持者にとって同類の人たちは心の拠り所になり、便益を得られる集団であると感じる反面、自分を同類の人たちの集団の一員だと認めることに抵抗感を覚える人もいる。心の底で「自分はノーマルである」と思っているスティグマ保持者は、同類の人たちの集団への帰属を認めると「自分はスティグマ保持者の集団の一員だ」と認めてしまうことになり、それには抵抗感があるということである。

　ただし、「同類の人たち」といっても、「同じカテゴリーに属すること」と「同一の集団を形成すること」とは区別しなければならない。たとえば「聾啞者」は、同じカテゴリーに属するといっても、彼らが同一の集団を形成しているわけではないし、実際のところそれは難しいとゴフマンは述べる。現代日本でいえば、「犯罪加害者の家族」は同一カテゴリーの成員ではあるが、だからといって、同じ立場にある者どうしで１つの集団を形成するのは簡単ではない。他方、アルコール依存症者の断酒会（AA）のような自助グループや過去のユダヤ人のゲットーのように、同じカテゴリーに属する人たちが１つの強固な集団を形成することがある。[48] 現代日本でいえば、難病の患者および家族の会は近年盛んに組織される傾向にある。「自死遺族」の自助グループも組織されている。

　同類の人たちが集団を形成していくと集団を代表する人が現れてくるが、代表者がその集団の内部から出てくるケース（視覚障害者やユダヤ人の集団など）と外部からあてがわれるケース（精神障害者や元受刑者［前科がある人］の集団など）とがある。そして、スティグマ保持者の集団の代表者は、彼らに対して使用される差別的な表現を是正するよう社会に働きかけたり、スティグマ保持者がノーマル者と変わらぬ成果を上げられることを証明する実例になったりする。差別的な表現に対する関係団体の抗議とそれへの謝罪および訂正の事例は、日本国内だけでも数え切れないほどある。

　1991 年、平凡社発行の『哲学辞典』の「精神薄弱」という項目に、「精神薄弱とは、生まれつき知能の発育が普通以下にとどまるもので、いわゆる低能の

ことである」「知能だけでなく、人格の欠陥をもっているから知能薄弱といわ
ないで精神薄弱といわれるのである」と書かれていることに、精神障害者団体
が抗議。平凡社は修正と回収をおこなう。[49]

1992年、講談社発行のコミック本『チョコ22歳　学問ノムスメ』（鈴木由
美子作）に、学校用務員を蔑む表現があるとして、日教組と自治労が抗議。生
徒がプール清掃について、「あんなきったねぇじみな仕事は用務員にまかしと
きゃいいんだよ」と発言したり、校長が用務員に向かって「この役立たずっ
能なし」と罵るなどが、用務員への差別的表現と抗議された。[50]

2000年、静山社発行の世界的ベストセラー『ハリー・ポッター』シリーズ
の第2巻に、口腔の先天的疾患をしめす差別的翻訳があると、関係団体が抗
議。文中では、醜さの象徴として「みつくち」と差別的に表現。[51]

　スティグマ保持者に共感的な人たちの第2グループは、ノーマル者ではあ
るがスティグマ保持者と親密な関係または密接な関係をもっている人たちで
ある。こうした人たちのことをゴフマンは同性愛者の間で使われる用語を借
りて「事情通の人たち（the wise）[52]」と呼び、このグループの人たちをさらに
2つのタイプに分ける。その1つのタイプはスティグマ保持者に特定のサー
ヴィスを提供する職業従事者である。多種多様な障害者・患者を扱う医療関
係者、ユダヤ人経営の食料雑貨店に勤めるキリスト教徒の従業員、ゲイたち
が集まるバーの異性愛の男性バーテンダー、犯罪者を相手にする警察官がこ
れに当たる。もう1つのタイプはスティグマ保持者の縁者で、たとえば精神
病患者の配偶者、元・受刑者の子ども、肢体不自由児の親、盲人の友人、死
刑執行人の家族である。
　スティグマ保持者に対する事情通の人たちの態度にはいくつかのタイプが
あるが、特にスティグマ保持者の縁者が示す態度は、スティグマ保持者を
「ノーマル者として扱うこと（normalization）[53]」のモデルとなり得る。という
のも、スティグマ保持者の縁者は、縁者自身はスティグマをもたないノーマ
ル者であるにもかかわらず、スティグマ保持者をスティグマをもたない人の
ように自然に扱うからである。事情通の人たちの中には、ノーマル者のス

ティグマ恐怖症的な反応とは正反対の、「スティグマ好きの反応 (stigma-phile response)」[54] を示す人たちも少なからず存在している。

　事情通の人たちの中でも、スティグマ保持者の縁者は、ノーマル者でありながらスティグマの重荷を背負うというその二重性ゆえに、スティグマ問題において過度に道徳的な態度でノーマル者たちに立ち向かったり、「スティグマ」性を否定するあまりスティグマ保持者を人前に出すことで「攻撃的・挑戦的」だとノーマル者に誤って受け取られたりして、ノーマル者とスティグマ保持者の双方に落ち着かない思いをさせることがある。また、スティグマ保持者の縁者は、自分が原因でないにもかかわらずスティグマの重荷を背負っているため（「縁者のスティグマ」[55]）、当のスティグマ保持者との関係には一定の不安定さが付きまとう。その場合、その縁者の「縁」の強さによって両者の対応の仕方はかなり違ってくる。ゴフマンが挙げている元売春婦とその経歴を理解して結婚した夫のような配偶関係では「縁」が切られる可能性があるが、親子関係ではその「縁」を切るといっても簡単には切れない。たとえば、犯罪の加害者家族うち、親が加害者である子どものケースでは、それが重大犯罪であっても、簡単にスティグマ保持者との「縁」を切ることはできず、かといってその責任を引き受けることもできないというジレンマに陥りやすい。1980 年から北九州で親族など 7 人を殺害した両親の元に生まれ、9 歳のとき保護され、児童養護施設で育った男性は、24 歳のときにインタビューを受けて過去の生活に関して次のように答えている。

　——直接言われたりもするんですか。差別やいじめみたいなものはあったんでしょうか？

　「差別はあったと思います。いじめもあったのかもしれないですけど、俺自身はいじめられているってふうには捉えていなかったですね」

　——直接的にお前の父親は犯罪者だと言われるようなことは？

　「ありました」

　——殺人犯だとか人殺しの息子だとか、そういうことを言われたこともあったんですか？

　「何人かからは」

　——そういうときはどう返すんですか？

「したのは俺じゃない、って言います。関係ないとまでは、そのとき［施設
　から中学校に通っていたとき］は言えなかったですけど、したのは俺じゃないっ
　て。いまなら関係ないって言えますけどね[56]」

(3)「モラル・キャリア」

　　もともと「キャリア（career）」は専門職の経歴を指す語だったが、シカゴ
大学でゴフマンの師だったE・C・ヒューズはキャリアを客観的側面と主観
的側面に分け、主観的側面におけるキャリアを「人が自分の人生を1つの全
体と考え、彼の種々の属性、行為、および彼の身に降りかかる物事の意味を
解釈する動的パースペクティヴ[57]」と定義して、専門職以外の領域でも適用可
能なものにした。これを発展させたのがゴフマンの「モラル・キャリア
（moral career）[58]」である。これを主題にした『アサイラム』所収の論文「精
神病患者のモラル・キャリア」で、彼はモラル・キャリアに「人が生涯にた
どる進路の社会的連鎖[59]」という一般的な定義を与え、精神病患者を対象にし
て「キャリアに伴いその人物の自己で生じる変化および彼自身と他者を判断
するための心像の枠組みで生じる変化、その双方の変化の規則的な継起[60]」を
考察している。彼は、これと類似した自己観・他者観の変遷がスティグマ保
持者になる人にも生じると『スティグマ』で論じている。

　　ゴフマンは、「ある特定のスティグマ保持者たちは、その窮状をめぐって
類似の学習経験をもち、自己についての捉え方の類似した変遷をもつ傾向が
ある[61]」と述べ、「自分がスティグマ保持者である」ことを学習する「スティ
グマの学習（stigma learning）[62]」を、それが起こる人生の時期によって、4つ
のパターンに分類している。

　　第1のパターンは、生まれつきスティグマ保持者である人の場合である。
スティグマ状況を所与として社会化がおこなわれるので自己像の改変は経験
しないが、ノーマル者たちが充足している基準については見聞きして学習す
るのでスティグマ保持者の自覚はある。アルビノ[63]の20代日本人女性は、小
学校頃までの時期の日常を回顧して、次のように述べる。

　　まわりから同じになることを強要された経験はありません。髪の色や肌の色
　のちがいをことさら強調されたわけでもありません。それでも、みんなとはち

がうと意識せざるを得ないようなできごとが日々くり返されるうちに、仲間に
なりたいのになりきれないと感じるようになり、「みんなと一緒になりたい」
と思うようになりました。きっと、さびしかったのだと思います。[64]

　第2のパターンは、幼少期には家族・コミュニティに守られて「自分がス
ティグマ保持者である」ことに気づかなかったり、薄々気づいていても深刻
に受け止めずに済んだ人に、小学校入学時などの機会に「スティグマの学
習」を経験するパターンである。「この経験はよく入学初日に、嘲笑、から
かい、仲間はずれ、喧嘩という形で突如としてやってくる」[65]。ノーマル者と
しての一次的社会化がほぼ終わった後に自分がスティグマ保持者であること
を思い知らされるため、自尊心は傷つけられ、自己像の大幅な修正や他者と
の関係の改変が強いられる。次のエピソードは1960年代半ばの日本の話だ
が、時代や国・地域にあまり関係なく同様の残酷な嘲弄がなされているよ
うだ。海綿状血管腫[66]のため2歳頃から顔の右半分に赤いアザが生じて腫れが
少しずつ大きくなっていた男児は、小学校の入学式直後に次のような仕打ち
を同級生たちから受けた。

　　　入学式が終わった後、クラスの振り分けがあって、私は自分のクラスの前で
　　並んでいました。すると、数人の男の子たちが私のほうを見て、ヒソヒソ話を
　　始めたのです。嫌な感じだな、そう思っていると、いきなり、「なんだ、その
　　顔！」と、指を差されました。わざわざ私の前に来て、アザを指差していう子
　　もいました。「バケモノだ！」誰か一人がそういった途端、「バケモノ！　バケ
　　モノ！」と一斉にからかわれだしました。……学校の行き帰りに、待ち伏せさ
　　れて、いじめられるようになったのも、小学校に上がってすぐのことです。い
　　じめっ子たちは、入学式の日にからかった子たちで、一人一人バラバラになっ
　　て、私が通りそうな道で待ち伏せていました。誰か一人が私を見つけると、
　　「バケモノがいたぞお！」と、みんなを呼び集め、「やい、バケモノ！　口曲が
　　り！」と私を囲んだのです。[67]

　第3のパターンは、人生の半ばでスティグマ保持者になった人の場合と、
もともと自分がスティグマ保持者で、しかもスティグマ顕在者だったことに

人生の半ばで気づいた人の場合である。前者の典型例は「中途障害者」の状況、すなわち「健常者」だった人が事故・病気などが原因で突然（それまで自分とは無縁だと思い、哀れみの対象だった）「障害者」になるという状況である。こうした自己像の劇的な変化を受け入れるのは簡単ではない。次の事例は厳密には中途障害者ではないが、20代のときに勤務先の研究所で不慮の事故に遭い全身の20％に大火傷を負った日本人男性が退院したときの話である。彼の顔から首、左手の甲から腕にかけて隠しきれない火傷跡が残った。

> このとき私は、完全にもとの弱い人間に戻っていました。こんな人と違う外見をさらして街を歩くことはできないと、私が選んだ道はヒキコモリ生活でした。
> 家にこもると、ますます精神が追い詰められてきました。事故原因は何だったのか、なぜ私だけがこのような目に遭わなければならないのか、私が何か悪いことをしたから、みんなより運が悪いからこうなったのだと、罪の意識のようなものが芽生えました。
> また事故に対する恐れと怒りなどの感情が渦巻きました。ひとしれず暴れまわったり、とことん泣いてみたり、逆に無気力になったり、考えることも嫌になり、寝ることで日々をやり過ごす、まさに鬱病でした。[69]

　第4のパターンは、「最初は全く異なる〔ノーマル者たちの〕コミュニティの中で社会化され、その後、〔スティグマ保持者としてのその人にとって〕真実で妥当なものだと周囲の人たちが感じる、別の生き方を学び直さねばならない人の事例である[70]」と記されているが、例も挙げられておらず、これだけの記述なので、明確なイメージは形成できない。いずれにせよ、これら「スティグマの学習」が成立するのは、スティグマ保持者に対するノーマル者の捉え方をスティグマ保持者たちがすでに身につけているからにほかならない。
　上記の4パターンのうち、人生の半ばでスティグマ保持者になるという第3のパターンでは、スティグマ保持者になる以前に同類だった人たち〔ノーマル者〕とスティグマ保持者になって以後に同類になる人たち〔スティグマ保

持者]とのそれぞれの関係が時間とともに変わっていき、徐々に後者との関係が中心になっていくが、そこには両価性[72]が付きまとうことが多い。たとえば、中途障害者の場合、新たにその人の同類になる中途障害者の人たちが安心できる拠り所になる一方で、自分が彼らの同類になることに抵抗感や嫌悪感を覚えることがあるという。

　スティグマ保持者が自らの所属集団に対してもつ両価性は、彼らの「帰属意識のサイクル」[73]としても現れる。すなわち、種族的なスティグマの保持者が自分の出自集団に対して抱く帰属意識が弱まる時期（または帰属を否認する時期）と再び帰属意識が強まる時期とが相前後して現れることである。戦後のユダヤ人研究では一般に「青年期には所属集団との同族意識がきわだって縮小し、ノーマル者たちとの同族意識がきわだって増大する」[74]とされているので、ゴフマンが高校時代以降ユダヤ教から離れ[75]、ユダヤ教徒だった家族との関係をマニトバ大学在学中に断ち切った[76]のも、この「帰属意識のサイクル」から理解できる[77]。

2.「Chapter II. 情報コントロールと個人アイデンティティ」を読む

(1)「スティグマ顕在者／スティグマ潜在者」[78]

　Chapter I で触れたように、スティグマ保持者は、直面するスティグマの問題の違いにより「スティグマ顕在者［信用を失った者］」と「スティグマ潜在者［信用を失いかねない者］」に大別される。スティグマ保持者がスティグマ顕在者である場合、ノーマル者との対面的相互行為で主として問題になるのは対人的接触によって生じる緊張の処理・管理の問題だった（Chapter I）。スティグマ保持者がスティグマ潜在者である場合、ノーマル者との対面的相互行為で直面するのは、「彼の欠点［スティグマ］に関する情報の操作・管理の問題」[79]すなわち「〔スティグマとなる属性を〕見せるべきか否か、〔スティグマとなる経歴について〕言うべきか否か、秘密を打ち明けるべきか否か、嘘をつくべきか否か、それぞれのケースで、誰に、どのように、いつ、どこでという問題」[80]である。これが Chapter II の主要な論題である。

(2)「社会的情報」

　スティグマは個人に関する情報の一種ではあるが、個人に関する情報といっても、その人のそのときどきの気分・感情・意図についての情報ではなく、その人の多少とも持続的な特徴に関する情報である。しかも、「その情報は、それが言及している当の人物によって伝達され、その表現を受け取る人たちが直に居合わせる状況で身体的な表現を通して伝達される」。このような種類の情報のことをゴフマンは「社会的情報（social information）」と呼んでいる。ゴフマンはここで具体例を挙げていないが、皮膚の色、頭髪の色・形状・状態、容貌、体格・体型、話している言語、声の調子、話し方、立ち居振る舞い方、服装、履いている靴、装飾品、持ち物などが社会的情報を伝える記号だと想定しているようだ。

　これらの記号のうち「頻繁かつ安定的に使われ、型にはまった形で求められ受け取られるもの」をゴフマンは「シンボル」と呼び、既婚者であることを表す左手薬指の指輪や社交クラブの会員であることを認証する折襟略章を例に挙げる。そのほか、警察官が着る制服をはじめ各種の制服・制帽、僧侶の剃髪した頭と法衣・袈裟、「堅い仕事」に就いていることを暗示する派手でないスーツとネクタイ、視覚障害者がもつ白杖、理系の大学教員が構内で好んで着る白衣、ヤクザ映画でみられた暴力団員の背中や腕に彫った刺青、レスリングや柔道の選手の「カリフラワー耳［つぶれた耳］」、長年屋外で肉体労働に従事してきた人の赤銅色の肌と節くれ立った手、染料に染まった染め物職人の手の指、出身地方がだいたいわかる「訛り」、日本で生まれ育った人でないことを表すたどたどしい日本語、バレリーナの背筋がピンと伸びた姿勢、育ちの良し悪しを示唆する食事作法や立ち居振る舞いなど、数え切れないほどのシンボルがある。

　ゴフマンはシンボルをさらに「威信のシンボル（prestige symbol）」「スティグマのシンボル（stigma symbols）」「アイデンティティを混乱させるもの（disidentifiers）」に分ける。威信のシンボルは、「伝達される情報が威信、名誉、あるいは望ましい階級上の位置を主張する可能性の高い」シンボルである。一般に「ステイタス・シンボル」と呼ばれるもので、以前なら高級乗用車・ブランドバッグ・高級時計などがそうだった。スティグマのシンボル

は、「〔そのシンボルが現れると〕アイデンティティ上の食い違いに目を向けさせ、描かれたはずの〔当該個人に関する良好な〕一貫した全体的人物像を粉砕し、当該個人の評価を確実に下げる帰結をもたらすような」シンボルである。ゴフマンはこの例として、第二次世界大戦末期のフランスでドイツ人兵士と性的関係をもったフランス人女性（または大戦初期のドイツでユダヤ人との親密な関係を疑われたドイツ人女性）が丸刈りにされたこと、中産階級の身なりと立ち居振る舞いをしている人が言葉の使い方を何度も誤ったり、繰り返し間違った発音をしたりして教養の程度が疑われることを挙げる。アイデンティティを混乱させるものは、互いに両立しがたい複数のシンボルが併存しているが、見かけの社会的アイデンティティに深刻な疑いを与えないようなケースを指す。ゴフマンは、黒人が高等教育を受けていない米国南部にやって来た北部の教養ある黒人が話す立派な英語や、都市に住む下層階級の黒人がつけているターバンと口髭（シク教徒のシンボル）などを例に挙げる。

　そのほか、社会的情報の伝達という目的でつくり出されたものではないが、事実上スティグマのシンボルになっているものとして、自殺企図の証拠になるリストカットの跡、薬物依存者の腕にある注射針の跡、ドメスティック・バイオレンス（DV）を受けた跡らしき女性の体のアザが挙げられる。

　また、スティグマのシンボルは、それが生得的なものか否か、永続的な表徴か一時的な表徴かという２つの次元の組み合わせから分類可能である。たとえば、江戸時代の日本において罪人の腕に彫られた太い２本の線の入れ墨は生得的ではないが永続的なスティグマのシンボルである。また、囚人の丸刈りにされた頭は生得的でも永続的でもない。生得的な顔のアザには、レーザー治療などで消去が可能なものと困難なものとがあるという。スティグマのシンボルとまではいえないが、現代日本で若気の至りでタトゥーを入れた人たちの多くが後悔するというのも、消そうと思っても消せない永続的なシンボルになってしまっていることから発生する問題である。

　さらに、スティグマのシンボルとされる表徴にはシンボルとしての信頼性の問題が存在している。「大酒飲み」の証拠とされる石榴鼻〔赤鼻〕は酒を飲まない人にも現れるため、酒を飲まないのに石榴鼻である人たちが「大酒飲み」と疑われるのは不当なことだが、「彼らはともかくそれに対処しなけれ

ばならない」とゴフマンは述べる。現代日本の事例を挙げれば、「糖尿病」は長年の不摂生から生じるという広く流布した中途半端な知識のために、（生活習慣病としての「2型糖尿病」ではなく）遺伝的要因も関与して発症する「1型糖尿病」になった若年者が「小学生なのに糖尿病なんてどんな食生活してきたんだ」と誤解を受けることがある。また、ピルは避妊薬としてだけでなく、ひどい生理痛を緩和する薬としても使われるが、生理痛を抑える目的でピルを服用している女性が、避妊のために服用していると勘違いされ好奇の目で見られるのではないかと思い悩んでいる場合がある。

(3)「可視性」

　Chapter II の(7)で論じられる「なりすまし」の問題を考えるために、ゴフマンはここで「可視性（visibility）」の問題を検討する。この場合「可視的（visible）」とは「外から見てそれとわかること」を指す。顔や手足の変形という後遺症を残す元ハンセン病患者のスティグマは可視的だが、精神疾患の既往歴がある人のスティグマは可視的ではない。しかし、「外から見てそれとわかる」という事態は一見した以上に複雑である。

　それを理解する上で、可視性と混同されやすい3つの概念を区別する必要がある。区別すべき第1の概念は「既知性［知られていること］（known-about-ness）」である。「他者たちが彼のスティグマについて知っているかどうかは、それが現に見えるという以外の要因、すなわち彼らがその人について予備知識をもっているかどうかにもよる」。ある人物のスティグマ、たとえば過去の懲戒解雇歴について知っている人は、他の人たちが気づかない中で、その人物のスティグマが「わかる」。可視性と区別すべき第2の概念は「突出性［ひどく目立つこと］（obtrusiveness）」である。この概念は、Chapter II の(9)で論じられる「和らげ（covering）」と深く関連する概念である。ここでゴフマンが挙げるのは、構音障害の人の障害は話をしないかぎり「可視的」ではないが会議の場で話し始めると「ひどく目立つ」ようになるのに対して、車椅子を使わざるを得ない人の障害は普通の場面では「ひどく目立つ」がその人が会議用のテーブルに着いているときには「可視的」であっても「ひどく目立つ」存在ではなくなるという事例である。そして、区別すべき第3の概念は「知覚された焦点（perceived focus）」である。スティグマが単

に「可視的」である以上に、その属性が他者の注意をひどく引き、対面的相互行為の自然な流れを阻害する働きをすることを指す。「醜貌」の人とノーマル者の対面的相互行為場面ではノーマル者は相手の顔にある火傷跡・アザ・瘤・腫瘍・奇形が気になってしまい会話に集中できなくなるという例を彼は挙げる。単独で作業する場合には、醜貌は、その人の能力には何の影響も与えないので、「対人社会的状況において焦点が合わされるスティグマ[100]」だといえる。血管腫のために顔のほぼ全体に赤アザがある 40 代の日本人男性は、特に初対面の人との対面的相互行為場面で生じる気詰まりな状況とその打開策について、次のように述べる。

　　「人に対して、なぜ構えなければいけないんだろう?」
　　と思う時がある。不思議なもので、こちらが構えれば相手も構えているように思う。仕事上、多くの人と出会う機会がある。はじめての人は、私を見ると、挨拶のタイミングを逸するようだ。そんな時は、私から挨拶するようにしている。そうすることで、会話がつながっていけばいいと考えている。また、その時の目線も大切。こんなふうに言えるのも、私が年を経てきたからかもしれない[101]。

　　さらに、「可視性」は観察者の記号読解能力に依存していることを付言しなくてはならない。一般人には「可視的」でないスティグマの属性も、専門家には「可視的」であることがある。ゴフマンはこの例として、内科医は角膜実質炎［結膜の充血と角膜への血管の侵入］とハッチンソン歯［U 字の刻み目が入った上顎前歯］（と内耳性難聴）からその人が「遅発性先天性梅毒」に罹っていることが「見てわかる」ことを挙げる。現代日本でも、児童が描いた絵のちょっと変わった色遣いから「色覚特性[102]」に気づく養護教諭は多い。必ずしもスティグマ保持者の事例とはいえないが、日本の刑事の間では「スリ眼[103]」と呼ばれるスリに特徴的な目の動き、すなわち電車内で財布が入っていそうな他の乗客の持ち物に瞬時に目を落とし周囲を警戒するような目の動きが知られていて、彼らはそのような挙動の人物がスリだと「見てわかる」という。

(4)「個人アイデンティティ」

　Chapter II の(7)で論じられる「なりすまし（passing）」の問題を考える予備的考察として、可視性の概念のほかに、「個人アイデンティティ」の概念をゴフマンは詳しく検討する。「なりすまし」が成立するためには、なりすましている当の人物のことを周囲の人たちが「個人的に知らない」ことが前提になるからである。「個人的に知っている」関係でもスティグマ保持者のスティグマについて「知らない」ことが条件になる。

　スティグマ顕在者の場合、彼らと現在でも親密な関係または密接な関係にある人たちはスティグマ保持者を受け入れているか、少なくとも寛大に扱う傾向があるので、スティグマ保持者は自らのスティグマを隠すようなことはしない。他方、スティグマ潜在者の場合は、疎遠な関係にある人たちに対しても自分のスティグマを隠すことがあるが、一番に自分のスティグマを隠そうとする相手は親密な関係または密接な関係にある人たちである。たとえば、ゲイの人はその事実を家族に対しては秘密にしておこうとし、医師に相談する際もかかりつけ医は避けるという例をゴフマンは挙げる。また、父親が精神病院に入っているとき母親は子どもには別の病気で入院していると嘘の説明をすることなども例として挙げている。隠してきた事柄が深刻であるほど親に話せないのは、その告白によって親子の信頼関係が壊れてしまうことを恐れるからである。現代日本における LGBTQ のカミングアウトに関して、次のような事実の指摘がある。

　　　しかし、残念ながら、カミングアウトしたときに、そのようにすぐに理解が
　　得られるケースばかりではない。相手が家族、特に親の場合には、受け止める
　　のに時間がかかることは多く、また、以後その話題が触れられないタブーに
　　なったり、強い拒絶を示されたりすることもある。[104]

　自分が受けた「消し去りたい過去の経験」に関しても、同じ反応がみられる。そのような経験は「親」には絶対に話せない一方で、「赤の他人」になら話せるということはある。次の事例も現代日本のもので、高校時代に「スクールセクハラ」を受けた女性の話である。

その〔担任教師に乱暴されキスされたという〕告白を聞いたころ、智子さん〔仮名〕は大学を卒業して働き始めたばかりだった。つらい経験をした高校二年生の日から彼女の人生は大きく狂った。見た目は幼い印象も受ける可憐な女性だが、内面は嵐が吹き荒れ、それを抑え込みながら学び、そして働いていた。三十代になった今でも両親には内緒だ。「心配させたくないから、一生話さないと思います」と言う。……智子さんが私に打ち明けてくれたきっかけは、共同通信社会部教育班の記者として学校現場の取材を続けていた私がたまたま彼女にそういったM教師［問題教師］の話をしたことだった。私とは直接の利害関係が何もないことが大きかったのかもしれない。ある意味、気楽に打ち明けられたのだろう。[105]

　したがって、スティグマ潜在者の場合は、見かけの社会的アイデンティティと本来の社会的アイデンティティとの間に食い違いが存在することを前提として、ノーマル者との関係が親密か疎遠かよりも、スティグマ保持者とノーマル者の関係の違いによってスティグマの秘匿／開示がどのようになされるかを見ていくべきである。

　秘匿されていたスティグマが明るみに出ることによってスティグマ保持者の信用が劇的に下がり、周囲の人たちとの関係に亀裂が入るのは、そのスティグマ保持者が「誰」であるか特定され、そのスティグマ保持者を「知っている」ことが条件になる。そして、スティグマの発覚がもたらす影響は、特に「個人的に知っている」間柄において甚大になるだろう。そうした点から個人アイデンティティという概念が重要になる。

　ここでいう「個人アイデンティティ（personal identity）[106]」のアイデンティティは、心理学で使われるものとは意味が異なる。ゴフマンは「犯罪学的な意味でのアイデンティティの識別の性格[107]」と述べているが、英語の "ID card" の "identification" や "identity" のことである。たとえば「遺体の損傷が激しく、身元が判明したのは2人だけだった（The corpses were so badly decomposed that only two could be **identified**.）」という例文の「身元」が個人アイデンティティの中核的語義を表している。あるいは、"What is she ?"（彼女は何者［どういう人間］なの？）[108]が社会的アイデンティティに関する問

いであるのに対して、個人アイデンティティは疑問文 "Who is she ?"（彼女は誰なの？）に対する答え[109]の次元に属するといってもよい。「どのような人なのか」「何者なのか」に関する情報を含みつつも、その人物が「ほかならぬ誰なのか」ということが個人アイデンティティに関わる問題である。

　他者がその人物を「ほかならぬその人である」と認識・認定する手がかりには、「氏名」のほか、「顔」「背格好（せかっこう）」「声」「歩き方」「筆跡」「服装」「髪型」などの視聴覚的な情報、「現職」「職歴」「生年月日」「現住所」「本籍地」「家族関係・親族関係」「出身校」など経歴・地位に関わる情報がある。たとえば、道を歩いていると遠くから近づいてくる人物が「誰」かわかるときがあるが、その場合、個人の同定の手がかりは「背格好」や「歩き方」である。また、本人確認のため、病院では「名前」と「生年月日」が問われ、役所の窓口では「名前」「顔」「現住所」などが記載されている「運転免許証」「マイナンバーカード」の提示が求められる。

　個人アイデンティティの中心的な特性をわかりやすい言葉でいうと「唯一無二であること（uniqueness）」である。この「唯一無二であること」という観念に含まれる３つの表象、すなわち「確然たる標識（またはアイデンティティ・ペグ）」「情報の複合体」「存在の核」のうち、ゴフマンが個人アイデンティティという術語に担わせようしている表象は、最初の２つである。１番目の「確然たる標識（positive mark）[110]」とは、その人が「ほかならぬその人であること」が確実に判別できる標識であり、心に浮かぶ当該個人の「写真的心像（the photographic image）[111]」や「氏名」が代表的なものであるが、状況によっては「声[112]」や「指紋[113]」もこの標識になる。また、「アイデンティティ・ペグ（identity peg）[114]」という言い方をゴフマンはしていて、他者がその人の個人アイデンティティを構築していく際の支柱となる「掛け釘（くぎ）」のようなものとして捉えている。名札が付いた掛け釘にその人の帽子やコート、持ち物などを次々に掛けていくイメージだろうか。個人アイデンティティが種々の言語情報・映像が収録された１つの「ファイル」だとすれば、「ファイル名」（文字でもアイコンでもよい）に当たるのがアイデンティティ・ペグだといえる。したがって、アイデンティティ・ペグとして選ばれるのはその人の氏名や写真的心像である。また、本人確認の手がかりとしてはあまり頼りにならない「声」も専門家の「声紋鑑定」の対象になれば個人アイデン

ティティの「確然たる標識」になり、また、専門家が美術品・工芸品の真贋^{しんがん}を鑑定する場合、たとえば画家個人の筆遣い・色遣いや筆跡といったわずかな表出様式が個人を同定する「確然たる標識」になる。2番目の「情報の複合体（complex of information）[115]」は、それぞれの標識は「唯一無二」ではないが、氏名－写真的心像－各種の情報を組み合わせたものは「唯一無二」だということを表している。たとえば、同姓同名の人や顔・背格好がそっくりの人はその個人以外に存在している可能性があるとしても、その名前でその顔でその背格好でその声でその歩き方で、誰々と誰々の第何子として何年何月何日にどこどこで生まれ、何年に何々大学何々学部を卒業し、現在その職業に就いている人物は世界でその個人1人しかいない。こうした情報の複合体は、知り合い関係の人間の「記憶」の中に蓄えられる一方で、組織・機関の個人ファイルの中にも「記録」が蓄積される。その点から、個人アイデンティティを同定する過程でどのような情報が用いられるかは、身近な小集団よりも、中央政府・地方政府のような巨大で非人格的な組織を参照したほうが明瞭に理解できるとゴフマンはいう。氏名、生年月日、顔写真、社会保障番号（日本ではマイナンバー）、現住所、サインの筆跡（日本では印鑑も）、性別^[116]などが個人アイデンティティを確証する標識として用いられている。セキュリティが厳格な政府・民間の施設の入り口では、IDカードと暗証番号のほかに、指紋認証、掌紋認証、指静脈認証、虹彩認証が特定個人を同定する方法として利用されている。

個人アイデンティティの中軸になるアイデンティティ・ペグの中で一番多く使われるものは「氏名」であるが、同時に、氏名は最も変更しやすいものである。逃亡者や犯罪者が「偽名（alias）」を使うといった劇的なケースを想定しなくても、ほかの人に宿泊の事実を知られたくないホテル宿泊客が「偽名」を使うことはあるし、一部の業界では「ペンネーム」「雅号」「芸名」「源氏名^{げんじな}」という「別名」の使用は一般的ですらある。日本において在日外国人が「通称［氏名以外の呼称］」を登録し使用することは1つに限り合法的であり、多くの国で申請手続きを経て裁判所の許可を得れば「氏の変更」「名の変更」が可能である。結婚して姓が変わった人が離婚した際、今の姓を使うか旧姓に戻すかは本人の意思によるし、それに伴って子の姓が変わったり変わらなかったりもする。

一見同じようにみえる「別名の使用」「姓名の変更」でも、犯罪者や訳あ
りのホテル利用客が「偽名」を使うのは本来の個人アイデンティティを隠そ
うとする行為であるが、マイノリティ民族集団の出身者が「姓名変更」する
のは本来の社会的アイデンティティをわからなくする行為である。ここでゴフ
マンは言及していないが、戦前期から東欧系ユダヤ人北米移民の1世・2
世の間で姓名変更は珍しいことではなかった。たとえば社会学者のロバート・
キング・マートン（Robert King Merton）は東欧系ユダヤ人の米国移民2世
で、彼の旧名はマイヤー・ロバート・シュコルニク（Meyer Robert Schkolnik）
だった。バーナード・シュワルツ（Bernard Schwartz）がトニー・カーチス
（Tony Curtis）に、イッサー・ダニエロヴィッチ（Issur Danielovitch）がカー
ク・ダグラス（Kirk Douglas）に改名したように、ユダヤ系米国人が多かっ
たハリウッドのスターたちにも姓名変更した人は多い。また第二次世界大戦
後に姓名変更が急増し、「1940年代の終わりから1950年代の初めにかけて姓
名変更がピークに達した時は、およそ5万人のアメリカ人が、苗字変更の許
可を求める請願書を州裁判所に提出し」「その80パーセントはユダヤ人だっ
た」。姓名変更という行為は、後述する「和らげ［部分的覆い隠し］」の箇所
（Chapter IIの(9)）で再び論点になる。

　ゴフマンは、Chapter IIの(2)で論じた「社会的情報」および「シンボル」
と、個人アイデンティティを証明するものとの違いについて述べる。人が身に
つけ、人とともに移動するという意味で、携帯可能な運転免許証や身分証
明書などの「アイデンティティ記録文書（identity document）」は服装・身
なりなどの「威信のシンボル」「スティグマのシンボル」と似ているように
みえるが、両者は区別されるべきものである。威信のシンボルやスティグマ
のシンボルが「社会的アイデンティティ」を表示するものであるのに対し
て、アイデンティティ記録文書は「個人アイデンティティ」を立証するもの
である。同様に、それぞれのアイデンティティの不実表示［偽りの呈示］にも
区別が生じる。たとえば、訳ありの宿泊客が「偽名」を使用するのは個人ア
イデンティティの不実表示（personal misrepresentation）だが、中産階級の
上位に位置するビジネスマンが週末に避暑地でカジュアルな格好をするのは
社会的アイデンティティの不実表示（social misrepresentation）である。

　そこで、個人アイデンティティを立証するアイデンティティ記録文書と社

会的アイデンティティを表示するシンボルとの関係を見てみると、種々の相互関係が存在している。まず、ある人物の社会的アイデンティティを同定する場合、曖昧さのあるシンボルよりアイデンティティ記録文書を利用したほうが正確である。ここでゴフマンは、容姿・身振り・声によって「ユダヤ人」を識別できると主張する人たちのいう判断基準が曖昧であることを指摘する。次に、アイデンティティ記録文書を利用することによって社会的アイデンティティの不実表示を防止することができる。運転免許証の提示を求めることによって酒類を買おうとする未成年者を見つけ出せるという例を彼は挙げる。また、アイデンティティ記録文書の記載またはその「空白」が社会的アイデンティティを暗示することがある。たとえば1950年代の英国では、国民健康保険手帳に押印のない空欄があると精神病院の入院歴があったと疑われたようだ。アイデンティティ記録文書ではないが、現代日本でも、履歴書の職歴に一定期間以上の空白があると、その期間に人に言えない特殊な事情にあったのではないかと採用担当者に疑われることがある。

(5)「生活誌」[126]

　ゴフマンは Chapter III の冒頭で「個人アイデンティティの場合、それに対する関心と定義は、その人が生まれる前に発生し、死んで埋葬された後も続き、アイデンティティの感覚はもちろん何の感覚もその人にないときでも存在する」[127] と述べている。たとえば、亡くなった人の個人アイデンティティというものも生きている人の心の中に現存しているし、当人の記憶がない乳幼児期の出来事も当人の個人アイデンティティを構成するものとして他者の心の中に現存しているということである。この叙述からわかるように、個人アイデンティティという存在体は、他者がもつ特定の個人に関する（映像・記憶を含めた）情報の総体を指している。相当わかりにくい概念だが、次の引用箇所は比喩を用いて比較的明確に記述された箇所である。

　　　個人の生活誌が親しい人たちの心の中で保持されていようと、官吏のファイルの中で保持されていようと、またその人の個人アイデンティティの記録文書が彼の人格とともに携帯されていようと、ファイルの中に保管されていようと、その個人はその周囲に一定の記録が構築される存在体となる（he is an entity about which a record can be built up)。すなわち、その個人についてそこに走り書きできる控え帳が用意されるのである。その個人は、生活誌の対象として固定される。[128]（傍点は引用者）

　生まれたときにその人専用の「控え帳（a copybook）」がその人を知る各個人に用意され、名前が決まったら表紙に記入され、顔写真が貼られ、両親の名前、きょうだいがいれば彼らの名前が書き込まれ、関係する個人と経験する出来事が映像とともに記録されていくといったイメージで個人アイデンティティを捉えればよいだろう。そうすると、その人の個人アイデンティティとその人の「生活誌［生の記録］（biography）」とは不可分の関係にあることがわかる。個人アイデンティティを時間軸で捉えたものが生活誌だといってもよい。しかし、これまで生活誌は研究のためのデータとして使われることはあったが、生活誌という存在体の「構造」を探る努力はなされてこなかった。このことを受け、ゴフマンは生活誌の構造の解明を試みる。
　生活誌の構造的な特徴として指摘できるのは、当たり前のことだが、1人の個人には1つの生活誌しか存在しないということである。小説『ジキル博士とハイド氏』のように2つの「人格」に生活誌が分けられることはない。どんなに矛盾していようと1人の個人の諸々の言動は、全体の構造としては「生の軌跡の包括的な単一性」[129]の中に収容され、相互に連結し合っているものと理解される。その一方で、個人が異なる複数の「顔」[130]をもつ「自己の多面性」[131]という現象が普通に観察される。これが成立する条件の1つが「役割分離とオーディエンス分離（role and audience segregation）」[132]という対人社会的配置である。
　まさに「生の記録（bio-graphia）」である「生活誌（biography）」の本体は包括的な単一性をもったものだが、他者それぞれが構築する特定個人に関する生活誌はつねに不完全である。生まれたときから一緒にいる親子であっても相手に関する生活誌全体を構築することはできない。その後に出会い限られた期間の交流しかない人であれば、その人物に関して構築する生活誌はさらに部分的・断片的なものになる。そして、ある人物が実際におこなったこと（おこなっていること）やそうだったこと（そうであること）であっても、すでにその人のことを知っている他者がそれらの事実を知らなければ、特定

の人物に関する生活誌に書き込むことはなく、その人物の個人アイデンティティの像に影響することはない。「旅の恥はかき捨て」とばかりに、自分のことを知っている他者がいない場所に行くと「不適切な行動をやってみようかという思いが強くなる[133]」のは、この構造的な理由による。その行為者が「誰」なのか周囲の人たちは同定できないし、その行為者のことを知っている人たちがその逸脱行為の事実を知ることはまずない[134]。周囲の人たちによって「誰」であるかが同定されても、彼らとその行為者との間には私的にも公的にも継続的な関係がないために、そうした場面で逸脱行為者が失う信用はその人にとって表層的かつ一時的なものでしかない。

　しかし、自分のことを個人的に知っている人に対し隠しておいた事実がスティグマとなり得る属性・経歴である場合、そして個人的に知っている人にそれが発覚した場合、スティグマ潜在者だった人が失う信用はきわめて大きい。時間軸上でいえば、「自分のスティグマが明るみに出ると、現在の対人社会的状況が偏見で見られるだけでなく、これまで築いてきた関係も偏見で見られることになる[135]」。「図と地の反転」のように、その人物の生活誌は「白黒」が反転した様相を呈していく。次の引用は 1960 年代半ばの日本の話で、自分の出生地が被差別部落であることを知らずに育った女性がある男性と結婚して 4 年目の出来事である[136]。夫にできた愛人が女性が被差別部落の出身であることを偶然知り、そのことを女性の夫に話すと、夫の態度は豹変した。

　　その日から夫はまったく帰らなくなった。愛人から事情をきいたのだろう。ちょこっと家に顔を出しては服や下着をひとつひとつ持ち去った。食事をすすめると「お前のような女のつくったもの食えるか」といった[137]。

　　「お前のような、きたない女を抱けるか」
　　夫からこういわれた晩のことを、原けさのさんは、忘れようとしても忘れられない、といった。
　　被差別部落の人びとに対して、「きたない」という偏見がまだ広く残っている[138]。

　そうした深刻な事例でなくても、その人の表向きの「顔」に背馳(はいち)する一面

を知っただけで、その人に対する人物評価は損なわれる。米国の中産階級の人々の間では、ある人が多少ともスティグマになり得る属性・経歴をもっている場合、自発的かつ小出しにその種の情報を打ち明けていく必要があるといわれる。そのような開示を全くおこなわずに一挙にスティグマが発覚して信用が失墜するケースに比べれば、小出しの開示のほうが明らかにダメージは小さい。その際、情報を多く打ち明けてよい相手は誰か、打ち明ける情報を少なくすべき相手は誰かを見きわめることが、個人アイデンティティをうまく扱っていく上で必要である。ただ、「誰に、どのように、いつ、どこでという問題」[139]は、なかなかの難問である。女性の生活スタイルの魅力に目覚めたドイツ人男性について先に言及したが、その「秘密」を妻のマリアに最初に打ち明けた場面を彼は次のように描写する。

> 「あなた、本気なの？」　マリアは呆然（ぼうぜん）としている。
> 　ストッキングをはいた僕の足を目にしたとたん、彼女の表情は凍りついてしまった。これまで信じ切っていたもの、当たり前と思っていたものに裏切られた、そんな表情だ。
> 　男は強く、たくましくなくてはならない。ナイロンのストッキングをはいてはならない。男とはそういうものだ。それなのに……。
> 　突然、僕は罪悪感に襲われた。
> 　とんでもないことをしてしまった。違う言い方があったはずだ。はっきりと言いすぎた。もっと小出しにしたほうがよかったんじゃないか[140]？

スティグマを隠していたことを告白して気持ちが楽になるケースもある。次の引用は、単純性血管腫で顔の右半分に大きなアザがある 30 代の日本人女性 C の経験である。

> 　私は高校で教員をしているのですが、それまでは受け持っている生徒にもアザのことを話しませんでした。しかし、彼［一時期付き合っていた男性］と出会ってからは、せめて授業を担当している生徒には、一番はじめの授業の自己紹介の時に、「私は顔の右半分だけ化粧が濃いけれど、それは大きな赤いアザがあるからだから、わかっていてね」と話せるようになりました。

はじめて話すときはとても勇気がいりました。生徒が「先生、化粧濃い」と言ってくれたのがきっかけでした。でも一度話してしまうと、「いつ聞かれるだろう、いつ言おう」という不安を感じなくなり、自分のことをわかってもらっているという安心感を抱くようになりました。[141]

　さらに、その人が信頼できると思ってスティグマ潜在者が告白したにもかかわらず、打ち明けられた人がその秘密を第三者に許可なく漏らしてしまうこともないとはいえない。こうした行為は、近年日本では「アウティング」[142]の問題として議論されている。

(6)「生活誌における他者」[143]

　ある人を中心として組織される社会的世界には種々の分割線を引くことができるが、その１つが「その人のことを知っている人たち（the knowing）／その人のことを知らない人たち（the unknowing）[144]」との間に引かれる分割線である。その人のことを知っている人とは、その人を特定の個人として識別できる人であり、名前を聞いただけでその人の個人アイデンティティに関する一定の情報を活用できる人である。別の言い方をすれば、その人を知っているとは、その人に関する一定量の心像・情報が「生活誌」として記憶に書きとめられていることを意味する。

　ただ、その人を「知っている」ことをめぐっては相互的かつ重層的な偶然性や非対称性の可能性が存在している。これは最もゴフマンらしい視点の１つなのだが、かなり錯綜した事態を想定できる思考力が求められる。

　　他者たちに自分のことが知られている個人は、自分が他者たちに知られていることを知っているかもしれないし知らないかもしれない。他者たちのほうも、他者たちがその個人を知っていることを知っているか知っていないかを知っているかもしれないし知らないかもしれない。さらに、他者たちがその個人を知らないと思う一方で、そのことに確信がもてないかもしれない。また、他者たちがその個人を知っていることを知っている場合、その個人は、少なくともある程度は、他者たちを知っているはずである。しかし、他者たちがその個人を知っていることをその個人が知らない場合でも、〔他者たちがその個人

を知っているということ〕以外の事柄に関しては他者たちを知っていることもあるし知らないこともある。[145]

　人々が他者を「知っている」ことをめぐって生じ得る偶然的な諸条件を考慮しなければ、スティグマに関する情報の操作・管理の問題の微細さと複雑さを描き出すことはできない。自分は「相手が自分のことを知らない」と思っているのに、実際は「相手は自分のことを知っている」可能性はつねにあるし、逆に、自分は「相手が自分のことを知っている」と思っているのに、実際は「相手は自分のことを知らない」可能性もつねにある。たとえば、道・通路を向こうから歩いてくる人が自分に気づいて会釈するが、自分はその人の「顔」に全く見覚えがないことがある。こうした「知っている」ことをめぐる偶然的な諸条件に、「知っている」その人の「生活誌」の情報の多寡や内容の違いまで加えると、きわめて多くの組み合わせが生じ、多種多様なケースが導き出される。
　これまで、ある人物を「知っている」という表現を使ってきたが、この表現には２つの異なる事態が含まれている。「認知的認識 (cognitive recognition)[146]」と「対人社会的認識 (social recognition)[147]」である。日本語でも「私は大谷翔平[148]を知っている」と述べた場合、「私は大谷翔平について見聞きして知っている〔間接的・一方的に知っている〕」という意味と「私は大谷翔平と知り合いである〔直接的・相互的に知っている〕」という意味があるが、前者の知識状態でおこなわれる知覚上の行為がゴフマンのいう認知的認識に当たり、後者の知識状態でおこなわれる知覚上・対人儀礼上の行為が対人社会的認識に当たる。認知的認識は「特定の社会的アイデンティティまたは個人アイデンティティをもつ者として人を"位置づける"知覚上の行為[149]」である。これに対して、「その人"について"知っているだけでなく、その人を"個人的"にも知って[150]」いて「同一の対人社会的状況にいるとわかったときは、会釈、あいさつ、ちょっとした会話を交わす権利と責務がある[151]」人たちの間でなされる知覚上・対人儀礼上の行為が対人社会的認識である。ある人を「個人的に知っている」とは、後者の対人社会的認識がなされる知識状態のことを指す。認知的認識と対人社会的認識の違いは、英文の "I know of him."（〔直接は知らないが〕彼の話は聞いている）と "I know him"（〔個人的に〕彼を

知っている）の用法・意味の違いに似ている。

　なぜこのような区別が必要なのかというと、一方向的な認知的認識の対象になる人たちの範囲と相互的な対人社会的認識の対象になる人たちの範囲の組み合わせから「知っている」という関係をめぐるが種々の現象が分析可能になるからである。認知的認識の対象となる人たちの範囲より対人社会的認識の対象となる人たちの範囲のほうが小さいというのが一般的傾向だが、狭いコミュニティで生活する人たちの場合、対人社会的認識の対象となる人たちが大多数で、単に認知的認識の対象になる人はほとんどいない（「ここではみんな知り合いだ（"We all know each other here."）」）。

　また、この2つの概念を用いることによって「有名であること（fame）[152]」を構造的に把握することができる。すなわち、有名であることとは「ある個人について知っている人たちの範囲が、特に希有な望ましい達成や所有物という点に関して、非常に広くなっていて、同時に、その人と個人的な面識がある人たちの範囲よりずっと広いという可能性[153]」を指す。この構造が意味するのは、有名人は自分が個人的に知らない不特定多数の視線にさらされているということである。多くの人の注目を浴びることで自己高揚感を得ている有名人がいる一方で、「衆人環視」の状況を煩わしく感じて「"独り"になれる場所に"逃亡する"[154]」有名人もいる。自ら「有名人になる」プロジェクトを企画・実行し、一世を風靡したある経済評論家は、「人脈のひろがりによるチャンスのひろがり」というメリットを述べつつ、有名人になったデメリットについてこう語る。

　　「有名人になる」ことの大きなデメリットは、いつでも、どこでも、誰かが見ている可能性があるということです。

　　とくにいまはツイッターやフェイスブックで目撃情報が書き込まれる時代です。

　　驚いたことに、とある女性タレントさんと二人でコンサートに行って、その帰りにレストランで食事をしていたら、なんと、五つくらい離れた席に座っていた男性がずっとツイッターとフェイスブックで、わたしたちの会話や食事風景の実況中継をしていたのです。[155]

「有名人」といっても世界レベル、全国レベル、地域レベル、職場レベルなど「有名」の範囲に違いはあるが、どのレベルでも自分が知らない不特定多数の視線に当人がさらされているという構造は共通している。したがって、ローカルな「有名人」である地方都市の大学教員も、自分は知らないが自分のことを知っている学生や市民にいつ何時(なんどき)「見られている」かもしれないという意識をもつことはよくある。

　この「有名であること」の考察は、「悪名高いこと (ill-fame)[156]」の構造解明につながる。有名人も悪名高い人も、自分が個人的に知らない不特定多数の人たちの好奇の視線にさらされる点で、構造的に相似形をなしている。ある重大事件で全国に「指名手配」された容疑者は、警察官などフォーマルな監視者だけでなく、全国の一般市民というインフォーマルな監視者の目にさらされる。たとえば、刑事事件で逮捕されてスティグマ保持者になった有名人は、不特定多数の「知らない」人たちからの冷たい視線におびえることになる。次の引用は、有名野球選手が引退後、覚醒剤取締法違反で逮捕され、薬物依存症とうつ病の治療を受けている際の経験である。

　　　先生には何度も入院を勧められましたが、ぼくはそれを断り続けました。
　　　病院にはたくさんの人がいます。患者さんや病院のスタッフの人たち。そういう人たちに「清原さんですよね」と声を掛けられるのがすごくストレスなんです。決まった時間に点滴や体温を測りにくる人からもそう声を掛けられることがあって、自分がボロボロの状態のときに、そうされると心が爆発してしまうんです。[157]

　また、「有名であること」は、その人物の「生活誌」が長期にわたり詳細に記されることを意味する。ゴフマンは「1冊分の伝記が書かれるようになる著名人[158]」と述べているが、たとえば戦前・戦後に在位した昭和天皇（在位：1926-1989年）の伝記は目次・凡例の1冊を含む全61冊、全1万2000頁余りの『昭和天皇実録』にまとめられている。日本の内閣総理大臣は、任期中は、新聞の「首相動静」欄で首相の1日の行動が分刻みで報道される。SNS隆盛の現代では、Twitter、Facebook、Instagram などのユーザー集団に

おける「有名人」すなわち多数のフォロワーをもつ人の生活誌は、限定された期間だとはいえ、かなり詳細な内容が記される。これに対して、「無名」の一般大衆の生活誌は、その人の知り合いの心の中にある生活誌にさえ、白紙の頁と欠落が目立つものである。

　ただ、有名人である「ある個人について世間に流布するイメージ」と「彼が個人的な面識のある人たちとの直接的交渉を通じて彼らに与えるイメージ」とは違っているのが通例である。

(7)「なりすまし」

　自分のスティグマがみんなに知られているケース［完全なスティグマ顕在者］と自分のスティグマが誰にも知られていないケース［完全なスティグマ潜在者］とを両極とする同一線上には種々の中間的ケースが存在する。これに相応して、「なりすまし（passing）[159]」にも種々の形態があり得る。まず、ある一群の人たちには自分のスティグマを隠す一方で、別の一群の人たちにはその秘密を知らせる必要があるスティグマ保持者のケースが存在する。たとえば、違法薬物の使用者は一般の人たちには自分が薬物使用者であることを隠すが、薬物の売人にはそのことを知らせなければならない。また、他人には隠し通せるスティグマが親密な関係になった人との間では隠し通すのが難しくなり、告白すべきか、隠し通して罪悪感を覚えるかというつらい二者択一の状況に追い込まれるケースが存在する。先に引用した、単純性血管腫で顔に大きなアザがあり、高校で教員をしていた日本人女性Cの証言である。

　　　一番はじめにおつきあいをした人には、アザのことを「いつ言おう」と思いながら、彼に隠していることがあるという後ろめたさを感じながら一緒にいました。一番言いたいこと、一番言わなければいけないと思っていることを、一番わかって欲しい人に隠したままでした。[160]

　そして、自分のスティグマが相手に知られていると思っていたら実は知られていなかったという「意図せざるなりすまし」とでもいうべきケースが存在している。ゴフマンが最後のケースで例として挙げているのは、別に白人になりすまそうなどと考えていない黒人が手紙や電話を通してやり取りをし

ている間は自分が黒人だと相手に思われず、白人だと勘違いされることがあるという話である。この例に含まれる論点を敷衍（ふえん）すれば、もっぱら文字情報と静止画像または断片的な動画によって意思疎通・情報伝達がなされる現代のSNSは、メディアが限定され情報量が少ないという条件から、「なりすまし」がきわめて容易におこなえる環境だといえる。さらにいえば、自分は「スティグマ保持者」という本来の社会的アイデンティティ（an *actual* social identity）を開示しているつもりなのに、それが意識的な「演技」だと周囲の人に捉えられ、本来の社会的アイデンティティが「ノーマル者」だと理解されるといった重層的で錯綜した事態も起こり得る。ゲイの日本人が高校時代に経験したことである。

中学時代には女性と付き合った経験もある。その過去を知っている高校時代の同級生からは、「宗嗣は実はストレート［異性愛］だけど、ゲイのようにふるまって、むしろ本当は女子を狙っている」と評されたことがあった。このときに抱いた感情はよく覚えている。本当は「いや、ゲイだよ」と言いたかった。でも、そうした想いと同時に、ふつうの異性愛者だと思われていることへの安堵もあった。[161]

スティグマ保持者が「ノーマル者」になりすましているとき、ノーマル者という見かけの社会的アイデンティティ（a *virtual* social identity）を脅かす情報が種々の形で出現してくることがある。そうした脅威の中で最も基本的な存在は、言うまでもなく「その人を個人的に識別でき、現在の権利主張［見かけの社会的アイデンティティ］とは両立しないその人に関する隠された事実を自分たちの生活誌に記録している人たち[162]」、すなわちその人が隠してきたスティグマを知る人である。『スティグマ』の事例ではないが、松本清張の長編推理小説『砂の器』で、消し去ったはずの自分の「暗い過去」を知る人物・三木謙一の出現が音楽家「和賀英良」こと本浦秀夫が彼を殺害する動機になった。

そして、これが「恐喝［脅迫］（blackmail）[163]」が成立する基盤である。古典的な恐喝は「現在維持されているアイデンティティ［見かけの社会的アイデンティティ］を全く信用できないものにしてしまう可能性のある当該個人の過

去または現在に関する事実を暴露すると脅かすことで恐喝者が金品を得ること[164]」を指す。古典的な恐喝の手口として、たとえば、実際に「不倫」をしている人に対してその証拠写真を利用して金品を要求するというものがある。同性カップル間でトラブルが生じたとき「パートナーに対し職場や学校へ『ゲイであること』を暴露するぞといった脅し［脅迫］[165]」がおこなわれることもある。また、恐喝の準備作業として、「すぐに恐喝の根拠として使える出来事・事件を仕組むでっち上げ (frame-up)[166]」がなされることもある。近年広がっている「セクストーション (sextortion)[167]」という恐喝の手口では、ターゲットの男性に対して女性になりすまして性的な行為を見せ合うことをもちかけ、動画を送信させ、スマホの個人情報を抜き取る不正アプリを送付した後、「この恥ずかしい画像を知人にばらまくぞ。そうしてほしくなければ20万円払え」などと脅す。その人の「品行方正な人間」という見かけの社会的アイデンティティの背後に「卑猥な行為をする人間」という「本来」の社会的アイデンティティを作り上げて脅迫の材料に使う犯罪行為である。しかも、完璧な恐喝は、脅迫によって金品を得るだけでなく、脅迫した事実の発覚を避け恐喝の罪を逃れるものである。[168]

　この恐喝にみられるような、ノーマル者になりすましているスティグマ保持者と当該人物のスティグマを知っている人との関係について、ほかにどのような種類のものがあるか考察する必要がある。この考察によって、ノーマル者になりすましているスティグマ保持者が二重生活を送っていること、生活誌にある情報の連結度によって二重生活に種々の様態が生じることが理解できる。

　自分の過去にスティグマになる経歴がある人はスティグマの元情報よりもスティグマを知っていて現在に中継し得る人のほうを警戒するのに対して、現在自分がしている行為がスティグマになる可能性のある場合は、そうした行為の目撃情報が誰かによって中継されることより、自分の知り合いにその現場が目撃されることのほうを恐れる。前者の事態に近いものとして、地元を離れ美容整形手術を受けて現在は「美人」で通っている女性が彼女の「昔の顔」を知っている人の出現を恐れるケースが挙げられる。後者の事態に近いものとして、生まれ故郷の地方の町では「普通の生活」をしていた人が大都市に出てきて「ホームレス」になってしまった人のケースが挙げられる。

また、スティグマとなり得る行為がなされたのが過去か現在かに関係なく、スティグマを隠している人の立場の危うさはその人の後ろ暗い面を知る人の数に比例する。たとえば、地方の公務員が自分の妻の友人の女性とちゃつくことのほうが、同じ公務員が勤務時間中に中抜けしてパチンコをしに出かけることより、目撃される可能性が低い点で、安全だということである。さらに、目撃者の数に関係なく、ノーマル者になりすましているスティグマ保持者と周囲の人たちの当該スティグマに関する知識の有無によって、「単純な二重生活（a simple double life）[169]」と「二重の二重生活（a double double life）[170]」という区別が生じる。単純な二重生活とは、スティグマ保持者は自分のスティグマが「知られていない」と思っているが、周囲の人たちはそのスティグマのことを「知っている」[171]状態で展開される生活である。この単純な二重生活は、敵意によるスティグマの暴露や恐喝という危険をはらんでいるものの、通常は周囲の人たちが配慮するため表面上は問題なく維持されることが多い。これに対して、二重の二重生活[172]とは、スティグマ保持者は自分のスティグマが「知られていない」と思っていて、周囲の人たちもそのスティグマのことを「知らない」状態で展開される生活である。この二重の二重生活ではスティグマが潜在していることを周囲の人たちは知らないために何の配慮もしない結果、スティグマが偶然に発覚してしまう危険がある。ゴフマンは、「普通のカップル」を装っている男女が実は「不義の関係」にあることを知りながら社交の場で彼らと交流する人たちのケースを単純な二重生活の例として挙げ、同じ男女がその不義の事実を知らない人たちと社交の場で交流するような状況を二重の二重生活の例として挙げる。

　生活誌をめぐる二重生活が上記のように空間的に展開される一方で、おもに時間軸で展開されることもある。一般に、それまで住んでいた地域とは別の地域に移り住んで新たな生活誌を新たな人たちに描き始めてもらうとき二重の生活誌が生まれる。生まれ故郷を遠く離れ、見知らぬ新たな土地で暮らし始める人のケースを考えればよいだろう。その場合、その人に関する「故郷での生活誌」と「新たな土地での生活誌」という二重の生活誌が生まれる。特に隠すようなことがなければ、新しい土地で出会った人たちに自分の以前の生活誌のいくつかを「自己紹介」的な形で伝えれば、新旧の生活誌は橋渡しされる。しかし、故郷での生活誌が「スティグマ保持者」として書き

込まれ、新たな土地での生活誌が「ノーマル者」として書き込まれる人の場合、すなわち「暗い過去をもつ」人の場合、故郷におけるスティグマ保持者としての自分を「知っている」人の登場を非常に恐れる。次に挙げる事例は、先に言及した円形脱毛症の日本人男性のエピソードである。彼は中学生のときに髪の毛がほとんど抜けてしまってつらい思いをしたが、高校入学後、髪の毛の状態が改善し人間関係も少し良好になって大学受験に向けて予備校に通うことになった。そのとき彼は自宅から離れたところにある小さな予備校を選んだ。

　　期待どおり、その予備校には知り合いはひとりもいませんでした。そして、誰も僕の病気に気づいていない。お陰で予備校では親しい友人もたくさんできました。教室で女子とも普通に話したり、ご飯を食べたりもしました。高校ではできなかった素の自分を表現することもできるようになり、あこがれていた学生生活を送れるようになりました。
　　——ところが、高校三年生の夏期講習で同じ中学出身の女子生徒がその予備校にやって来て、僕の予備校生活が一変しました。その子は中学の卒業アルバムを持ってきて、みんなに見せてしまったのです。アルバムには髪の毛のない姿の僕が写っています。当然、予備校のみんなに僕の病気のことがバレてしまいました。なぜ彼女がそんなことをしたのかはわかりません。たぶん、ただ自分の中学時代を見せたかっただけなのだと思います。[173]

この逆のケースが、故郷での生活誌がノーマル者として書き込まれ、新たな土地での生活誌がスティグマ保持者として書き込まれる人の場合である。故郷における「ノーマル者」としての自分を「知っている」人に新しい土地における「スティグマ保持者」としての自分が「知られる」ことは、その人の人物像に致命的なダメージを与える。ゴフマンは、現在売春婦をしている女性は働き場である都会で故郷の町の男性と偶然出くわすことを恐れるという事例を挙げる。

狭い意味での「〔別人への〕なりすまし」はスティグマ保持者〔スティグマ潜在者〕と関連が深いが、広い意味での「〔別人への〕なりすまし」はノーマル者も含めてほぼ全員に関係し、動機・期間・自覚度・規模などによって多

種多様な形態があり得る。最も大規模で全面的・長期的におこなわれる「なりすまし」は「〔本人からみた〕失踪（disappearance)¹⁷⁴」である。酒場などで面白半分でおこなわれる「なりすまし」、休暇や旅行先で解放感からおこなわれる「なりすまし」などは小規模で短期間であり、悪意のないものもある。仕事中やサービス場面での振る舞いも「なりすまし」に位置づけられ、本人が気づかない「なりすまし」もあるという。こうなってくると、社会生活のほとんどの場面に「なりすまし」が遍在していることになる。現代日本のある小説に、酒場で出会った初対面の男性が当初「嘘の」名前と経歴で自己紹介していたことを白状する場面が描かれている。

　　私は、どうしてそんな嘘を吐くのかと率直に尋ねた。悪趣味だと思ったからである。すると彼は、眉間を曇らせてしばらく言葉を探していたあとで、
　　「他人の傷を生きることで、自分自身を保っているんです。」
と半ば自嘲しつつ、何とも、もの寂しげに笑った。
　　「ミイラ採りがミイラになって。……嘘のお陰で、正直になれるっていう感覚、わかります？　でも、勿論、こういう場所での束の間のことですよ。ほんのちょっとの時間です。……¹⁷⁶」

スティグマ保持者［スティグマ潜在者］がノーマル者になりすますというと、スティグマ保持者によるスティグマの徹底的かつ全面的な隠蔽作業を想定しがちだが、自分のスティグマが心配していたほど露見していないことも多いため、そうした現実的な判断を身につけていくこともなりすましの学習過程に含まれている。ゴフマンは、マリファナを吸引している人が知人のノーマル者と一緒にいても自分のマリファナ吸引の事実に気づかれないことを経験を通して学んでいった例を挙げる。これと若干類似した経験は、先に引用した20代で事故で大火傷を負ってケロイドが残った日本人男性にも起こっている。

　　もっと早くこのような団体［自助グループ］に参加していれば良かったと思いました。実際、街を歩いてみると、じっと見つめられたり、揶揄されるといったことは思ったほど頻繁ではありませんでした。あまり人の反応を気にす

ることはないとわかり、ますます街に出ることが億劫でなくなりました。[177]

　スティグマ潜在者が生きる社会的世界は、社会的アイデンティティをめぐって3つの空間、すなわち「埒外の場所（out-of-bounds places）[178]」「市民が集う場所（civil places）[179]」「ウラの場所（back places）[180]」に分割される。埒外の場所［禁じられた場所］とは「スティグマがあることがわかればそこにいることを禁じられる場所、露見すればそこから追放される場所[181]」である。終戦直後までユダヤ人の宿泊を拒否していた米国のリゾートホテル、町の至るところに「ユダヤ人お断り」の張り紙が貼られていたナチ・ドイツ支配下の地域などを想起すればよいだろう。市民が集う場所とは「スティグマ保持者が、そういう種類の人間だと周囲に知られたとき、実際は普通に受け入れられる資格が剥奪されているにもかかわらず、あたかも普通に受け入れられる資格があるかのように扱われる[182]」場所である。「全ての人間は平等で、差別されるべきない」という市民社会の建前から表面上または条件付きで受け入れられる空間である。この偽善的な社会的空間の様態については、部分的ではあるが、Chapter III の(4)「外集団に軸足を置く路線」で論じられる。ウラの場所とは「スティグマとされる属性をもつ個人と同類の人たちが、スティグマを見せたまま過ごし、それを隠す必要もなく、また〔ノーマル者も〕協調的に知らぬふりをする努力を必要以上にしなくてよい場所[183]」である。ウラの場所は、スティグマ保持者に「痛快だがピリッとした辛い後味を残す独特の雰囲気（an atmosphere of special piquancy）[184]」を与える。仲間と一緒にいることに居心地のよさを感じ、同類でないと思っていた人が実は同類であったことにその場所で気づく。しかし同時に、ウラの場所は、本意・不本意に関係なくその場所にいる者を穢し「スティグマ保持者」にしてしまう。

　スティグマ潜在者には、社会的アイデンティティをめぐる空間的に分割されたこれら3種類の場所があることに加えて、「その人のことを知っている人たち／その人のことを知らない人たち」という分割線による区分が存在している。したがって、これら3種類の場所の意味も、スティグマ潜在者とそこで出会う人たちとの「既知／未知」関係によって微妙に異なってくる。たとえばバーでは、「なじみの客」はバーテンダーなどと「個人的な知り合い」関係になるため、スティグマが発覚した場合はスティグマ保持者として

個人アイデンティティが特定される危険性が高い。一方、同じバーであって
も「一見の客」なら匿名関係が維持されるため、スティグマが発覚しても個
人アイデンティティが同定されることはない。

　スティグマ潜在者のノーマル者へのなりすましがうまくいっているとき
に、その試みが不測の事態で失敗に帰すことがある。そうした不測の事態を
考察することは、スティグマ保持者のなりすましを成功させる条件の解明に
つながるだろう。なりすましている人が自分自身のスティグマ情報を開示せ
ざるを得ない機会が不意に生じるケースである。同性愛者どうしで「結婚」
している人が生命保険の契約をするときに受取人の欄に同性と思われる名前
を書く必要に迫られる事例をゴフマンは挙げているが、これと類似したケー
スは現代日本でも生じている。

　　　近年は、職場の福利厚生制度で、同性パートナーにも結婚休暇の取得やお祝
　　い金の受給を適用する企業も増えてきたが、周囲にカミングアウトしていない
　　当事者の場合、制度を利用するために上司にカミングアウトした結果、勝手に
　　人事にその情報が共有されてしまうケースも報告されている（逆に人事が上司
　　へ暴露してしまうパターンもある）[185]。

　また、重度の視覚障害者が見えるふりをしてつまずいてしまうなど、ス
ティグマがバレないようにする隠蔽工作によって逆にスティグマが露呈して
しまうケースもある。このような事態を予期する結果、かえってスティグマ
を隠せなくなることもある。先に引用した単純性血管腫で顔の左半分に赤ア
ザがある 20 代の日本人女性 B が 1990 年代に女子高校に入学したときの話で
ある。

　　　女子高だ。花の女子高生なんて、私には似合わない言葉だ。周りの子はみん
　　なすごく可愛い。まさしく、コギャルという言葉がぴったりだった。ミニス
　　カートにルーズソックス、ピアスにお化粧。スタイルも良ければ顔もいい。私
　　はというと、ぶよぶよの体にこの顔。お化粧をしてアザを隠して行っても、そ
　　のことで何か言われるんじゃないかと思い、それを恐れて化粧はできず、どう
　　つくろってもこの顔である限り可愛くなんてなれない。悔しくてたまらない。[186]

さらに、ノーマル者へのなりすましが失敗に帰す事態とはいえないが、同類の人たちまたは事情通の人たちはその「なりすましの手法」からその人がスティグマ潜在者だと察知するということがある。一般人には見抜けないスティグマが専門家の目には「見てわかる」のと同様、ノーマル者には見抜けない「なりすましの手法」が同類の人たちまたは事情通の人たちには「見てわかる」のである。ゴフマンは、ノーマル者になりすまそうとしている難聴者の微妙な語尾の話し方を聞き分けられる女性（自分の父親が難聴者であるため）の事例を挙げる。そして、スティグマ保持者の縁者は、スティグマ保持者のこうした特徴を熟知しているがゆえに、なりすましている同類の人たちに強い不快感を抱くことも少なくない。たとえば、難聴者は他の難聴者の振る舞いやしぐさを見るとイライラすることがあるという。

　最後に、ノーマル者になりすますことが当の本人［スティグマ潜在者］の精神状態にどのような影響を与えるかという問題がある。その影響の1つとして、当人が生活を送る上で高いレベルでの不安・緊張感を抱くことが指摘される。現代日本の事例として、単純性血管腫で顔にアザがある30代の女性Dの証言を引いておく。

　　私は、よく同じ夢を見る。メイクをするのを忘れて外出する夢だ。夢の中では不思議と誰も私を見ようとしない。なのに私は一人、ビクビク怯えているのだ。せめて、夢の中くらい、アザのない綺麗（きれい）な顔で出てくればいいのに…。
　　私の顔のほぼ中央に、単純性血管腫（赤アザ）がある。ふだんはそれをメイクで覆い隠している。メイクはほぼ完璧で、ほとんどの人が私の顔にアザがあるとは気づかないだろう。[187]

　　私は現在、気楽な専業主婦だ。けれど、日常の些細（ささい）な生きづらさがある。まだメイクをしていない早朝、近所の住民が訪れて来たり、盆や正月、夫の実家に泊まる時も、だいぶ慣れてはきたが、お風呂あがりは緊張する。[188]

　次の事例のように、自分はスティグマを完全に隠蔽しているつもりだったのに、実際は周囲に露見していることがあり得るので、そうした経験によっ

てスティグマ保持者の不安・緊張感は高いレベルで維持される可能性がある。太田母斑で顔の半分に青アザがある女性が高校に入学したときの経験である。

　　新しい高校生活では絶対に顔の青あざを知られたくないので化粧に化粧を重ねて工夫して自分なりに隠して行くようになりました。
　　隠してたつもりでも悲しい事に分かるものですね。
　　高校で知り合った男の子の友達は、周りの人に、私の事を、
　　「あいつの顔、かわいそうだから代わってあげたい」
　と、言っていたそうです。
　　それを聞いた私は、嬉しくもなんともありませんでした。
　　ものすごく惨めでした。[190]

　別の形の影響として、ノーマル者になりすますことによって、スティグマ潜在者はノーマル者の集団に軸足を置く立場とスティグマ保持者の集団に軸足を置く立場に引き裂かれている感じを味わうことがある。ゴフマンは、ノーマル者になりすましている性同一性障害の男性が、ほかの人たちが性同一性障害に関するジョークを言ってからかっているときに、ノーマル者に合わせて無理に笑わなければならない苦痛を例として挙げる。これと同じ構図の事態が、日本の部落差別をめぐっても生じている。被差別部落出身の青年が大学中退後にその出自を隠しながら建設現場で働いていたときのエピソードで、1960年代の話である。

　　建設現場へ行く途中で部落の横を通るときに、「ここはこれやで」と四本指を出して解説するやつもいた。九州や四国から出稼ぎに来ている連中の中にも、「オレと一緒になった女が部落のやつでな」とか、「ワシはここまで落ちぶれているけど、エッタ違うぞ」と得意げに言うやつもいた。
　　彼らを憎んだ。しかし私はそういうときに、迎合的にニタニタするか、せいぜい聞こえない振りをするぐらいしか出来なかった。そしてそういう自分がたまらなくイヤになり、また酒を飲むか、パチンコか競艇で憂さ晴らしをする。[191]

これとは異なる構図だが類似した経験が、現代日本でカミングアウトしていないゲイの男性にも起こり得る。ノーマル者［異性愛者］になりすましているゲイの男性は、職場の関係という公的な関係において同僚男性から「異性愛」指向の「楽しみ」を強要されても嫌な顔をすることができない。

　　良いかどうか別として、男性同士の職場仲間で、一緒に食事をとりながら、あるいは飲みながら、新しく入ってきたどの「女の子」がかわいいとか、あるいは、いつも行く店の「女の子」がどうとか、そんな会話がなされたりはしないだろうか。……また、会社の友人と連れ立って「合コン」に参加することもあるだろう。どこまでの関係の深まりを想定しているかはさておき、それが異性愛的関係を楽しむ場であることは言うまでもない。……そのような誘いを断るのが大変でと愚痴をこぼすゲイの友人がいる。性風俗でなくとも、自分は全然楽しめないのにお金を払って女性に接待されるような飲み屋に行くことが嫌でたまらないというゲイの友人はもっと多い。[192]

　ノーマル者へのなりすましが当の本人［スティグマ潜在者］の精神状態に与えるさらに別の影響は、「普通」にみえる振る舞い方に対して彼らが敏感になることである。たとえば、ゲイは自分がゲイであることが発覚しないように自らの言葉や動作に注意する。また、尿道狭窄の少年がその障害に気づかれないようにみんなが寝静まった後に用を足すようになるといった、ゴフマンが挙げている当時の事例[193]のように、自分が「普通」にみえるようにするための舞台裏の作業が重要になる。そうした結果、スティグマ潜在者は「綱につながれた生活（living on a leash）[194]」、たとえば以前は結腸切除者が人工肛門で汚物を洗浄処理できる装置から離れられないような生活を余儀なくされることもあった。現代日本でも、潰瘍性大腸炎[195]の人は1日に何回もトイレに行かなければならないときもあるので学校や職場でトイレの場所を非常に気にするという話とか、頻尿[196]に悩んでいる人がトイレが心配でバス旅行に行けないという話は、よく耳にする。先述の円形脱毛症の男性が治療を最優先して組み立てた生活も一種の「綱につながれた生活」だった。

　　中学一年生で発症してから約10年間、脱毛症を治すことを最優先にして生

きてきました。お金や時間をつかい、家族にも負担をかけて治療を続けてきました。髪に悪いことも一切しない。食べたいものもがまんして、ウサギみたいに葉っぱばっかり食べて。早寝しなくてはいけないのに、入浴時には時間をかけて頭を蒸す必要があるから、高校でせっかくできた友だちにご飯などに誘われても断ったりしました。[197]

(8)「情報コントロールの種々の技法」

　スティグマ潜在者が「なりすまし」以外の形でおこなう情報コントロールの技法に関して、いくつかの典型的な方略が列挙できる。1番目の方略は、スティグマのシンボルを隠蔽することである。たとえば薬物依存者が薬物注射の跡がわからないように腕以外の静脈を探す行為がこの技法に当たる。次の事例も、なりすましというよりスティグマのシンボルの隠蔽と見なすべきだろう。前述した被差別部落出身の男性が私立中学校に進学することになって父親の職業を進学先に届け出る必要が出てきたときに「靴屋」という本当の職業を巧妙に隠すために父親と小学校の担任が採った方略である。1950年代の日本での話である。

　　担任の教師と父は相談をして、家の職業は「農業」にしようと言った。上但馬は奈良盆地の真ん中でまわりは田んぼばかりだから、農業で通そうというのである。私はそれに抵抗した。「そんな嘘ようつかん。オレは農業のこと何も知らんし、そんな嘘つかんならんのやったら、清々中学いかへん」親は困って再び担任と相談をし、結局大人の悪知恵を使って「運動具卸商」ということになった。製造業ではなくて卸業だったら靴屋だか何だかわからんやろというわけだ。[198]

　2番目の方略は、よりスティグマ性の弱いスティグマのシンボルを利用することである。ゴフマンは難聴の人が白昼夢を見ている人であるかのように装うことをこの例に挙げる。この技法に適合する具体例として、ゲイの日本人男性が自分が「ゲイ」であることを打ち明ける代わりに「オネエ」キャラを演じることで苦境を乗り切ったという中高生時代の経験を挙げておく。

〔当時は〕性の多様性をめぐる適切な情報もなければ、周りにロールモデル
となる大人もいなかった。そんな中で生き抜くためには、テレビのオネエタレン
トと呼ばれる人たちが自身の存在を笑いとして昇華しているように、自分自
身もそうやってふるまうか、または、同性愛者であることを完全に隠して、異
性愛者であるフリをして生きていくしかないのだと察した。

　私は、意識的ではないが、前者を選んだ。同性の友人に過度にスキンシップ
をとり、周りから「気持ち悪い」と笑われたが、かといって幸いにもひどいい
じめにつながったわけでもなかった。むしろ周囲との関係は良好だった。[199]

　3番目の方略は、スティグマ情報の共有範囲を理解者に局限することであ
る。『スティグマ』が書かれた当時、ハンセン病患者を発見した公衆衛生担
当者はその情報が医師・患者・家族の間にとどめられるべきだと助言したと
いう。この方略は、現在「ゾーニング」[200]という言葉で表現される。次の引用
は、性的マイノリティのケースである。

　　自分の性のあり方について伝える範囲を限定したり、コントロールすること
　を「ゾーニング」と表現することがある。

　　例えば、当事者によっては、家族や親族の中でも母と兄には伝えているが、
　妹や叔父、いとこには伝えていないといった具合に、カミングアウトしている
　人とそうでない人がいる場合が往々にしてある。他にも、職場の同僚の一部に
　は伝えているが、上司には伝えたくない、学校で養護教諭やスクールカウンセ
　ラーには伝えているが、担任の先生には伝えていない、という場合もある。[201]

　4番目の方略は、人との接触をなくすことである。知人との交際をやめる
とか、人口移動が活発な大都市に引っ越すことなどがこの方略に該当する。
次の事例は3番目の方略とも4番目の方略ともいえるが、スティグマ情報の
拡散を徹底して防ぐ「封じ込め」の方略であることに間違はいない。これも
また被差別部落出身の既述の男性の話だが、彼が私立中学校に進学する際に
父親から言われた5つの厳命の3つ目の禁令「友だちをつくるな」がそれで
ある。

「そのかわり、今からワシの言うことをよく聞いとけ。まずひとつは、ムラを隠せ」

ムラというのは被差別部落ということである。今でもそうだが、部落の中ではそういう言い方をしていた。上但馬のムラが周辺から異質にみられているというのは、子供なりに漠然と感じていた。

「それから、家が靴屋であることを隠せ。そして、友だちをつくるな」

私は友だち付き合いがいいから、「なんでや」と聞いたら、「友だちを家に連れて来たら靴屋であることがすぐにわかるからや」と言う。そして、「一日も早くこのムラを出て行け。そしてムラを出て行ったらゼッタイに帰るな。親が死んでも帰ったらあかん！」と言うのである。そんなことを言われても私は戸惑うばかりだった。ただ、「中学校へ行ったら寂しいんやな」と思った。[202]

また、次の事例のように、同一の人との交際をスティグマが発覚するまでの短い期間に限定し、発覚しそうになったらその人の許を去るというヴァリエーションもあり得る。

　　脱毛症でカツラを使っている20代の女性は、カツラだとバレるのがこわくて、ほぼ一か月ごとにアルバイトを変えているそうです。職場で髪型の話題になることも多く、とくに女性は前髪を少し切っただけでも周りの人に気づかれることがよくあります。当然ですがカツラの髪は伸びないので、一か月もすると不自然に思われてしまうからです。[203]

　5番目の方略は、先んじてスティグマを明かすことである。この方略が慣例化したものに「開示の礼法（disclosure etiquette）[204]」という技法が存在する。「そうですね、ユダヤ教徒なものですから、こんな風に感じられるのですが……」とか「精神疾患を経験した者として私に言えることは……」といった言い回しがそれである。この言い回しの効果は、いきなり立ち入った事柄を質問して相手を憤慨させるよりも「ちょっと失礼な質問かもしれませんが……」と前置きしたほうが同じ質問が相手側に生じさせる不快感が軽減する効果と似ている。現代日本のエッセイストも「開示の礼法」と同じマナーを

提唱している。

　私のような、つまり多くの人は結婚している年齢になっても結婚していない
というプロフィールを持つ人も、
　「私は結婚してないんですけど」
といったことを最初に言っておくのが、良心的な態度かと思います。すなわ
ち、相手が最も知りたがっていることが予想され、しかし相手からはなかなか
ズバリと聞けないであろうというポイントは、最初に自分から開示。これが
後々面倒臭いことにならないためにも必要なことなのではないでしょうか。[205]

(9)「和らげ［部分的覆い隠し］」[206]

　スティグマ潜在者がおこなう情報コントロールの１つで、しかも「緊張の
処理・管理が中心課題になる信用を失った者［スティグマ顕在者］の状況と、
情報コントロールが中心課題になる信用を失いかねない者［スティグマ潜在
者］の状況」[207]の両方の局面に同時に適応できる技法がある。それが目立たな
くする操作としての「和らげ［部分的覆い隠し］（covering）」である。したがっ
て、この操作は、スティグマ顕在者がおこなう操作でもある。なりすまし
（passing）がスティグマになり得る属性が「可視的」にならないようにする
スティグマ潜在者の操作であるのに対して、この「和らげ［部分的覆い隠し］」
はスティグマになり得る属性が「可視的」ではあっても「ひどく目立つ
（obtrusive）」ようになることを避ける操作である。ゴフマンはこの操作につ
いて、次のように述べる。

　（多くの場合、スティグマが知られていたり、直接的に外からわかるため）
スティグマを保持していることを認めざるを得ない人［スティグマ顕在者］が、
それでもなお、そのスティグマが重大事として映らないように懸命に努めると
いうのは事実である。こうした操作をおこなう個人［スティグマ顕在者］の目
的は、緊張を和らげること、すなわち、スティグマ保持者自身と他者たち
［ノーマル者たち］が当該のスティグマに密かに向いている視線やそれに対して
抱いている関心をそこから逸らし、その相互行為の公式の内容に自発的にのめ
り込んでいけるようにすることである。[208]

ゴフマンは「和らげ［部分的覆い隠し］」の操作の1つの例として、視覚障害者が自分の目の変形や変色を気にしてサングラスをかける行為を挙げる。[209]かけたサングラスで視覚障害者であることを外に明示してしまう一方で、病気や障害のために変形・変色してしまった目の周辺がサングラスによって部分的に覆い隠される結果、会話中に相手の注意がどうしてもそこに向いてしまうのを防ぎ、より自然な対面的相互行為に近づけることが可能になる。

　この「和らげ［部分的覆い隠し］」の操作のもう1つの例としてゴフマンは、戦後の米国でユダヤ系米国人がおこなった「姓名変更（change in name）」[210]と「鼻の整形（change in nose shape）」[211]を取り上げ、それらの行為の意図についてこう述べる。

> 　このタイプの和らげ［部分的覆い隠し］は、マイノリティ民族集団の成員が用いる「同化」の技法のうちで重要な面である。姓名変更や鼻の整形という策略の背後にある意図は、単に〔ノーマル者に〕なりすまそうとすることだけでなく、知られている〔スティグマの〕属性が注意の中心に入ってきて非常に目につくのを防ごうとすることでもある。というのも、ひどく目立つこと（obtrusiveness）によって、そのスティグマに対して気楽に気づかないふりをし続けることが困難になるからである。[212]

　第二次世界大戦終結直後に盛んにおこなわれたユダヤ系米国人の鼻の整形が和らげ［部分的覆い隠し］であるのはわかりやすい。それは、顔の全面的な整形ではなく、ユダヤ人に特徴的とされる鼻の形だけを少し変える手術だった。同様にユダヤ系米国人の間で流行した姓の変更では、ゴールドバーグ（Goldberg）をグールド（Gould）に、ウェインスティン（Weinstein）をウィンストン（Winston）に、ラビノウィッツ（Rabinowitz）をロビンズ（Robins）に変えたケースなどがあった。[213]一見するとこの姓の変更は「〔アングロサクソン系米国人への〕なりすまし」を企図しておこなわれたようにみえるが、そうではない。たとえばラビノウィッツ姓をロビンズ姓に変えた戦後のユダヤ系米国人は、ユダヤ人としてのアイデンティティを捨ててアングロサクソン系米国人になりすまそうとしたのではなく、ユダヤ人のアイデンティティ

に愛着をもちつつもユダヤ人として「ひどく目立つ」ことを避けようとしたのである。ユダヤ姓の発音のしにくさ、スペルの複雑さが自分が「ユダヤ人」であることを相手に強く意識させ、円滑な対面的相互行為を妨げる。この種の事態を回避する方策の1つが、ユダヤ姓に音が類似したアングロサクソン姓への変更だったということである。

3.「Chapter III. 集団への軸足の置き方と自我アイデンティティ[214]」を読む

　Chapter I で「社会的アイデンティティ」をキーワードにスティグマ付与の過程、スティグマ保持者－ノーマル者の不安定な相互行為の諸様態、およびスティグマ保持者と同類の人たち・事情通の人たちの相互関係を考察し、Chapter II で「個人アイデンティティ」をキーワードにスティグマの管理における情報コントロールの問題を考察したゴフマンは、続く Chapter III で「自我アイデンティティ[215]」をキーワードにスティグマとその処理・管理について当のスティグマ保持者が感じている内実を考察する。

　この「自我アイデンティティ（ego identity）」はエリク・H・エリクソンが提唱した同名の心理学用語とほぼ同義で、ゴフマンは「ある個人が種々の社会的経験の結果として獲得するに至った彼自身の連続性および性格と彼自身の状況に関する主観的な感覚[216]」を指すとする。社会的アイデンティティと個人アイデンティティがともに他者がその人を同定する局面で用いるものであるのに対して、自我アイデンティティはその人が自分自身を同定する局面で生起するものである。"**What** is he ?"（彼は何者［どういう人間］なの？）が社会的アイデンティティに関する問いで、"**Who** is he ?"（彼は誰なの？）が個人アイデンティティに関する問いだとすれば、疑問文 "What are you ?"（あなたは何者［どういう人間］なの？）と "Who are you ?"（あなたは誰なの？）に対する答えの次元に自我アイデンティティは属するといってもよい。したがって、自己反省的な自我アイデンティティには、まずは、その人に関して他者が同定する社会的アイデンティティと個人アイデンティティとが材料として用いられる。たとえば、「彼は東欧系ユダヤ人移民2世だ」「彼は米国人

だ」「彼は男性だ」「彼は社会学者だ」といった社会的アイデンティティの属性や「彼はマイヤー・ロバート・シュコルニクだ」「彼はアーロン・シュコルニコフとイーダ・ラソフスカヤの子として1910年7月4日に米国・ペンシルヴェニア州フィラデルフィアで生まれた」「彼は1934年にスーザン・カーハートと結婚し、一人息子ロバート・コックス・マートンがいる」といった個人アイデンティティの情報を選択的に受け入れたり、無視あるいは拒否したりしたところに当該人物の自我アイデンティティが構成される。マイヤー・ロバート・シュコルニク[217]が、若い頃マジシャンとして「ロバート・キング・マートン」という芸名を名乗り、のちに正式にこの姓名に変更したとき、彼は「自分の〔本来の〕個人アイデンティティから自分自身を切り離し[218]」、ユダヤ人のように思われない見かけの社会的アイデンティティを呈示した。しかし、同時に「ロバート」の名を残すことによって本来の個人アイデンティティへの一定の愛着を表明して「自分の自我アイデンティティの感覚を満足させて[219]」いたと考えられる。

(1)「両価性」

　スティグマ保持者が「同類の人たち」に対して抱く両価性に関しては、『スティグマ』の中でゴフマンはすでに何度か触れている。ゴフマンは、スティグマ保持者にみられるこの両価性が「スティグマ保持者がもつ根本的な自己矛盾[220]」、すなわち「スティグマ保持者は自分自身を他の人間と何ら異なるところのない者として定義する一方で、同時に、彼および彼の周囲の人たちは彼を他の人間とはひどく異なった者として定義する[221]」ことに起因すると述べている。ノーマル者に対するスティグマ保持者の「両価的」態度は、他のスティグマ保持者〔同類の人たち〕に対するスティグマ保持者の態度にも現れる。その発現形態の1つが、「スティグマ保持者が同類の人たちを、そのスティグマが目立つ程度に応じて階層化〔差別〕する傾向[222]」である。視覚に障害があっても視力が残っている人は、「自分は盲人とは違う」と考え、実際にそう述べるという。『スティグマ』には書かれていないことだが、戦前期の米国では、19世紀に入植し米国文化に同化して成功を収めたドイツ系ユダヤ人移民は、彼ら自身も差別を受けていたにもかかわらず、19世紀末から20世紀初頭に「新移民」として入ってきた東欧系ユダヤ人移民に対し

て「彼らは貧しく粗野だ」と差別的態度を示した。[223]また、次に引用する1980年代半ばにエイズに罹患した男性の発言には、差別を受けているエイズ患者がハンセン病患者を差別するという「差別される者の差別感情」が端的に表れている。

　　看護婦[ママ]はぼくをこわがっています。医者はマスクをして、手袋をつけているときもあるのです。牧師さえ、ぼくとはあまり握手をしたくなさそうです。いったいぜんたい、これは何でしょう？　ぼくはレプラ［ハンセン病者］じゃない。[224]

　スティグマ保持者によるこの種の階層化［差別］は、誰を友人に選ぶか、誰をデート相手に選ぶか、誰を配偶者に選ぶかという「縁組み（social alliance）[225]」にも密接に関係する。一般的にいえば、自らの属性・経歴を「恥ずべき特異性」と感じている人は、「同類の人たち」を友人・デート相手・配偶者に選ばない傾向がある。たとえば、ドイツ系ユダヤ人米国移民3世だったジャーナリストのウォルター・リップマンは、ユダヤ人という出自を憎んでいたため、二度の結婚相手はともに「非ユダヤ人（Gentiles）」だった。[226]しかし『スティグマ』の例のように、当初デート相手は絶対に晴眼者［目が見える普通の人］がいいと思っていた盲目の女性の気持ちが徐々に変わっていき、盲目の男性を評価するようになってデート相手に選んでいったというケースもあり、時間の経過とともにその態度は変化し得る。[227]したがって、スティグマ保持者の友人・恋人・配偶者の選択には揺れがあり、振幅がみられるのが実態であろう。

(2)「職業的代弁者による行動規範の呈示」

　両価性を抱えているがゆえに態度に振幅があるスティグマ保持者たちに対して、職業的代弁者は行動規範を呈示・提供する。この行動規範は、スティグマの望ましい隠蔽の仕方または開示の仕方を含む多彩な事柄に及ぶ。たとえば精神疾患の既往歴のある人に対して、単なる知り合い程度の人には自分のスティグマを隠し、配偶者・親友・雇用者には自分のスティグマを知らせたほうがよいとの勧告をする。

そうした行動規範のうち、全体に共通するものが3つある。1つ目が、ノーマル者への完全な「なりすまし」はしないほうがよいという勧告である。それと表裏の関係にある2つ目が、スティグマ保持者に対してノーマル者が向ける否定的な態度をそのまま受け止めないほうがよいという助言である。そして、3つ目が「ミンストレル・ショー化（minstrelization）[228]」への警告である。ミンストレル・ショー化とは、「スティグマ保持者の同類の人たちに備わるとされる悪い特性をスティグマ保持者が演じてみせてノーマル者たちのご機嫌をとり、そうすることによって、個々に異なるスティグマ保持者たちの生活状況が道化的役割に単純化されていく[229]」ことを指す。この点をわかりやすく述べた他の著者による叙述をゴフマンは引用する。

　　　私はまた、肢体不自由者は人々［健常者］が彼に期待している仕方とは違った仕方で行為しないように注意しなくてはならないということを学んだ。何よりも人々［健常者］が期待するのは、肢体不自由者は肢体不自由者らしい存在であること、すなわち、無能で無力な存在であり、彼ら［健常者］より劣った存在であることである。肢体不自由者がこれらの期待に添わない場合、彼ら［健常者］は疑念をもち、不安になる。奇妙なことを言うようだが、肢体不自由者は肢体不自由者の役回りを演じなければならないのである。それはちょうど、男性が女性にこうあってほしいと期待するものに女性がならなければならない、すなわち女性が女性らしくあらねばならないのと似ている。また、黒人が「〔彼より〕優れた」白人の前に来るとしばしば道化師のように振る舞わなければならないのも同じ理由からである。そのように振る舞うことによって白人は黒人に脅威を感じなくてすむのである。[230]

　すわなち、ミンストレル・ショー化とは、たとえば「肢体不自由者」が（ノーマル者たちが）肢体不自由者「らしい」（と考える）「無能で無力な」存在を演じ（させられ）る事態であり、「小人症の女性」が本当は豊かな教養の持ち主なのに（ノーマル者たちが）小人（こびと）「らしい」（と考える）「人をばかにした笑いと敏捷（びんしょう）で滑稽な動きを備えた道化者[232]」の役割を演じ（させられ）る事態である。障害者は障害者「らしく」振る舞っている限りにおいて健常者たちに受け入れられるということである。したがって、「この行動規

範を遵守できる人［スティグマ保持者］は本物で価値ある人である[233]」が、「この行動規範を遵守できない人［スティグマ保持者］は勘違いした人、心得違いをした人である[234]」とノーマル者たちは見なす。スティグマ保持者を陥れるこの巧妙な「罠」にはまらないように職業的代弁者は彼らに注意を促す。この「罠」のような構図は、米国の過去にだけ存在したものではない。現代日本でも、たとえば日常的に遭遇する車椅子使用者の公共交通機関利用の問題にこの構図が顔をのぞかせる。脳性麻痺者に対する差別問題に取り組んでいる研究者は、ある障害者団体が「過激」と見なされていった背景と過程に関して、次のように指摘する。

> 現在も、車椅子での公共交通機関の利用について議論がなされる際、恩恵的な視点から話を進めようとする価値観に接します。つまり、車椅子での利用者は、他の乗客の迷惑にならない範囲でならば乗ってもよい（乗せてあげてもよい→だから遠慮がちに乗るべきだ）といった視点です。
> しかし、青い芝の会が求めたのは、普通の人が普段バスに乗るように、自分たちもバスを利用したいということでした。[235]

> 同会［青い芝の会］が起こしたこれらの抗議行動は、当時は「過激」なものとして受け止められ、青い芝の会と言えば「話の通じない人たち」と見なされたり、到底受け入れられない主義主張を唱えていると批判されたりしました。[236]

これと同じ構図は、現代日本の「男性－女性」の構造的な関係にもみられる。次の引用は、差別問題に取り組む批評家の指摘である。

> 男性優位的な性役割分業やジェンダー秩序を守ろうとする女性（「母親」「専業主婦」「パート雇用の女性」）に対しては、男性は好意や親密さの感情を寄せるものの、こうした分業や秩序に対して疑問を持ったり、女性の地位向上を主張したり、男性の性支配や性暴力を指摘したり、男女間の公正さを求める女性（「フェミニスト」「キャリア志向の女性」「シングルマザー」）に対しては、社会防衛的な意味合いを含めて、敵対的偏見を抱く、というわけです。[237]

上記のような職業的代弁者による唱道の影響で、スティグマ保持者の側に2方面で変化が生まれる可能性がある。その1つが、スティグマ保持者が対面的相互行為場面の論評者、人間関係の観察者になっていくことである。この点に関して、ゴフマンはこう述べる。

　　　彼［スティグマ保持者］は何気ない社会的相互行為を括弧に入れて、そこに含まれている事柄を一般的なテーマとして検討するよう導かれる。居合わせるノーマル者が自発的にその状況の内部にのめり込んでいるのに対して、彼［スティグマ保持者］は"その状況を自覚的に捉える"ようになる。[238]

　もう1つが、スティグマ保持者が最も私的で恥ずべきだと感じている部分を彼ら自身がきわめて率直に論じるようになることである。ゴフマンは「彼［スティグマ保持者］の最深部に隠された心の痛みが、近年の文学の流行である臨床的な視点で言及され考察される」[239]と述べ、「黒人」をめぐる好例としてジェームズ・ボールドウィンの作品[240]を挙げる。

(3)「内集団に軸足を置く路線」

　スティグマ保持者の人生哲学や生き方の処方箋はその人の個人的観点から生まれるようにみえるが、実際は各々が心の中で拠り所としている集団の影響を受けている。その用語は使っていないが、実質的には「準拠集団」[241]の問題といえる。ゴフマンはこの点について「彼［スティグマ保持者］が彼自身に付与する個人の性格、私たち［ノーマル者たち］[242]が彼に付与する個人の性格は、集団への彼の軸足の置き方によって生み出される」[243]と述べる。この場合、スティグマ保持者が自らの準拠集団を「内集団」[244]すなわちスティグマ保持者の同類の人たちの集団とするか、「外集団」[245]すなわちノーマル者の集団・社会とするかの2パターンに大別できる。

　この節のタイトルになっている「内集団に軸足を置く路線」[246]とは、スティグマ保持者が「同類の人たち」の立場を肯定する行動方針を指す。その代表的な形態の1つとしてゴフマンは、職業的代弁者が唱道する戦闘的・熱狂的な忠誠の路線[247]を挙げる。隠そうと思えば隠せるスティグマのシンボルをむし

ろ得意げに誇示する行為のことであり、ゴフマンはこの具体例としてユダヤ人米国移民2世がヘブライ語の慣用表現やアクセントをわざと会話に交ぜる行為や、戦闘的なゲイが「何が悪いのよ」といわんばかりに過度に女性っぽく振る舞う行為を挙げる。また、スティグマ保持者に一見理解がありそうなノーマル者の態度がうわべだけの「ショー」であることを暴露しようとする行為もこれに含まれる。戦闘的な行動方針を採るスティグマ保持者でなくても、少しでも批判的な視点をもつ人ならば、ノーマル者たちの「理解ある」態度に「嘘っぽさ」や「演技性」を感じ取ることはよくある。差別問題に取り組む批評家はこう述べる。

> 女性や性的マイノリティに優しく、フレンドリーで、スマートで「正しい」男性たちのことが、奇妙にいかがわしく思えてしまう。世間の風向きを読んで、誰かから批判されないように先回りし、優等生的に振る舞っているだけではないか、と。[248]

次に挙げるエピソードは、「見た目に症状をもつ人たち」の雑談の場面で、生まれつき顔に赤アザがある女性が話したことをめぐってのやり取りである（ただし、この当事者たちは「戦闘的な行動方針」の人たちでは全くない）。この事例をノーマル者によるうわべだけの受け入れのショーと呼ぶのは酷だが、ノーマル者がスティグマ保持者のこれまでの経験を追体験しようともせず他人事（ひとごと）として捉え、道徳的に「正しい」（とされる）発言や応対をする「優等生」的な偽善性は感じ取れる。

> 「学校や自治体などで講演をすると、必ずといっていいほど『私は気にしていません』と言いに来る人がいるけど、あれには本当にがっかりする」と。すると、一緒（いっしょ）にいた他の当事者たちも、「ああ、わかる。いるよね、そういう人。いったい何を聞いていたのかって思うよ」と同意していました。[249]

内集団に軸足を置く路線が全て戦闘的な行動方針になるわけではないだろうが、少なくとも戦闘的な行動方針がもたらす帰結はアイロニカルであるとゴフマンは述べる。というのも、そうした路線を採るスティグマ保持者の究

極の政治目標が「自らの特異性からスティグマ性を取り除く」[250]ことであるのに、そうした政治目標を実現する戦闘的な努力そのものが「彼自身の生活を政治化し」[251]、彼らの生活を彼らが望むノーマル者の生活とはひどく異なるものにしてしまうからである。スティグマ解消のためにノーマル者たちの差別的行為を告発し「変なのはむしろおまえたちノーマル者側だ」と抗議するスティグマ保持者の活動によって、彼らとノーマル者たちとの心理的距離・社会的距離は拡大していく。次の事例は、ゴフマンの指摘がそのまま当てはまるケースではないが、類似した構造が見て取れる。日本の権力構造をテーマにしたオランダ人の著書の中の被差別部落民と彼らの反差別運動に関する記述[252]に対して、長年部落解放運動に携わってきた人物がおこなった批判である。問題は、どちらが「正しい」認識かではなく、「反差別」のための行為の捉え方が当事者と一般人とでは正反対といえるほど違っているということである。

> ここには、少なくとも三つの、大きな誤認というよりも、著者［カレル・ヴァン・ウォルフレン］自身の部落解放同盟とその運動に対する度し難い予断と偏見が露呈している。
> 第一に、我が同盟の差別糾弾闘争を「おどし」として理解している点。
> 当然そこから導き出される結論は、被糾弾者が「自己の意思に反して会場に連れて行かれ」るものとなる。誤った前提からは、誤った結論しか出てこないのは、自明のことであろう。
> この点については、①の箇所で触れているので、重複は避けるが、我が同盟の糾弾闘争は、「解放同盟のイデオロギーに反する言辞をろうした者」に対して行われるのではなく、誰の目にもあきらかな差別言動および、表現による人権侵害に対して行われている。[253]

また、「同類の人たち」の存在および彼らの境遇に一般の人たちの関心を集めることによって、彼らの特異性に関して一般の人たちが抱いている漠然としたイメージを明確な現実の集団のイメージに結実させてしまうことにもなる。[254]一方、そうした戦闘的な路線を採るスティグマ保持者の究極の政治目標が「自分たちをノーマル者たちの社会から分離・独立する」ことである場

合、彼らが「自分たちこそノーマルだ」と考えているため、独自のコミュニティを形成しても、彼らが差別を受けていたノーマル者の社会と相似した価値システムを創り出してしまう可能性が高い。ある英国人ジャーナリストが「LGBTQ+」運動について指摘した次の現象は、これに類似した事例といえる。彼は、「LGBTQ+」運動が社会のマジョリティの「支持」を急速に獲得しつつある近年の欧米では「ノーマル者 ‐ スティグマ保持者」の差別的構図はそのままに、それらの構成員をそっくり入れ替えた現象が起こっている旨の指摘をしている。

　　いろいろな意味でそれをもっとも象徴しているのが、トランスジェンダーをめぐる議論だ。最近になって登場したこの人権問題は、ごく少数の人々に影響を与えるに過ぎない。それなのに、ほかに例を見ないほどの怒りや狂暴性に満ちた運動が展開されている。いまでは、「間違った考えをしている」とされる女性たち［以前のノーマル者］が、かつて男性だった人々［新たなノーマル者］から非難されている。昨日まで共通認識とされていたことを口にする親［以前のノーマル者］が、親としての適性に疑問符をつけられている。イギリスなどの国では、男性が女性にもなりうること（あるいはその逆）を認めようとしない人々［以前のノーマル者］の家を、警察が訪問することもある。[255]

(4)「外集団に軸足を置く路線」[256]
　スティグマ保持者が内集団を準拠集団にする場合、「政治」的視点すなわちノーマル者の社会に働きかけて「自らの特異性からスティグマ性を取り除こう」という視点から自分の境遇を見るのに対して、彼らが「外集団」すなわちノーマル者の集団・社会を準拠集団とする場合、「精神医学」的視点すなわちノーマル者の社会への「適応」という視点から自らの境遇を見ることになる。「合わせていく努力が必要なのは自分たちスティグマ保持者の側だ」と考える立場だともいえる。
　そうした視点に立つスティグマ保持者はノーマル者との対面的相互行為場面でノーマル者側の緊張を解消するために機転を利かせて助け船を出す。ゴフマンは、察しと配慮にもとづいてスティグマ保持者がおこなう典型的な応対法を3つほど挙げる。その1番目が、スティグマ保持者が自分のスティグ

マを全然気にしていないことを示すという応対法である。たとえば、自分の
スティグマをネタにジョークを言って笑いをとる方法[257]がこれに当たる。2番
目が、対面的相互行為を開始するまでの間にスティグマ保持者が自分のス
ティグマをノーマル者に見せて慣れてもらうという応対法である。ゴフマン
は、顔に傷跡がある不動産業者がドアから離れて正面に立って客が彼の顔に
慣れる時間を確保するという事例を挙げる。3番目が、ノーマル者からの援
助の申し出を如才なく受け入れるという応対法である。たとえば、小児麻痺
の著述家が十分な買い置きがあるのに隣人から買い物の申し出があったらそ
れを受け入れておくという事例、肢体不自由の人がノーマル者の不安や困惑
を解消させるために（本当は必要なくても）ノーマル者から差し伸べられた
援助を受け入れるという事例が代表的なものである。

　スティグマ保持者がノーマル者に対しておこなう察しと配慮の応対は、ス
ティグマ保持者が自分のスティグマにこだわっていないことを表し、それに
相応してノーマル者の側もスティグマ保持者をノーマル者と同じように「受
け入れている」ようにみえるため、スティグマ保持者が「自分が実際に受け
入れられている以上に受け入れられていると勘違いしてしまう」[258]ことがあ
る。その失敗談としてゴフマンは、盲目の著述家がホテルの散髪屋に行った
ときシーンと静まりかえっていたので自分のスティグマをネタにしたお決ま
りのジョークを言ったらさらに雰囲気が悪くなった例を挙げる。ノーマル者
によるスティグマ保持者の「受け入れ」は、あくまで「条件付きの」[259]受け入
れでしかない。その条件とは「〔スティグマ保持者は〕節度を守り、そして
決して図に乗らない」[260]ということであり、「ノーマル者が自分自身を〔ノー
マル者として〕受け入れているのと基本的に同じく、スティグマ保持者は自
分自身を〔スティグマ保持者として〕心から自然に受け入れることが要求さ
れる一方で、彼［スティグマ保持者］に対する口先だけの受け入れも困難だと
彼ら［ノーマル者たち］が感じるような状況になったら自発的に身を引くこと
が要求される」[261]。こうした条件を満たしたスティグマ保持者の応対姿勢が
「よい適応（good adjustment）」[262]と呼ばれるものである。

　スティグマ保持者が「よい適応」の路線をとることでスティグマ保持者と
ノーマル者の双方によい帰結がもたらされるように思われるが、実質はそう
ではない。まず、スティグマ保持者が「よい適応」の路線をとると、スティ

グマをもつことによって彼らが実際に受けている不当な扱いと苦痛がノーマル者たちに呈示されないことになる。それはちょうど、親の手がかからない「よい子」にも不満や悩みがあるはずなのに、「よい子」は親に対してそれを語らないため親がそのことに気づかないのに似ている。次に、この路線を採用してスティグマ保持者が応対すると、ノーマル者たちの「気配り」や「寛容さ」がいかに限定されたものなのかをノーマル者自身は気づかずに済んでしまう。たとえば、夫婦共働き世帯において家事分担に関して一切不満を漏らさない「よくできた妻」がいるとするとその夫はゴミ出しをしているだけで「自分は家事分担に理解のある人間だ」というおめでたい自己像を維持していくことを想起すればよいだろう。最後に、スティグマ保持者が「よい適応」の路線をとると、ノーマル者がスティグマ保持者と親密に付き合っていても、ノーマル者たちのアイデンティティに関する信念が脅かされることはない。中途障害者と対面したときノーマル者たちはその中途障害者を「気の毒だ」とは思うだろうが、「明日の私の姿かもしれない」とはまず考えない。ときに「障害者たちは哲学をもっている」とノーマル者が述べる場合があるが、それはスティグマ保持者を高く評価している表れというよりも、彼らが「よい適応」の路線を採用することを正当化するノーマル者側の論理または物語と考えたほうが正しい。

　したがって、スティグマ保持者の「よい適応」にもとづくノーマル者たちの「受け入れ」は「幻影の受け入れ（a *phantom* acceptance）[263]」であり、この幻影の受け入れが「幻影の定常状態（a *phantom* normalcy）[264]」の基盤を提供する。スティグマ保持者とノーマル者の間に成立するこの一種独特の相互関係について、ゴフマンは次のように述べる。

　　　多くの場合、ノーマル者たちがスティグマ保持者を受け入れる度合いは、スティグマ保持者に対する〔ノーマル者たちの〕この条件付きの受け入れが（スティグマ保持者が注意深く限度を踏み越さないかぎりで）完全な受け入れであるかのように完全に自発的かつ自然にスティグマ保持者が振る舞うことによって最大となるのである[265]。

ゴフマンがここで指摘するのは、たとえば障害者が障害者「らしく」振る

舞うかぎりで健常者たちはそうした障害者を「受け入れる」という「条件付きの受け入れ」の構造であり、しかもその「条件付きの受け入れ」が「完全な受け入れ」であるかのように（無理をしてでも）障害者が振る舞うかぎりで存立する「条件付きであることが見えにくくされた条件付きの受け入れ」[266]の構造である。

(5)「アイデンティティの政略」[267]

　主として社会的アイデンティティに関する問い "**What** are you?"（あなたはは何者［どういう人間］なの?）に答えを見いだしていくことで自我アイデンティティが形成されるとすれば、スティグマ保持者が置かれている特殊な状況は、社会がスティグマ保持者に「あなたは〔みんなと同じ〕全体社会の一員だ」「ノーマルな人間だ」[268]と語りかけると同時に、「あなたは〔みんなとは〕いくぶん "違っている"」[269]ので「この差異を否定するのは愚かである」[270]と語りかけるところにある。こうした矛盾する「自己」の定義を強いる社会にあって、職業的代弁者はスティグマ保持者が受け入れるべき「自己」像を提供し「アイデンティティの一貫した政略（a coherent politics of identity）」[271]を呈示する主導者なのだが、彼らは自分以外のアイデンティティ政略を「真正でない」[272]と即座に批判する一方で、そもそもスティグマ保持者にとって「真正な」アイデンティティの解決策など存在しないということはなかなか認めたがらない。

　かくして、スティグマ保持者は、「自分自身がどんな人間だと考えるべきか（what he ought to think of himself）」[273]の問題、すなわち自我アイデンティティの問題をめぐって「詳細な議論が戦わされる闘技場」[274]に立たされていることに気づく。「彼［スティグマ保持者］がすべきこと、何者であって何者でないかについて感じるべきことを語る職業的代弁者たち」[275]が出す多種多様な指示にスティグマ保持者が急き立てられているということである。しかし、いわば「成功した」スティグマ保持者である職業的代弁者が本で書いたり講演で話したりすることは、確かに「解決策」として興味深いものではあるが、それらの本を読んだり講演を聴いたりする「一般の」スティグマ保持者にはこうした「解決策」が「解決策」にならないことが少なくない。実際に「ハゲ［禿］」に悩む人たちには、ハゲに対するポジティブ思考といった「生き

方」の提示は説得力をもたないという。

　「素朴な"ポジ・ハゲ"論」とは、ハゲであることを恥じ、それを隠してい
こうとする自分を克服し、ハゲであることやカツラを使用していることを積極
的に表明し、明るく生きていこうとする姿勢、つまりポジティブなハゲの生き
方を称揚するものを指す。これは一見有効にみえる。くよくよするな、明るく
しろ、自分らしく生きろというメッセージは脱毛という医学的に克服困難な問
題を、態度や心持ちという克服可能（であるかのよう）な問題に置き換える効
果をもっているからだ。しかし、実際ハゲを気に病んでいる人に対して、「気
にするな」という言葉は果たしてどれだけの説得力をもっているだろうか。[276]

　また、人々に感動と勇気を与えるストーリーとしてマスメディアで持ち上
げられるパラアスリートの「活躍」談が「感動ポルノ」[277]に堕しがちであるこ
と、そしてそこで示される「障害に打ち勝つ立派な障害者」というステレオ
タイプ的な「理想」像が「多様な障害を生きている人々」[278]の現実を認識する
妨げになっていることを、ある研究者は指摘する。

　障害者は人に感動を与えるためだけの存在なのでしょうか。パラスポーツに
頑張ることだけが障害と向き合い、障害を克服できる唯一の人間なのでしょう
か。
　パラスポーツを特に頑張ることなく、自分の障害と折り合いをつけながら、
のんびり暮らす障害者がいたとして、そうした人は頑張るパラアスリートより
も劣ると思うのでしょうか。さらに言えば、パラスポーツをやりたいと願うも
障害の程度でそれがかなわない重度の障害者をどう思うのでしょうか。彼らを
憐れみ、同情するのでしょうか。[279]

4.「Chapter IV. 自己とその他者」を読む

　Chapter III まで主としてスティグマ保持者を取り巻く状況と彼らが置かれ
た状況に対する反応を考察してきたゴフマンは、Chapter IV で狭義の「ス

ティグマ」問題から、より一般的な「逸脱」問題に視点を移動して、スティ
グマ保持者の世界についての理解をその他の社会的世界についての理解に押
し広げていこうとする。

(1)「種々の逸脱と種々の規範」

　これまで用いられてきた分析枠組みは「スティグマ」という「まれに遭遇
する劇的な欠点[280]」に対して最も適合するものだったが、同時にその分析枠組
みは私たちの日常的なアイデンティティに関する暗黙の前提を意識化させて
くれるものでもあった。そこでゴフマンはこの Chapter IV において、考察対
象を、スティグマ保持者から、スティグマ保持者とノーマル者とを区別しな
い人間一般へと拡張する。他人や身内に隠しておきたいような属性・経歴は
ノーマル者にも存在するからである。そもそも、恥ずべき属性・経歴が１つ
もない人、すなわち劣等コンプレックスが一切ない人などいるだろうか。こ
の点に関して、ゴフマンはこう述べる。

　　　ノーマル者たちの中で最も恵まれた人であっても半ば隠された欠点があるだ
　　　ろうし、個々の小さな欠点が大きくみえ、見かけの社会的アイデンティティと
　　　本来の社会的アイデンティティとの食い違いが発生してその人に恥をかかせる
　　　ような社会的場面は存在している。したがって、ときどき立場が危うくなる人
　　　とつねに立場が危うい人とは単一の連続体を形成しており、両者の生活状況を
　　　同一の枠組みで分析することができる[281]。

　Chapter III までの常識的な「スティグマ保持者‐ノーマル者」という二分
法の失効を宣言し、彼は「連続体の思考」を導入する。すなわち、ノーマル
者はときどきまたは小さく信用を失って立場が危うくなる可能性がある人と
して、スティグマ保持者はつねにまたは大きく信用を失って立場が危うくな
る可能性がある人として捉え直し、両者を隔絶し対立した２つの項ではな
く、同一線上の程度の異なる２つの点に位置づけるということである。
Chapter IV でゴフマンは「白か黒か」という二分法から「白から徐々に黒っ
ぽくなって黒に至る」グラデーションの思考法へ移行する。
　そして、ゴフマンは、人々が「ある属性」を「恥ずべき特異性」と感じ取

るのは、人々が「こうであるのがノーマルだ」という「アイデンティティ規範（identity norm）[283]」を内面化しているからだとして、アイデンティティ規範の問題を検討する。アイデンティティ規範には、「目が見えること」や「自分の足で歩けること」といった大多数の人が容易に充足可能な水準のものから、「米国における完全無欠の男性像」すなわち「若くて、結婚していて、白人で、都会的で、北部出身で、異性愛で、プロテスタントで、父親で［子どもがいて］、大卒で、正規の職に就き、いい肌つやと適正な体重および身長を備え、スポーツで最近記録を出したことのある人[284]」といった全部の基準を満たすのはきわめて困難な水準のものまで、数多くの規範が含まれている。したがって、あるアイデンティティ規範に照らしたときに「ノーマル者」だとされる人物が別のアイデンティティ規範に照らすと「ノーマル者」で・な・いとされることがあり、また、あるアイデンティティ規範に照らしたときに「スティグマ保持者」だとされる人物が別のアイデンティティ規範に照らすと「スティグマ保持者」で・な・いとされることがある。たとえば、「車椅子の天才物理学者」で知られ 2018 年に 76 歳で亡くなった英国のスティーヴン・ホーキングは、難病 ALS［筋萎縮性側索硬化症］に罹っていたため人工呼吸器で息をし、車椅子で移動し、わずかに動く頰の筋肉によるコンピュータ操作を介して会話していたが、物理学の分野ではノーベル賞を除くあらゆる賞を獲得したといわれる。このホーキング博士に「スティグマ保持者」のラベルを貼って「事足れり」とした人はいなかっただろう。

そして、ある面で「ノーマル者」とされる人物が別の面で「恥ずべき特異性をもつ者」である場合、そのノーマル者が用いるのは、スティグマ保持者と同じ「なりすまし（passing）」や「和らげ［部分的覆い隠し］（covering）」といった技法である。たとえば、政治家や政治家の家族が「学歴詐称」疑惑でマスメディアに取り上げられることがあるが、もしそれが事実なら、本来の社会的アイデンティティが「大卒でない」または「立派な大学の卒業生でない」彼らは「立派な大学の卒業生」という見かけの社会的アイデンティティを呈示し、「立派な大学の卒業生」になりすまそうとしてきたことになる。この「学歴詐称」と、見栄で実際の自分の年収より少し高くいう「年収のさば読み」、「若造（わかぞう）」と見くびられないように自分の実年齢より少し上の年齢を語る「年齢のさば読み」、本当の自分の身長より少しだけ高めにいう「身長

のさば読み」とは、同一線上にある。自分の親の職業を正直に話すのが恥ずかしくて「サービス業」とか「自営業」といった一般的な呼称でごまかして表現しても「詐称」とはいわれないが、一種の「和らげ［部分的覆い隠し］」の技法ではあるだろう。さらに、「白髪まじり」の人が「白髪染め」をおこなうケース、「低い身長」を補うために「シークレット・ブーツ」を履くケース、「へたった髪」を「ウィッグ」を使ってボリュームアップするケース、ファンデーションだけでは隠し切れない「シミ」「ニキビ跡」を隠すために「コンシーラー」を使うケース、年老いてみえる「首のしわ」を隠すために「スカーフ」を巻くケースなどの行為も、ノーマル者が使う「なりすまし」または「和らげ［部分的覆い隠し］」の技法だといえるだろう。

　こうなると、準スティグマ潜在者はスティグマ保持者の中だけでなく、ノーマル者の中にも普通に存在していることになる。「スティグマ保持者／ノーマル者」を区分する障壁はほとんど溶解していく。

(2)「ノーマルな逸脱者」

　以上の考察から明らかなように、「恥ずべき差異の管理・操作」は社会のメンバーのほぼ全員が共有する一般的な反応・行動様式である。スティグマ保持者（と見なされる人）とノーマル者（と見なされる人）の反応・行動様式は共通であり、両者は同じ精神構造をしている。たとえば、精神疾患の既往歴がある人が自分の心身的な問題を説明するのが嫌なため提供された仕事を断ったり中途で辞めたりすることと、老化のために友人の名前が思い出せなくなった高齢者がその事実を悟られたくなくて会合に出かけなくなることとの間に、反応・行動様式としては、何の違いもない。「恥ずべき差異」を隠そうとする社会のメンバーに共通した反応・行動様式の個別の形態だといえる。

　このような観点からいうと、「スティグマ保持者」と見なされる人物を「逸脱者（a deviant）」と呼ばなければならないとしたら、「ノーマルな逸脱者（a normal deviant）」と呼ぶしかないだろう。また、同一人物がスティグマ保持者からノーマル者に転換したり、ノーマル者からスティグマ保持者に転換したりすることもある点からすると、「スティグマ」問題を適切に捉えるには「自己－他者の統一体、ノーマル者－スティグマ保持者の統一体（self-other, normal-stigmatized unity）」という枠組みが必要になる。たとえば、形成手術に成功してスティグマから解放されたと感じる人のケース（スティグマ保持者からノーマル者へ）や健常者が事故などで中途障害者になってしまうケース（ノーマル者からスティグマ保持者へ）があり得るだけでなく、そういった場合でも同じ人物が対極的な立場の役割を演じることが可能なのは、「ノーマル者」と見なされる人の自己の中に「スティグマ保持者」という他者が、「スティグマ保持者」と見なされる人の自己の中に「ノーマル者」という他者がそれぞれ同居しているからだと考えるべきだろう。確かに、スティグマ保持者からノーマル者への地位転換と、ノーマル者からスティグマ保持者への地位転換とでは、後者のほうにより大きな困難が伴うことが多い。しかし、後者の地位転換に該当する中途障害のケースであってさえ直前まで「健常者」だった人物が「身体障害者」である現在の自己をどうにか受け入れていくことができるという事実は、やはり自己の受容力と可塑性に希望を与えるものである。

　このことから「〔人が〕対照的な役割を演じること（two-headed role playing）」が可能だという命題を導き出すことができる。その証拠の1つに、遊びであれ真面目であれ、ノーマル者がスティグマ保持者になったり、スティグマ保持者がノーマル者になったりすることが可能だという事実がある。たとえば、『スティグマ』でゴフマンが言及しているJ・H・グリフィンの『私のように黒い夜』は「白人から黒人へ」のなりすまし体験を記録したルポルタージュ小説であり、R・リーの『私は白人になりすました』とJ・W・ジョンソンの『元黒人男性の自叙伝』は「黒人から白人へ」のなりすまし体験にもとづく小説である。別の証拠としては、「サイコドラマ」という集団心理療法が挙げられる。サイコドラマでは、その場で割り振られた役割（監督・主演者・補助自我・観客）を各参加者が即興で演じることで、自己理解や自己洞察を深めていく。人が対照的な役割を演じる能力があるいう証拠には、さらに別の事実がある。それが、「陰でおこなうからかい（behind-scenes joshing）」すなわち揶揄嘲弄される人物がいないところでその人物に関する物真似を他の人がおこなえることである。スティグマ保持者がいないところでノーマル者たちが当該スティグマ保持者の言動・振る舞い・態度を戯画化しつつ再現する行為、ノーマル者がいないところでスティグマ保持者

たちが当該ノーマル者の言動・振る舞い・態度を戯画化しつつ再現する行為がそれである。たとえば、上品ぶった女性に出くわした後に彼女がいない場面で誰かが彼女の表情・しぐさを真似しつつ「山田様って、はっきりしていらして、わたくし、嫌いじゃなくてよ」と声帯模写するケースがあり得る。

(3)「スティグマと現実」

スティグマ顕在者とノーマル者の対面的相互行為場面における「緊張の処理・管理」の問題を Chapter II で扱い、スティグマ潜在者の対面的相互行為場面における「情報コントロール」の問題を Chapter III で扱ったゴフマンは、Chapter IV の最後の節で、これらの問題の考察だけで議論をやめてしまうとスティグマをめぐる「現実」を「堅牢な現実（solid reality)[295]」だと捉える誤った見方を生み出してしまうと述べる。緊張の処理・管理にせよ情報コントロールにせよ、これらの議論では「スティグマ保持者」が存在し、その人には「恥ずべき特異性」が備わることを所与としているからである。

しかし、「スティグマ保持者とノーマル者は互いに相手の一部である[296]」とすれば、一方が毀れやすいものであれば、他方も毀れやすいものであるはずである。実際、遊び半分のなりすましが日常的になされるという事実、一時的にせよ人々がそれに騙されるという事実は、「現実（a reality)」というものの毀れやすさを物語っている。白人の作家 J・H・グリフィンが「黒人」になりすまして米国南部諸州を旅していくと「黒人」に対する差別的扱いを白人たちから次々に受けていき[297]、また、映画『紳士協定[298]』で WASP[299] のフリージャーナリストのフィル・グリーンが「グリーンバーグ（Greenberg)」というユダヤ姓を名乗り「ユダヤ人」になりすましていくと人々の態度は「ユダヤ人」に対する差別的な態度に豹変していった。逆に、肌の白い黒人が「黒人」である自覚もなく周囲の人たちもその人の遠い先祖について何も知らなければ「スティグマ」など一切問題にならず[300]、また、自分の出身地が「被差別部落」とされる場所だと知らずに育ち周囲の人たちもその知識をもっていなければ「普通の人間」どうしの日常生活がそのまま続いていく[301]。「スティグマ」をめぐる「現実」性とは、ある面で、その程度のものである。前に言及した単純性血管腫による赤いアザが顔を含む全身にある女性 A は、自分たちを苦しめてきた原因である自らの「特異性」についてこう述べる。

なぜ、こんなことになってしまったのか。たかだか皮膚の色に違った部分があるだけである。たったそれだけのことで向けられてくる嫌悪、攻撃、同情、興味。以前、友人の一人が口にしたことがある。

　「何かそれに関することを言われると、そう言えばあなたにはアザがあったと思い出す」

　つきあいが深まるにつけ、意識から取り除かれる程度のことなのである。ただそれは私を知らない人間にとっては、私という人間を判断する極めて特徴的な記号となる。その外面的な記号が与える印象が、これまで私と私の周囲の人々を苦しめてきたのである。[302]

　見かけの社会的アイデンティティが「虚偽」だと判明する場合、毀れていくのは、「スティグマ保持者」という人物像だけではなく、「スティグマ保持者－ノーマル者」という共軛的な役割関係とそれにふさわしい振る舞い方[303]を内包した「状況」全体である。たとえば、TV番組「ニンゲン観察バラエティ　モニタリング」で、現役の有名アスリートが「老人」に扮して一般人を騙す企画があるが、最後にタネが明かされたとき毀れるのは、「老人」という見かけの社会的アイデンティティだけでなく、「哀れを誘う虚弱な老人－哀れむ立場の強健な若者」という共軛的な役割関係を含む「状況」全体である。逆にいえば、スティグマをめぐる「現実」に入り込んでいくこととは、「スティグマ保持者－ノーマル者」という共軛的な役割関係を引き受けてそれらにふさわしく振る舞っていくことを意味する。したがって、そうした「現実」を拒否したければ、スティグマ保持者に対してノーマル者がよくおこなう関わり方を封じていけばよいことになる。たとえば、片足を失った女性に対して他人が同情し詮索して最初に訊いてくるお決まりの「その足、どうしたんですか」の質問に対して、片足を失った女性が通常の仕方で説明せず、「金融会社からお金を借りて、その担保に足を取られたんです」と答えれば、その場のやり取りはそれで打ち切りになる。こうした「望まない出会い［対面的相互行為］を終結させる簡潔な反応」[304]のほか、「冷たい凝視」[305]によっても相互行為の機先を制することは可能であり、より挑戦的な「他人をかつぐこと」[306]によって状況全体を台無しにすることもできる。レックリング

ハウゼン病の日本人女性が中学生のときに考え出した次の防御策・対抗策
は、ゴフマンのいう「冷たい凝視」に類似した対処法である。

　　中学二年ぐらいだったと思いますが、電車に乗るたびにこのように凝視され
　ることに苦痛を感じ、これに対処する方法はないものかと、自分なりに考え抜
　いた結果、出た答えが、子どもの頃にやった「にらめっこ」でした。相手が私
　を凝視するなら、私の方も相手を凝視すればいいじゃない、と思いついたので
　す。子どもにしか思いつかない方法ですよね。

　　でも私も「する」と決めたのですから、はじめなければなりません。私の方
　は、まばたき一つしないで相手を見つめ続けます。すると向こうから目を逸ら
　しますが、またしばらくすると、こちらを凝視します。また「にらめっこ」の
　繰り返しです。これを何度となく繰り返していくと相手は疲れてしまうので
　しょうか、たいていの人は凝視するのはやめてしまいます。私の「勝利！」で
　す。さすがにこの時は疲れてしまいますが、勝利した時の気分は何とも言えず
　に最高！

　ゴフマンは指摘していないが、スティグマをめぐる現実を無効化する方法
として、「そうだとして、それが何か？」「それで、何か問題でも？」といっ
た冷静な反問の仕方もある。スティグマ保持者とされる人が不在の場面でな
される「噂話」では、たとえば、ある人が「Aさんって、○○らしいよ」と
言うと、それを聞いた人は「えー、そうなの？　なんか怖いね」などと反応
することがあるが、そうした反応の代わりに「そうらしいけど、それって何
か問題？」と冷静に反問したとすれば、その話は打ち切りになり、「スティ
グマ」性は、少なくともその瞬間は無効化されるだろう。
　ゴフマンが指摘している上記の方策がスティグマをめぐる「現実」を存立
させている「スティグマ保持者 - ノーマル者」という共軛的な役割の遂行
を拒否する手法だとすれば、この共軛的な役割関係自体を変容させる手法と
いうものが考えられる。Chapter III の（4）「外集団に軸足を置く路線」の箇
所で、肢体不自由の人がノーマル者の不安や困惑を解消するために（本当は
必要ないのだが）ノーマル者から差し伸べられた援助を受け入れるという事

例をゴフマンが挙げていると指摘した。スティグマ保持者がノーマル者に対しておこなうこうした察しと配慮の応対が「スティグマ保持者－ノーマル者」の共軛的な役割関係を再生産し固定化しているわけだから、これを少しだけ変えていくことでスティグマをめぐる「現実」は変わっていく可能性がある。脳性麻痺の当事者は、こう語る。

> つまり、私たち障害者は、自分のできることをボランティアが補佐しようとしたときに、「これは自分でできますから、手を出さないでください」とはっきり言える勇気を持つことが大切なのです。
> そして、ボランティアは「何もかも手伝ってあげなければ」という気負いで行動するのではなく、障害者の言葉を聞く「ゆとりある姿勢」を持つことが必要だと思います。「甘え」と「気負い」から、「勇気」と「ゆとりある姿勢」へ。
> 「ボランティア」から、「よき友人」に……。[311]

このように、スティグマをめぐる「現実」はある面で毀れやすいものであり、変わり得るものである。しかし、だからといって、ゴフマンの「スティグマ」論の眼目が「スティグマなど存在しない」といったスティグマの単純な否定にあるわけではないし、彼が「スティグマはすぐになくせる」といった楽観論に立っているわけでもない。むしろ、「ノーマル者－スティグマ保持者」の区分を個々の対面的相互行為場面に現出させ、「スティグマ保持者」をミクロ次元およびマクロ次元で産出していく装置としての「パースペクティヴ」の存在とその働きを指摘している点が、彼のスティグマ論の核心部分である。『スティグマ』の結論と見なせる箇所を引用しておこう。

> 結論的にいえば、スティグマとは、スティグマ保持者とノーマル者という2つの山に分けられる具体的な個人の集まりというより、どの個人も、少なくとも一定数の〔人との〕つながりや人生の諸局面では、どちらの役割にも割り振られる可能性のある二者－役割〔共軛的な役割〕という遍在的な社会過程である。ノーマル者とスティグマ保持者とは、個々の人物ではなく、むしろ個々のパースペクティヴである。これらのパースペクティヴは、ノーマル者とスティ

グマ保持者とが接触する対人社会的状況において、意識されない規範によって生み出され、その対面的相互行為に影響を及ぼす。特定の個人が生涯もつ属性によってその個人は型にはまった役柄にはめ込まれるかもしれない。その個人は、ほとんど全ての対人社会的状況においてスティグマ保持者の役割を演じなければならないかもしれない。その個人をスティグマ保持者と見なすことによって彼らの生活状況が彼［スティグマ保持者］をノーマル者たちと対極的な位置に置くことが自然だと考えるかもしれない。しかし、その個人がもつ特定のスティグマ的属性は、ノーマル者とスティグマ保持者という２つの役割の性格を決定するものではなく、２つのうちの特定の１つの役割をその個人が演じる頻度を決定するだけである。そして、関係しているのは、具体的な個々人ではなく、相互行為役割であるから、ある点でスティグマ保持者である人が、別の点でスティグマ保持者である人に対して、ノーマル者たちが抱く偏見を明確な形で示すことがあるとしても、全く驚くにはあたらない。[312]

　ゴフマンがここで指摘しているのは、ある個人が「特定の属性」をもっているから「スティグマ保持者」なのではなく、「ノーマル者 - スティグマ保持者」という集団的かつ共軛的な役割の図式（パースペクティヴ）がまずあって、その「スティグマ保持者」という役割に特定の属性をもった具体的な個々人が押し込まれていくという仕掛けの存在である。ある属性の「スティグマ」性が社会環境の変化によって衰微ないし消滅することはあっても、「ノーマル者 - スティグマ保持者」という区分自体は存続する。それまで「スティグマ保持者」とされてきた人たちがカテゴリーの上で「ノーマル者」に移動しても、別のグループの人たちが「スティグマ保持者」のカテゴリーに取り残されたり、さらに別のグループの人たちが新たに「スティグマ保持者」に位置づけられたりする。実際、米国のユダヤ人は「スティグマ保持者」の位置から戦後いち早く脱出したが、米国の黒人はその後も長い期間「スティグマ保持者」の枠内に留め置かれた。
　そして、「他と異なる属性」を「恥ずべき特異性」に変換するのは、支配者集団に共有された「優 - 劣」「美 - 醜」「賢 - 愚」「善 - 悪」「正 - 邪」等をめぐるアイデンティティ規範である。たとえば「白い肌」「黒い肌」「黄色い肌」はそれぞれ並列的な「属性」だが、そのうちの「何色の肌」を「恥ずべ

き特異性」とするのは支配者集団の成員に共有されたアイデンティティ規範である。仮に「黄色い肌」が恥ずべき特異性になっているとした場合、「黄色い肌」自体が恥ずべき特異性なのではなく、その属性を「蔑視」する支配者集団の存在とそのパースペクティヴが問題なのである。それはちょうど、関東地方でいえば「東京弁」「神奈川弁」「埼玉弁」「千葉弁」「群馬弁」「栃木弁」「茨城弁」、近畿地方でいえば「京都弁」「兵庫弁」「大阪弁」「和歌山弁」「奈良弁」「滋賀弁」「三重弁」という方言（regional dialects）が存在するとして、それらの方言間に言語としての「優–劣」は本来ないはずなのに、その地域内で支配的・中心的な地位を占める地域の方言は「かっこいい」「洗練されている」「きれいな」言葉と感じ取られ、周縁とされる地域の方言は「かっこわるい」「粗野な」「汚い」言葉と感じ取られることがあるのと似ている（スティグマとしての方言）。種々の集団間の「差別–被差別」関係、すなわち「見下す–見下される」関係、「嫌悪する–嫌悪される」関係、「怖がる–怖がられる」関係、「排除する–排除される」関係こそが一定の属性に「スティグマ」性を帯びさせる。そして、「スティグマ」を付与された人たちが自らの「他と異なる属性」を「恥ずべき特異性」と捉え「劣等感」を抱くとき、「ノーマル者–スティグマ保持者」の関係は完成する。『スティグマ』の冒頭で「スティグマという用語は、今後、その人の信用を深く毀損する属性を指す用語として使用するが、本当に必要なのは関係を表す用語であって、属性を表す用語ではないということが理解されるべきである」[313]とゴフマンが述べた箇所の意味は、このように理解すべきである。

　そして、こうした「差別的」関係は、程度の差こそあれ、どの社会の、どの時代にも存在するといえるが、それが強まるのは支配者集団が従来の「支配的」地位を失いつつあり、その地位が揺らいでいると感じているときであるように思われる。戦前の米国において「反ユダヤ主義」[314]の風潮が激化したは、次の引用で指摘されているように、WASP という支配者集団が、ユダヤ人移民とその子弟によってその「支配的」地位が脅かされていると感じたからである。

　　こうした状況のなか、1920 年代以後、学園に急速に進出しはじめたユダヤ人学生集団が示した、その勉学への傾倒ぶりと教育を手段に社会的上昇をめざ

す生き方は、ネイティブ白人プロテスタント系学生集団の側に、強い排斥感情を抱かせる要因になった。何故なら、ユダヤ人学生はこれまで、学内で歓迎されることのなかった競争原理を持ち込んだばかりか、彼らが成し遂げたアカデミック・サクセス——優秀な成績を収め、奨学金を得ること——は、プレップ・スクール出身者たちの生活様式に対して暗黙のうちに異議を唱えていることに等しく、その伝統的価値観を脅かすことになったからである。

　その結果、一般学生側の排斥感情が、各大学内にいわば必然的に醸成されていったのだった。[315]

　この点を踏まえれば、スティグマの社会的機能についてゴフマンが指摘した次の箇所から、集団的な防衛措置としての「〔ある集団に〕スティグマを付与する措置（stigamatization）」という論点を導き出すことは、それほど難しくはない。

　　一定の人種集団、宗教集団、民族集団に属する人たちにスティグマを付与する措置は、競争の経路からこうしたマイノリティ集団の成員を排除する手段として機能したきたことは明白である。[316]

　ゴフマンが述べる結論的部分をさらに読み込めば、こうした制度的機能を担う「スティグマを付与する措置」は、個々の行為主体の次元では、ほとんど意識されない「劣等‐優越コンプレックス」として現れ、作動するといえる。「劣等感」と「優越感」は表裏の関係にあり、「優越」意識は「劣等」意識の裏返しとして発現するという意味で、単に「劣等コンプレックス」ではなく、「劣等‐優越コンプレックス」と捉えたほうが適切である。「ノーマル者‐スティグマ保持者」の区分を強く意識し肯定する人はどんな人なのかを考えてみればよい。実質的に「勝る者」である人はことさらに特定の集団を「劣る者」と見なし貶（おとし）める必要はない。この貶めの操作を必要とする人は、特定の外集団を「劣る者」と見なし貶めることによって、内集団の諸個人の「差異」が一時的に消去され、等しく「勝る者」として（幻想上）位置づけられることを欲する人である。たとえば、特定の外国人や国内のマイノリティ集団を「劣る者」「邪悪な者」と見なし貶めれば、実際は自分のほうが

「惨めな」境遇であったとしても、同じ自国民（日本人など）や自集団（WASPなど）として等しく「勝る者」「善良な者」に位置づけられ、幻想上であっても「優越感」を味わうことができる。その意味で、「スティグマ保持者」を最も必要とするのは、「ノーマル者」であることを最も強く渇望する者、すなわち「ノーマル者」であろうとする「ノーマル者」でない者だといえる。

　ゴフマンは先に引用した結論部分の末尾で「ある点でスティグマ保持者である人が、別の点でスティグマ保持者である人に対して、ノーマル者たちが抱く偏見を明確な形で示すことがある」と書いているが、ある場面で「劣る者」扱いされた人が別の場面で他の人を「劣る者」扱いする措置＝自分を「勝る者」に位置づける措置は、そこかしこに存在している。近年話題になっている「マンスプレイニング（mansplaining）[318]」もその一形態といえるだろう。"man"（男性）と "splaining"［＝explaining（説明すること）］の合成語である "mansplaining" は、「女性がその話題について知識がないと〔男性が勝手に〕想定して偉そうな態度で女性に何事かを説明すること[319]」を指す。この行為は「男性 – 女性」＝「知識で勝る者 – 知識で劣る者」の図式（パースペクティヴ）を局所的に実現しようとする男性たちの無意識的な日常の振る舞い[320]であるが、そのように振る舞う男性たちはおそらく他の場面では「劣る者」として扱われている。

　ゴフマンは、（割愛したChapter Vも含めて）「スティグマ」問題の「解決策」を提示していない。おそらくそれは、自分のスティグマを恥じて「ノーマル者になる」適応方略を採用する「解決策」も、自らの属性・経歴の「スティグマ」性を否定し「私はノーマルだ」と異議申し立てをおこなう「解決策」も、「ノーマル者 – スティグマ保持者」の図式に搦め取られていることに彼が気づいていたからではないだろうか。「スティグマ保持者」の地位に追いやられていた人たちが一連の運動の結果、新しく「ノーマル者」の地位に就いたときに、新たなノーマル者の「ノーマル」性を認めない人を「差別主義者」として「スティグマ保持者」の地位に追いやる可能性がないとはいえない。「ノーマル者 – スティグマ保持者」の図式には、このような「始末の悪さ」がつきまとう[321]。

　スティグマ保持者への従来型の忌避・差別・排除がいまだに広範に残存し

ている現代日本において、ゴフマンの『スティグマ』はもっと読まれて活用
されるべきである。この著書の最大の成果は、「スティグマ」現象が（単な
る観念でも堅牢な制度でもなく）個々の対人場面でリアルな力をもって作動
する観念−行為システムであると捉え、対面的相互行為場面の多様な形式を
微細なところまで描出して、それらに名前を与えたことである。そうだとす
れば、『スティグマ』を読んだ私たちが次にすべきことは、まだ誰も気づい
ていない「優−劣」「美−醜」「賢−愚」「善−悪」「正−邪」等の図式とそれ
らを局所的に実現する微細な対面的相互行為場面を描き出し、それらにマン
スプレイニングのような新たな名称を付与していくことではないだろうか。
その意味で、『スティグマ——現代日本編』という著書はまだ完成していな
い。

注［第2章　『スティグマ』を読む］

［1.「Chapter I.　スティグマと社会的アイデンティティ」を読む］
1　ST: 1＝訳 13。
2　ST: 2＝訳 14。
3　ST: 2＝訳 14。
4　ST: 2＝訳 14。
5　現在の邦訳では "a *virtual* social identity" を「対他的な社会的アイデンティティ」と訳して
　いるが、筆者は訳語として「見かけの社会的アイデンティティ」を提案する。筆者はこの訳
　語を物理学用語「見かけの質量（virtual mass）」（「仮想質量」とも訳される）から着想した。
　見かけの質量とは「物体が流体中を運動するとき、周囲の流体も同時に動くため、真空中に
　おける運動に比べて増加する見かけ上の質量」（『デジタル大辞泉』）を指す。純粋にその物体
　そのものの質量ではなく、実際にその物体が液体・気体の中を移動するときの実質的な質量
　を指している。ただし、物理学で「見かけの質量」と「仮想質量」が互換的に使われている
　点から「仮想の社会的アイデンティティ」と訳してよいかというと、この訳語では原義を適
　切には伝えない。virtual と同語源の virtue に「効力」「効き目」の意味があり、virtual に "the
　virtual head of a univeristy"（ある大学の事実上［実質上］の学長）などの用法があるので、
　virtual は「実質的に○○の働きをする」「○○として通用する」という意味を担っている。
　「見かけの社会的アイデンティティ」とは、「そうした人物」として通り、「そうした人物」で
　あることに何の疑いも差し挟まれない状態における属性を指すものとする。なお、「見かけの
　社会的アイデンティティ」の訳語の着想に際しては、北海道教育大学札幌校で 2018 年におこ
　なった「社会学特講」の受講生の発言にヒントを得ている。
6　"a virtual social identity" に「見かけの社会的アイデンティティ」の訳語を充てることに対
　応して、筆者は "a *actual* social identity" の訳語に（現在の邦訳の「即自的な社会的アイデン

ティティ」ではなく）「本来の社会的アイデンティティ」を充てることを提案する。物理学で
「見かけの質量」と対比されるのが「本来の質量」であることに起因する。ヘーゲル哲学の用
語「即自（an sich）」は他のものと無関係にそのもの自体で存在する状態を指す。サルトル哲
学の用語「即自（en soi）」は意識をもたず自由もない事物の在り方を指し、人間の意識の在
り方を表す「対自（pour soi）」と対比される。ゴフマンがそうした哲学的背景を意識してい
ないのは、原語を見ても明らかである。

7 「見かけの社会的アイデンティティ」と「本来の社会的アイデンティティ」は、ゴフマンの
最初の著書『日常生活における自己呈示』における「役柄（a character）」と「パフォーマー
（a performer）」の関係にきわめて類似している（本書第1章の2の(1)）。「越後のちりめん問
屋のご隠居・光右衛門」という「役柄」を演じるのが「先の副将軍・水戸光圀公」という
「パフォーマー」である。ただし、ここで筆者が挙げた時代劇TVドラマ『水戸黄門』では、
「越後のちりめん問屋のご隠居・光右衛門」と「先の副将軍・水戸光圀公」はともに劇中の
「役柄」なので、この対比関係に完全には合致しない。『水戸黄門』が現実世界で起こってい
るという思考上の変換が必要となる。

8 ST: 3＝訳16。

9 なぜ「特殊な食い違い」なのかというと、見かけの社会的アイデンティティと本来の社会
的アイデンティティが食い違うケースには、たとえば時代劇TVドラマ『水戸黄門』におい
て見かけの社会的アイデンティティが「越後のちりめん問屋のご隠居」（＝低い地位）だと思
われていた人物の本来の社会的アイデンティティが「天下の副将軍」（＝きわめて高い地位）
だったことが判明するケースなども含まれているからである。この事例では「スティグマ」
の逆の事態、すなわち「信用を高める」事態が発生する。

10 昨今の「LGBTQ」をめぐる世論の動向から「同性愛」「両性愛」の人や「トランスジェン
ダー」の人を許容する人々が徐々に増え、こうした性的指向を「スティグマ」と見なす風潮
は弱まりつつある。だが、それでもなお、「小児性愛」「性的マゾヒズム」「フェティシズム」
などは特異な「性嗜好」とされ、そうした性嗜好者に対する一般の人々の嫌悪感は強いと思
われる。たとえば米国の陰謀論信者集団「Qアノン」のメンバーが行っている根拠のない攻
撃発言の中に「ハリウッドのセレブや投資家のジョージ・ソロスは小児性愛者」（『朝日新
聞』2022年2月15日付）といったものがあるが、「小児性愛者」が現代米国で「スティグ
マ」であることだけはこの発言から読み取れる。

11 ただ、「見かけの社会的アイデンティティと本来の社会的アイデンティティとの特殊な食
い違い」という表現には、もう1つの解釈の可能性もある。見かけの社会的アイデンティ
ティの相で「ノーマルでない」と周囲の人たちに見なされる人が本来の社会的アイデンティ
ティの相に隠れていた「ノーマルな」側面に気づく事態を指しているという解釈である。し
かし、こうした事態は「事情通の人たち」の間で起こるものであり、むしろ「スティグマの
消滅」を指すことになるので、「スティグマ」を主語にした文には適合しない。

12 ST: 3＝訳15-6。この引用文中にある「そうした属性がもつ信用を失わせる効果」の傍線部
の原語は "discrediting" である。現在の邦訳ではこの語に「人の信頼／面目を失わせる」の訳
語が充てられているが、「信頼」ではなく「信用」とすべきである。「信用（credit）」は、「多
くの人から得られた、『信用①』に値するという評価」（『新明解国語辞典』）とあるように、
その人に対する世間一般の評価という意味合いが強い。また、「それまでの言動や業績から、
信頼できるものとして認めること」（『明鏡国語辞典』）との記述もあり、「業績」に基づくと
いうニュアンスもある。一方、「信頼（trust）」は「その人やものが、疑う余地なくいざとい

う時に頼る（判断の拠りどころとする）ことができると信じて、全面的に依拠しようとする気持ちをいだくこと。また、その気持ち」（『新明解国語辞典』）とあり、個人と個人との間で成立する評価という意味合いがある。「信用を失う」と述べる場合、『多くの人から』という言外の意味が想定されるのに対して、「信頼を失う」と述べる場合、『誰かから』という言外の意味が想定される。たとえば「彼の社会的信用は失われたが、私と彼との信頼関係は変わらなかった」の文は自然に受け入れられるが、この文で「信用」と「信頼」を入れ替えると日本語としては不自然になる。

13　ザイデル 2015: 12。

14　ハンセン病は「らい菌」が原因の感染症である。おもに皮膚や末梢神経に症状が現れる。眼、耳鼻咽喉などの粘膜や、一部の内臓に障害をおこすこともある。1873 年にノルウェーの医師アルマウェル・ハンセンにより発見された。感染してから発症するまでは数年から数十年かかることもある。症状はいくつかに分類されるが、皮膚に多様な形状の発疹の出現したり、痛みや温度が感じにくくなったり、筋力の低下が起きたりする。毎年新たに発症する人は少なく、現在はハンセン病治療薬を使用すれば治すことができる。

15　『朝日新聞』2019 年 6 月 26 日付。

16　内田 2002: 56-7。本書第 1 章の 1 の (1) の b) を参照のこと。

17　ST: 3＝訳 16。

18　ST: 32＝訳 61。

19　ST: 4＝訳 18。

20　現在の邦訳では「すでに信頼を失った者」となっているが、本章の注 12 で述べたように、この場合はまず「信用を失った者」と訳すべきだと筆者は考える。ただ、この場合、「信用」を失ったかどうかが問題ではなく、「スティグマ」が発覚ないし顕在化しているか否かが問題なので、本書では「スティグマ顕在者」の訳語を充てることとする。

21　ST: 4＝訳 18。

22　ST: 4＝訳 18。現在の邦訳では「信頼を失う事情のある者」となっているが、本章の注 20 と同じ理由で「信用を失いかねない者」に代えて「スティグマ潜在者」の訳語を充てる。

23　ST: 4＝訳 18。

24　ST: 42＝訳 80。

25　ST: 42＝訳 80。

26　ST: 4＝訳 18-9。

27　戦前の北米における反ユダヤ主義の動向に関しては、佐藤（2000）および薄井（2018）を参照のこと。

28　ST: 5＝訳 19。原語の “a normal” は、障害者に対する「健常者」、異常とされる人に対する「正常な人」、奇怪だとされる人に対する「まともな人」、穢れているとされる人に対する「清浄な人」などを全て含意する語である。これら全ての語義を 1 語で表す日本語が存在していないので、原語のカタカナ表記で「ノーマル者」とした。ただ、現在の邦訳で採用されている訳語「常人」は、あまり適訳だとはいえない。常人は「常人には理解しがたい」「常人の及ぶところではない」という形で使われることが多く、より上のレベルの人からみて「普通一般の人」「並の人」のニュアンスがあるからである。

29　『スティグマ』の叙述では「今問題になっている特定の期待からマイナス方向に逸脱していない人たち」（ST: 5＝訳 19）となっている。実質的な意味を取って、このように書き換えた。

30 単純性血管腫は、皮膚の真皮浅層での血管の発育異常や、毛細血管の拡張など血管異常により生じる疾患である。境界の明瞭な紅斑［赤アザ］が出生時から存在し、終生持続し加齢に伴って色調が濃くなったり、顔面では肥厚し隆起することもある。顔が非対称になることがあり、見た目で悩む患者も多くいる。

31 以下、この女性も含め、単純性血管腫のために顔に赤アザがある女性4名の事例を複数回引用する。同一人物の事例であるかどうかが重要なわけではないが、混乱を避けるために、このケースのみ「女性A」「女性B」「女性C」「女性D」と表記する。

32 石井他 2001: 21。

33 松岡 2021: 99。

34 ST: 5＝訳 19。

35 メノー派教徒は、16世紀にオランダの宗教改革者メノー・シモンズ（Menno Simons）が創始したキリスト教の再洗礼派の一派で、のちに北米に広まった。幼児洗礼・公職就任・兵役の拒否や徹底的な無抵抗主義・平和主義で知られ、伝統的な反近代的生活態度を守って生活している。

36 ST: 12＝訳 30。

37 現在の邦訳では「社会学における根源的な状況」（ST: 13＝訳 32）と訳されていて、原語の“primal scene”がジークムント・フロイト（Sigmund Freud）の用語「原光景」であることが全く反映されていない。精神分析でいう「原光景」とは、「子供が実際に観察したり、いくつかの手掛かりから推測したり、また想像したりした両親の性関係の光景のこと」（ラプランシュ&ポンタリス 1977: 102）を指す。

38 ST: 13＝訳 32。

39 ST: 16＝訳 37。

40 ST: 17＝訳 38。

41 石井他 2001: 65。

42 ST: 18＝訳 41。現在の邦訳では「人間でないもの」と訳されている。「存在しない人‐扱い（“non-person” treatment）」はゴフマン社会学のキーワードの1つである。

43 ST: 20＝訳 43。

44 ST: 19＝訳 43。

45 ST: 20＝訳 43。

46 円形脱毛症は、頭髪が部分的に抜け落ち、円形の脱毛斑ができる疾患である。脱毛が頭部全体に及んだり、眉毛・体毛などが抜け落ちたりすることもある。精神的ストレスが原因と考えられてきたが、現在では自己免疫が原因と考えられている。自然治癒することもある一方で、治療が必要な場合もある。治療法として、塗り薬や飲み薬の使用、ステロイド局所注射や局所免疫療法などがある。

47 外川 2020: 22。

48 「犯罪加害者の家族」の自助グループが存在しないとか、その必要性がないとかいっているのではない。ただ、「犯罪被害者の家族」と比べた場合、犯罪加害者の家族が連帯して自助グループを形成するのには種々の困難が伴うということをここでは指摘している。犯罪加害者の家族への支援の必要性や実際の事例については、阿部（2015）を参照のこと。

49 小林 2016: 87。正しくは『哲学事典』で、初版は1971年発行である。

50 小林 2016: 175。初版は1986年発行である。

51 小林 2016: 83。口唇口蓋裂の差別的な表現である「兎口」が訳語として邦訳『ハリー・ポッ

ターと秘密の部屋』で使われていることに対して、口唇・口蓋裂友の会から公立図書館宛に当該箇所の削除前の版（初版 65 刷まで）の提供に「配慮を」と依頼した。発行元の静山社は該当箇所を 66 刷から削除し、圧倒的に多くの図書館がこの削除後の版に買い替えた。邦訳者は無自覚で差別用語を使ったわけではなく、「軽薄な人間の軽薄なセリフとして差別用語が使われている」と解釈して、原文の原語 "harelip" を語義通りに訳したという。

52 ST: 28＝訳 55。

53 ST: 30＝訳 59。

54 ST: 31＝訳 59。

55 ST: 30＝訳 59。

56 張江 2018: 146。

57 Hughes [1937]1958: 63。

58 ST: 32＝訳 61。"moral career" の "moral" には「道徳上の」という語義のほかに「精神的な」「心の」という意味もあるので、現在の邦訳で採用されている「精神的経歴」の訳語でも悪くはないと筆者は考える。ただ、「精神的」と限定することに若干躊躇を覚える点と、「キャリア」の語を活かすべきだと考える点から、「モラル・キャリア」の訳語を充てる。

59 AS: 128＝訳 132。

60 AS: 127＝訳 132。

61 ST: 32＝訳 61。

62 ST: 33＝訳 63。

63 アルビノ（albino）は、メラニン色素の合成に関わる遺伝性の疾患である。全身性白皮症、眼皮白皮症などの症状として現れる。出生時より全身の皮膚は白色調に、頭髪は白から茶褐色や銀色になり、眼には虹彩低色素がみられる。視力低下や免疫不全、神経症状などの合併症を伴う場合もある。好奇の目にさらされたり、民間信仰の対象にされ生命を脅かされることもあった。現在のところ、根本的な治療法は確立していない。

64 外川 2020: 28。

65 ST: 33＝訳 63。

66 海綿状血管腫は、異常な静脈血管が増えて、皮膚の下で塊状やとぐろを巻いたような状態になる疾患である。皮膚のすぐ浅い場所から筋肉内に入り込んで形成されることもある。色は皮膚と同じ色から淡い赤紫色・青紫色まである。また、皮膚と同じ高さから半球状に隆起することもある。出生時から認められ、自然に治ることはない。見た目で悩みを抱える患者が多い。

67 藤井 2003: 37-8。

68 筆者の考えでは、ゴフマンが「ユダヤ人」としての「スティグマの学習」を経験したのはマニトバ大学の在学中だったのではないかと推測している。薄井（2018）を参照のこと。

69 石井他 2001: 90。

70 ST: 35＝訳 66-7。

71 「スティグマの学習」の第 4 のパターンとして、たとえばシオニズム運動の創始者テオドール・ヘルツル（Theodor Herzl）のケースを想定すればよいのだろうか。オーストリア＝ハンガリー帝国ブダペストの裕福なユダヤ人家庭に生まれ育ったヘルツルは、当初、西欧への「同化」がユダヤ人問題を解決する道だと信じていた。後にジャーナリストとなったヘルツルは、34 歳のときにフランスで起こったドレフュス事件をパリで取材して、ユダヤ人が排斥されている現実に衝撃を受け、ユダヤ人が独自の民族として国家を建設することがユダヤ人問

題を解決する唯一の道だと考えを変えた。

72 現在の邦訳では「両価的感情」と訳されている。"ambivalence" は S・フロイトの精神分析の用語で、一般に「両価性」と訳されるか、ドイツ語でそのまま「アンビヴァレンツ」として使われる。意味は「同一の対象への関係に、相反する傾向、態度および感情、とくに愛と憎しみが同時に存在すること」（ラプランシュ＆ポンタリス『精神分析用語辞典』）である。

73 ST: 38＝訳 70。

74 ST: 38＝訳 71。

75 ゴフマンが高等学校時代にユダヤ教とは距離をとり、ユダヤ人生徒が通っていた「放課後のユダヤ人学級」にも参加していなかったという情報がある（Winkin 2010: 57）。

76 ゴフマンの息子トムは「〔父が〕18 歳のとき家族との関係を断った」（Shalin 2014: 13）という情報を伝えている。

77 ゴフマンの高等学校時代と大学時代にはユダヤ人とは距離をとる姿勢が目立った一方で、シカゴ大学以降はユダヤ人と親密な付き合いが顕著になったという点でも、彼の人生行路はこの「帰属意識のサイクル」に当てはまっていると考えられる。

[2. 「Chapter II. 情報コントロールと個人アイデンティティ」を読む]

78 原文は "The Discredited and the Discreditable" なので、そのまま日本語に訳せば「信用を失った者と信用を失いかねない者」となるが、「信用を失った」かどうかが問題なのではなく、「スティグマ」が露見しているか露見していないかが問題なので、「スティグマ顕在者／スティグマ潜在者」とした。

79 ST: 42＝訳 79。

80 ST: 42＝訳 79。

81 ST: 43＝訳 81-2。

82 ST: 43＝訳 81。

83 ST: 43＝訳 82。現在の邦訳では「世評のシンボル」と訳されているが、原語の "prestige symbol" の "prestige" は普通に「威光と信望」を意味する「威信」という訳語でよいと思うので「威信のシンボル」とする。「職業威信（occupational prestige）」の「威信」である。

84 ST: 43＝訳 82。

85 ST: 44＝訳 83。

86 ST: 43＝訳 82。

87 ST: 43-4＝訳 82-3。

88 「シーク教徒」ともいう。シク教徒は、15 世紀末にナーナク（Nānak）がヒンドゥー教にイスラム教を取り入れて創始した宗教で、インドのパンジャーブ地方を中心に勢力をもっている。唯一神を信仰していて偶像崇拝を禁止し、カースト制度を否定する。

89 この例は筆者が挿入したものである。『スティグマ』では「烙印とか肢体の切断」（ST: 46＝訳 86）となっているが、日本では（死罪を除く）罪人に対して「烙印」や「肢体の切断」がなされることは一般的ではなかったようだ。中世に窃盗や博打賭博を犯した者に対し劓刑［鼻削ぎ刑］が科せられたほか、江戸初期には追放刑の付加刑として劓刑が科せられたことはあったようだが、寛永年間以降、罪人の腕に 2 本線の入れ墨を彫るなどの入れ墨刑に置き換えられたという。

90 ST: 47＝訳 87。

91 身体疾患のうち「糖尿病」には軽度のスティグマが刻印される傾向がある。南（2020）な

どを参照のこと。

92　本章の注 14 を参照のこと。元ハンセン病患者（回復者）の中には見た目の特異性が残ってしまう人たちがいる。次の説明を参照のこと。

> ハンセン病は早期に治療を開始すれば障害を残さず治すことができますが、治療薬がなかった時代に疾患が進行してしまった人や、治療の開始が遅れてしまった人には後遺症がみられます。知覚麻痺や運動障害といったハンセン病そのものによって生じた障害のほか、手足の指を切断しているケースがあります。これは、知覚麻痺のある人は傷をおっても痛みを感じないので、手当をしなかったり傷そのものに気づかなかったりするためです。その結果、傷が悪化して切断せざるを得なくなってしまうことがあります。
> （国立ハンセン病資料館 HP「ハンセン病について」から）

93　ST: 49＝訳 90。

94　ST: 49＝訳 90。

95　ST: 49＝訳 90。現在の邦訳では「目立つこと」となっているが、原語の "obtrusive" は「突出した」「出しゃばりの」「けばけばしい」という語義をもっているので、単に「目立つ」ではなく「ひどく目立つ」としたほうが適訳になると筆者は考える。

96　構音障害には、構音器官に損傷や病変がある場合やその運動を制御する神経・筋肉系に病変がある場合、聴覚障害により他の人や自分の声を聞き取ることが困難なため正しい発音ができない場合など、種々の様態がある。話すスピードが遅くなったり、うまく抑揚がつかなかったりするほか、小声または大声になることもある。

97　ゴフマンは明示していないが、おそらくこの事例は米国第 32 代大統領のフランクリン・D・ローズヴェルト（Franklin Delano Roosevelt）が、39 歳のときに罹患したポリオ［急性灰白髄炎］が原因で以後車椅子生活を余儀なくされ、彼の大統領任期中は車椅子で執務をこなしたことを指している。

98　ST: 49＝訳 91。ただし、『スティグマ』全体の記述を読むと、3 番目の「知覚された焦点」と 2 番目の「ひどく目立つこと」との違いがないように思われる。実質的に両者は 1 つのことを述べていると見なして問題ないと筆者は考える。このように理論的な詰めが不十分な箇所が『スティグマ』には散見される。

99　『スティグマ』では「醜貌（ugliness）」としか書かれていない。このあたりの叙述を理解しやすくするためにあえて鮮烈な例を挙げている。

100　ST: 50＝訳 92。

101　石井他 2001: 38-9。

102　以前は「色盲」「色覚異常」「色弱」といった呼称が用いられていたが、どの用語も差別的な意味合いがあるため、現在では「色覚特性」「色覚多様性」と呼ぶようになっている。

103　「スリ眼」という語が実際に警察内部で使われているかどうかは、警察組織内部に入り込まないかぎりわからない。筆者は三沢（2010）を参考にした。

104　砂川 2018: 27。

105　池谷 2017: 7-8。

106　ST: 51＝訳 93。"personal identity" を「個人アイデンティティ」と訳すべきであって、「個人的アイデンティティ」と訳すべきでないのは、現代日本で普通に使われている「個人情報（personal information）」を「個人的情報」と呼ばないのと同じ理由による。「個人情報」とは「氏名、生年月日その他の記述等（中略）により特定の個人を識別することができるもの」

（「個人情報の保護に関する法律」第2条）を指すほか、マイナンバーや学生番号のような「個人識別符号」も指す。ゴフマンのいう「個人アイデンティティ」と「個人情報」とは重なる部分が少なくない。

107　ST: 51＝訳 93。

108　"*What is she ?*" という疑問文に対しては、「職業」「肩書き」「身分・社会的地位」「性格・人柄」を答えるのが一般的だとされる。"What is she ?"—"She is an actress."（彼女は女優です）、"She is an inductee of Canada's Walk of Fame."（彼女はカナダのウォーク・オヴ・フェイムに名前が刻印された人です）、"She is a brilliant person."（彼女は才気あふれる人です）など。

109　"*Who is she ?*" という疑問文に対しては、「名前」「素性」「続柄」を答えるのが一般的だとされる。"Who is she ?"—"She is Frances Bay."（彼女はフランセス・ベイです）、"She is Erving's sister."（彼女はアーヴィングの姉です）など。もちろん、個人アイデンティティはこれらの情報だけから構成されるものではないが、社会的アイデンティティとの違いを理解する上では便利な考え方である。

110　ST: 56＝訳 100。

111　日常生活では「顔は覚えているが、名前が思い出せない」という事態はよく起こるのに対して、「名前は覚えているが、顔が思い出せない」といった事態はあまり起こらないという事実から、個人アイデンティティの「確然たる標識」としての働きは「写真的映像」のほうが「氏名」よりも上のように思われる。しかし、「顔は覚えているが、名前が思い出せない」場合でも、「名前」を思い出して初めて「誰だかわかった」と感じるので、「写真的映像」と「氏名」が「確然たる標識」で最重要であることは間違いないだろう。一方、歴史上の人物のような場合、「氏名」だけがあるだけでも、すなわち「写真的映像」を伴わなくても、その人物の個人アイデンティティを構築することはできる。たとえば、イスラム教の預言者「ムハンマド［マホメット］」の肖像画は残されていないので写真的映像は思い浮かばないかもしれないが、彼の個人アイデンティティは構築できる。

112　「声」から「ほかならぬその人であること」が判別できると語られることがある。一面で妥当なように思われるが、昨今の「オレオレ詐欺」にみられるように、「声」が「確然たる標識」の働きをしていない事例も見受けられる。ただし、「声紋鑑定」にまでかけられれば、「声」は「確然たる標識」になる。

113　「指紋」は個人アイデンティティを同定する確然たる指標としてスマートフォンの「指紋認証」などで日常的に用いられているが、対面的相互行為においてはそうした働きはしない。

114　ST: 56＝訳 100。

115　ST: 56＝訳 101。

116　「性別」は、ゴフマンの分類では「社会的アイデンティティ」に属する。

117　ロバート・K・マートンは戦後の米国を代表する社会学者の1人で、タルコット・パーソンズ（Talcott Parsons）の社会システム論を精緻化したことで知られる。コロンビア大学等の教授を務めた。「自己成就的予言」の概念、「潜在的機能」の概念、「準拠集団」理論、「中範囲の理論」といった重要な理論的貢献があり、主著に『社会理論と社会構造』などがある。

118　佐藤 2011: 224-9。

119　米国の映画俳優トニー・カーチスは、ハンガリー系ユダヤ人米国移民の2世で、1925年にニューヨーク市のブロンクスで生まれた。マリリン・モンロー、ジャック・レモンと共演したコメディ映画『お熱いのがお好き』（1959年公開）やカーク・ダグラスと共演した映画『スパルタカス』（1960年公開）などで知られる。

120 米国の映画俳優・映画プロデューサーのカーク・ダグラスは、ベラルーシ出身の移民の両親のもと、1916 年にニューヨーク州のアムステルダムで生まれた。映画『チャンピオン』（1949 年公開）でアカデミー主演男優賞に初ノミネートされて以降、何度か同賞にノミネートされている。主演作『スパルタカス』では製作総指揮を務めた。息子のマイケル・ダグラス（Michael Douglas）も映画俳優・映画プロデューサーである。

121 シルバーマン 1988: 68。

122 ST: 59＝訳 107。

123 この記述は、次の節「生活誌」の箇所にある。「生活誌」という小見出しに収まらない内容なので、ここに組み込んだ。『スティグマ』には、このように、小見出しと叙述内容が必ずしも一致していなかったり、議論の道筋に適合しない叙述が現れる箇所がある。

124 ST: 63＝訳 112。現在の邦訳では「個人的事実を歪曲して呈示すること」と訳されていて、「個人アイデンティティ」との関連性がわかりにくい。

125 ST: 63＝訳 112。同様に、現在の邦訳では「社会的事実を歪曲して呈示すること」となっていて、「社会的アイデンティティ」との関連性が見いだしにくい訳語になっている。

126 この「生活誌」の節は、「生活誌」とは直接関連しない話題が頻繁に登場するため、『スティグマ』の叙述を削除したり、叙述の順番を入れ替えたり、前後の節・章から必要な箇所をもってくるなどして、大きく叙述内容を変えている。

127 ST: 106＝訳 179-80。

128 ST: 62＝訳 110。

129 ST: 63＝訳 111。

130 1 人の個人に割り振られる 1 つの生活誌の中の情報が相互に連結し合っているといっても、ある情報と別の情報との連想の強さは同じではない。それについて述べているのが、次のパラグラフで述べられている「情報の連結度（informational connectedness）」の問題である。この連結度の違いは、ある人に関する新聞の死亡記事に掲載されるような内容の中から任意の 2 つの項目を選んで、一方の項目を知っている人が他方の項目を知っている頻度を測定することによって確定することが可能である。

131 ST: 63＝訳 111。

132 ST: 63＝訳 111。「オーディエンス分離」は、ゴフマンの最初の著書『日常生活における自己呈示』にも登場する、ゴフマン社会学のキーワードの 1 つである。

133 ST: 65＝訳 115。

134 自分が「誰」か他人に知られない匿名状況に置かれた心理状態を社会心理学者フィリップ・G・ジンバルドー（Phillip G. Zimbardo）は「没個性化（deindividuation）」と呼び、こうした心理状態では社会規範の拘束力が弱まるため、無責任な行動や衝動的な行動が起こりやすいと指摘した。

135 ST: 65＝訳 115。

136 被差別部落とは、「1871 年 8 月の〈太政官布告（解放令）〉によって平民に編入されたにもかかわらず、その後も賤視され、職業、婚姻などに関わる様々な社会的差別を受け続けてきた地域」（『百科事典マイペディア』）のことを指す。2016 年 12 月に「部落差別の解消の推進に関する法律」（部落差別解消推進法）が成立し施行されたことからもわかるように、「被差別部落」出身の人たちに対する社会的差別は、依然として解消されていない。1993 年に発表された総務庁（当時）の「同和地区実態把握等調査　平成 5 年度」によると「同和地区」［ほぼ被差別部落に当たる行政用語］が全国に 4,533 か所あったとされる。「被差別部落」問

題全般に関しては、角岡（2005）・黒川（2011）・小早川（2018）を参照のこと。

137　若宮　1988: 43。

138　若宮　1988: 41。

139　ST: 43＝訳 81-2。

140　ザイデル　2015: 9-10。

141　石井他　2001: 84。

142　アウティング（outing）は、もともと英語の俗語で「特に有名人・公人がホモ［レズ］または bisexual であることを別の同性愛者が暴露すること」（『リーダーズ英和辞典』）を意味してきた。現在は、有名人・公人に限らず、「その人が性的マイノリティーであることを、本人の了解を得ずに言い広めること」（『デジタル大辞泉』）を指す。「アウティング」問題に関しては、松岡（2021）を参照のこと。

143　現在の邦訳では「生活誌上の他人」となっているが、「他人」という訳語は不適切である。ここで使われている "others" はニュートラルな意味での「他者」、すなわち「見ず知らずの他人」だけでなく「よく知っている家族・知人」をも含む「自分以外の人々」を指すと理解すべきだからである。

144　ST: 66＝訳 116。

145　ST: 66＝訳 116-7。

146　ST: 67＝訳 118。

147　ST: 68＝訳 119。

148　大谷翔平は、岩手県奥州市出身の元北海道日本ハムファイターズの野球選手で、2018 年シーズンから米国のメジャーリーグで活躍している。

149　ST: 67＝訳 118。

150　ST: 68＝訳 119。

151　ST: 68＝訳 119。

152　ST: 68＝訳 120。現在の邦訳では「知名」となっているが、「有名」または「有名であること」でよいだろう。「知名」は現在「知名度」ぐらいでしか使われない。

153　ST: 68＝訳 120。

154　ST: 69＝訳 121。

155　勝間　2012: 43。

156　ST: 69＝訳 122。

157　清原　2020: 49。

158　ST: 69＝訳 121。

159　原著で使われている動詞 "pass" に現在の邦訳では「越境する」の訳語が、名詞 "passing" に「越境」か「パッシング」の訳語がそれぞれ充てられている。カテゴリー上別の集団へ移動しているともいえるから、「越境する」「越境」が誤りとまではいえない。しかし、筆者は動詞 "pass" には「なりすます」の訳語、名詞 "passing" には「なりすまし」の訳語を充てる。戦前から米文学に「なりすまし小説（passing novels）」というジャンルが存在していることがその根拠である。

160　石井他　2001: 82。

161　松岡　2021: 88-9。

162　ST: 75＝訳 130。

163　ST: 75＝訳 130。"blackmail" は現在の邦訳では「脅迫」となっている。日本の刑法では

「脅迫罪」と「恐喝罪」は区別されている。脅迫罪については「第222条 生命、身体、自由、名誉又は財産に対し害を加える旨を告知して人を脅迫した者は、2年以下の懲役又は30万円以下の罰金に処する。／2 親族の生命、身体、自由、名誉又は財産に対し害を加える旨を告知して人を脅迫した者も、前項と同様とする。」と記されている。他方、恐喝罪については「第249条 人を恐喝して財産を交付させた者は、10年以下の懲役に処する。／2 前項の方法により、財産上不法の利益を得、又は他人にこれを得させた者も、同項と同様とする。」と記されている。要するに、行為の内容と害悪の対象によって2つの罪が区別される。脅迫罪は害を加える旨の告知だけで成立するのに対し、恐喝罪は脅迫行為等が財物の交付に向けられているときに成立する。また、脅迫罪で害を加える対象は「子どもに危害を与えるぞ」など本人と親族のみに限定されるのに対して、恐喝罪ではそうした制限がないため「金を払わないと恋人に危害を加えるぞ」と言って脅かした場合、恐喝罪が成立する可能性がある。日常語の「恐喝」「ゆすり（強請）」が「人の弱みにつけこんで金品をおどし取ること」（『明鏡国語辞典』）なので、この場合「恐喝」のほうが適訳だと思われる。

164 ST: 76＝訳 132。

165 松岡 2021: 69-70。

166 ST: 75＝訳 130-1。「すぐに恐喝の根拠として使える出来事・事件を仕組む」といえば、特殊詐欺でよく使われる手口、すなわち、最初の「かけ子」が「老人ホームに入居する権利が当選しましたが、どうしますか。他の方に権利を譲りますか」と言って相手に「権利譲渡（名義貸し）」をさせ、2番目の弁護士を名乗る「かけ子」が「あなた、名義貸しをしましたね。名義貸しは犯罪です。このままでは逮捕され、家族に迷惑がかかります。解決金として50万円を支払ってください」と言って金銭を脅し取るといった手口がそれに該当する。

167 "sextortion" は、"sex"（性）と "extortion"（ぶったくり・ゆすり）の合成語で、「性を利用して金品を巻き上げること」「色仕掛けのぶったくり」を意味する。

168 先の「セクストーション」では、そうした恐喝の被害に遭ったこと自体が「恥ずべき事柄」なので、警察に訴えることを躊躇する人が多いようだ。「恐喝した事実の発覚を避けて恐喝の罪を逃れる」ものであり、その意味で「完璧な恐喝」である。

169 ST: 77＝訳 134。

170 ST: 77＝訳 134。

171 ゴフマンが「単純な二重生活」と呼んでいる事態を「二重の二重生活」と呼ぶべきではないかと筆者は考える。「単純な二重生活［当事者からみた──］」は、むしろ、見かけの社会的アイデンティティと本当の社会的アイデンティティとに乖離があることが当事者たちの中では了解されていて、周囲の相互行為者たちには知られていない事態ではないかということである。本章の注98で述べたように、理論的な詰めが不十分な箇所が『スティグマ』に散見される。

172 同様に、ゴフマンが「二重の二重生活」と呼んでいる事態を「三重の二重生活」と呼ぶべきではないかと筆者は考える。ただ、筆者のいう「三重の二重生活」（ゴフマンのいう「二重の二重生活」）とは、結局、筆者のいう「単純な二重生活」と同じものになる。

173 外川 2020: 9。

174 「失踪」とは「行方をくらますこと」（『広辞苑』）だが、以前の生活圏から全く姿を消す行為であると同時に、全く違う生活圏で全くの別の個人として生きていくことであって、その意味で「［全くの別人への完全な］なりすまし」である。

175 このような「なりすまし」の捉え方は、ゴフマンの『日常生活における自己呈示』で対

面的相互行為を「パフォーマンス」と捉えた視点とほとんど変わらない。本書第1章の2の(1)を参照のこと。

176　平野　2021: 6-7。

177　石井他　2001: 93。

178　ST: 81＝訳 139。

179　ST: 81＝訳 139。現在の邦訳では「公共の場所」と訳されているが、戦後、米国の公共の場（public places）においても黒人に対する隔離政策は南部諸州を中心に平然と行われていたので、あまり適訳とはいえない。「自由・平等な個人によって構成される近代民主主義の社会（civil society）」という建前の世界に生きる「市民」の語を強調すべきである。

180　ST: 81＝訳 139。現在の邦訳では「日蔭の場所」と訳されている。

181　ST: 81＝訳 139。

182　ST: 81＝訳 139。

183　ST: 81＝訳 139。

184　ST: 81＝訳 140。

185　松岡　2021: 57。

186　石井他　2001: 67-8。

187　石井他　2001: 50。

188　石井他　2001: 61。

189　太田母斑［異所性蒙古斑］は、顔面の片側のまぶたから頬にかけてできる、境界が不明瞭な褐青色の色素斑である。多くは生後半年までに現れるが、思春期以降や成人になってから現れることもある。メラニン色素を産生するメラノサイトが増殖することが原因で発症する。基本的に自然消失することはない。

190　井伏　2019: 13-4。

191　山下　2004: 45-6。

192　砂川　2018: 76-7。

193　現在、尿道狭窄症が狭窄のみの場合は基本的に治療可能で、ゴフマンのいうような障害を残すことはほとんどないようだ。

194　ST: 101＝訳 171。

195　現在では結腸切除者が付ける装具が改良され、汚物の洗浄処理をする患者はほとんど見かけなくなったという。人工肛門でいうなら、ガス排出の音が不意に出るのでエレベータに乗るときに緊張することなどが懸念されるということである。

196　潰瘍性大腸炎は、大腸の粘膜に炎症や潰瘍ができる疾患である。食生活・腸内細菌の問題、自己免疫反応の異常、遺伝的因子も発症の原因として考えられているが、決定的な病因は不明である。反復性・持続性のある粘血便や下痢・腹痛・発熱の症状がみられる。

197　外川　2020: 15-6。

198　山下　2004: 17-8。

199　松岡　2021: 87-8。

200　ゾーニング（zoning）は、もともと都市計画で工場地帯・住宅地帯など「目的別に地域を区分すること」を指す言葉だったが、病院の建物を入院病棟と診療部門に分離したり、集合住宅で居住棟と住民コミュニティの施設を区分けして設計することを指すようにもなった。ここで用いられているゾーニングは、「物品・情報・サービスなどの購入や利用を、年齢などで制限すること」（『デジタル大辞泉』）というゾーニングの用法を発展させたものといえる。

201 松岡 2021: 68。

202 山下 2004: 17。

203 外川 2020: 127-8。

204 ST: 101＝訳 171-2。

205 酒井 2010: 189-90。

206 現在の邦訳では「擬装工作」となっているが、この訳語では仰々しすぎるし、「なりすま
し」との違いが不分明になる。原語の "covering" の語義にある「うるさい音を発するものに
毛布・布団などの覆いをかけてその音を鈍らせる［小さくする］こと」がここでの用法に最
も近いだろう。「目立つ色などの調子を落としてあまり目立たなくする」という意味合いで
「和らげ」の語が第一の訳語候補になるが、ゴフマンが挙げている例をみると「部分的覆い隠
し」の訳語のほうが適している箇所もある。後者の訳語を単に「覆い隠し」にしてしまうと
「隠蔽」と区別がつかなくなるので「部分的」は必須である。「目立たなくする操作」といえ
ば正確になるが、この訳語では「なりすまし」との釣り合いが取れない。術語になりにく
い、長いという欠点はあるが、「和らげ」または「部分的覆い隠し」を採用する。原語をその
ままカタカナに直し「カヴァリング」としても語義の曖昧さは解消しない。なお、"covering"
に関する論考として Yoshino (2007) がある。

207 ST: 102＝訳 173。

208 ST: 102＝訳 173。

209 ST: 103＝訳 175。ゴフマンは視覚障害者がサングラスをかける理由をこのように理解して
いるが、まぶしさに極端に弱い「羞明(しゅうめい)」といわれる症状を緩和するために「遮光眼鏡」をか
けることもあることを指摘しておく。

210 ST: 103＝訳 175。

211 ST: 103＝訳 175。

212 ST: 103＝訳 175。

213 『スティグマ』においてゴフマンはこの問題には軽く触れている程度である。この事例お
よび考察は、筆者が挿入し、付け加えたものである。ちなみに、ユダヤ系ドイツ人でベルリ
ンに生まれ、のちに米国に渡って活躍した社会学者ルイス・コーザー (Lewis Coser) は、旧
名ルートヴィヒ・コーヘン (Ludwich Cohen) だった。改名後の名および姓に元の姓名の音を
残している。

[3. 「Chapter III. 集団への軸足の置き方と自我アイデンティティ」を読む]

214 原語の "group alignment" を直訳すれば「集団への軸合わせ」となる。現在の邦訳で充て
られている「集団帰属」でも原義を伝えているが、原語を活かして「集団への軸足の置き
方」とする。

215 ST: 105＝訳 179。

216 ST: 105＝訳 179。

217 ここで叙述している例は『スティグマ』に登場する例ではなく、ゴフマンによるここの
叙述に「米国の社会学者ロバート・キング・マートン（旧名：マイヤー・ロバート・シュコ
ルニク）」のケースを当てはめたものである。

218 ST: 106＝訳 180。

219 ST: 106＝訳 180。

220 ST: 109＝訳 184。

221 ST: 109＝訳 184。

222 ST: 107＝訳 181。

223 佐藤 2000: 163。

224 クラインマン 1996: 213。

225 ST: 107＝訳 181。

226 ウォルター・リップマンはドイツ系ユダヤ人米国移民の 3 世で、米国の著名な評論家・
ジャーナリストである。『ニューヨーク・ヘラルド・トリビューン』紙のコラム「今日と明日
(Today and Tomorrow)」で 1958 年にピューリッツァ賞の特別表彰を、1962 年に同賞の国際
報道部門賞を受賞した。1947 年に論文「冷たい戦争（The Cold War）」を発表して、「冷戦」
の語を一般に広めたことでも知られる。主著に『世論』などがある。

227 シルバーマン 1988: 72-4。

228 ST: 110＝訳 186。英和辞典には "minstrelization" の "minstrel" の語義として「〔中世の〕
吟遊楽人」と記載されているが、この文脈では米国で 19 世紀中頃から流行した大衆芸能「ミ
ンストレル・ショー」の「ミンストレル」を指していると思われる。"minstrelization" はゴフ
マンの造語だと思われ、文脈上、「ミンストレル・ショー化」と訳すのが適切だと考えられ
る。ミンストレル・ショーに関しては、次の記述を参照のこと。

> 白人が顔を黒く塗り、黒人のステレオタイプを演じる芸風はまたたく間に広まり、
> キャラクターもさらに細分化する。野蛮で滑稽な南部黒人奴隷を演じる「ジム・クロ
> ウ」のほかにも、北部の黒人シャレ男をキャラクター化した「ジップ・クーン」、さらに
> 無知で暴力的な黒人を描いた「オールド・ダン・タッカー」など、多くのヴァリエー
> ションが生まれる。「黒人の奇妙な動き」を強調すればするほど「黒人らしさ」はきわだ
> ち、デフォルメされた描写にオーセンティシティが宿る。（大和田 2011: 13-4）

229 ST: 110＝訳 186。

230 ST: 110＝訳 186。ここで「肢体不自由者」と訳した原語は "the crippled" で、現在は差別
度の高い語として英語圏の公的場面では使用が避けられる。日本語に訳せば「びっこ（跛
行）」「あしなえ（跛）」に相当するが、やはり現代日本でも差別語とされる。ただ、「びっ
こ」という差別的な呼称を「足の不自由な方」という「優しい」呼び名に変更しても、彼ら
に対する見方が変化していなければ、事態はほとんど変わっていない可能性がある。

231 現在は「低身長症（short statue）」と医学的でニュートラルな呼称が使われる。ゴフマン
が『スティグマ』で引用している原語 "a dwarf" は、現在では軽蔑的なニュアンスが強い語
とされる。日本語では「小人」「侏儒」に相当する。あえて「小人症」の表現を用いたのは、
1960 年代初頭の米国で彼らに向けられていた軽蔑と畏怖が入り交じったまなざしを理解して
もらうためである。ただ、こうした見方が過去のものになっているかは疑問である。

232 ST: 110＝訳 186。

233 ST: 111＝訳 187。

234 ST: 111＝訳 187。

235 荒井 2020: 44。

236 荒井 2020: 46。

237 杉田 2021: 30。

238 ST: 111＝訳 188。

239 ST: 112＝訳 188。

240 ゴフマンはここでジェームズ・ボールドウィンの具体的な作品名までは挙げていない。邦訳のある『ジョヴァンニの部屋』（白水社）などを想定しているのではないかと思われる。

241 準拠集団（reference group）は、自分の現状評価や行動の基準を提供する集団である。人々が何気なく「みんなが〇〇［望ましい何か］をもっている」「みんな〇〇ができる」「みんなが〇〇になっている」というときの「みんな」が準拠集団であると考えてよい。一般に家族、学校の友人、職場の同僚、近隣住民など身近な人たちが準拠集団になることが多いが、過去に所属していた集団や将来所属したいと思っている集団も準拠集団になり得る。

242 ゴフマンは『スティグマ』の中で「私たちノーマル者（we normals）」といった表現を何度もしている。ゴフマン自身が戦前期に差別を受けた「東欧系ユダヤ人移民2世」だったこと、すなわち「スティグマ保持者だった」ことを考えると、一見これは奇妙である。おそらく、彼は皮肉を込めてこの表現を意図的に用いていると思われる。

243 ST: 113＝訳190。

244 内集団／外集団は、米国の社会学者W・G・サムナー（William G. Sumner）が提唱した概念で、2つの集団概念は対の関係で成立する。このうち、内集団（in-group）は「われわれ集団（we-group）」とも呼ばれ、ある個人が同一視し、「私たち」という共属感情をもち、愛着や忠誠の態度の対象になる集団である。スティグマ保持者の立場からみた「内集団」は「同類の人たち」を指す。

245 外集団（out-group）は「かれら［あいつら］集団（they-group）」とも呼ばれ、競争・対立の相手や敵意の対象になる集団である。スティグマ保持者の立場からみた「外集団」は「ノーマル者たち」を指す。ただし、「外集団に軸足を置く路線」という場合の「外集団」は「ノーマル者たち」を指すが、「ノーマル者たち」を敵意をもって「かれら［あいつら］」と見なすような態度はない。

246 ST: 112＝訳189。原語の "in-group alignments" を直訳すれば「内集団への軸合わせ」となる。現在の邦訳では「内集団への帰属」となっている。

247 「内集団に軸足を置く路線」には多様な運動方針や活動姿勢があるはずなのに、ゴフマンはこの節で「戦闘的な行動方針」についてしか述べていない。1950年代後半から60年前後の米国では、そうした「戦闘的な行動方針」が盛んだったからかもしれない。そうだとしても、この節は英文で2頁と極端に短く（次節「外集団に軸足を置く路線」は英文で9頁である）、記述内容も相対的に乏しく、バランスが非常に悪い。

248 杉田 2021: 20-1。

249 外川 2020: v。

250 ST: 114＝訳191。

251 ST: 114＝訳191。

252 カレル・ヴァン・ウォルフレン『日本／権力構造の謎（上・下）』（早川書房）を指す。

253 小林 2015: 147。

254 ゴフマンのこの指摘は、日本の「部落差別」問題において唱えられる「寝た子を起こすな」論と論旨が似ている。「被差別部落」「部落差別」のことを知らない人［寝た子］にこの問題を知らせたり教えたりしなければ自然にこの問題はなくなっていくだろうから、わざわざ「これが被差別部落だ」「こんな部落差別がある」と言ってこの問題を知らない人［寝た子］に知らせたり教えたりしないほうがよいという考え方である。

255 マレー 2022: 22-3。

256 ST: 114＝訳192。原語の "out-group alignments" を直訳すれば「外集団への軸合わせ」と

なる。現在の邦訳では「外集団への帰属」となっている。

257　自分のスティグマをネタにジョークを言って笑いをとる方法は、「自分は自分のスティグマのことを気にしていない」という表示になり、この表出的意味作用は「役割距離」とかなり似ている。役割距離とは「個人と一般に個人のものだと見なされている役割との間に違いがあることを他人に伝わるよう『効果的に』表出する手法」（EN: 108＝訳 115）である。

258　ST: 119＝訳 200。

259　ST: 120＝訳 202。

260　ST: 121＝訳 202。原文の "to be gentlemanly and not to press their luck" を直訳すれば「紳士的であることと図に乗らないこと」だが、前半部は文脈上の意味をとって「節度を守ること」とした。

261　ST: 121＝訳 202-3。

262　ST: 121＝訳 202。

263　ST: 122＝訳 205。

264　ST: 122＝訳 205。

265　ST: 122-3＝訳 206。

266　これは筆者の表現であって、ゴフマンが用いている表現はない。

267　ST: 123＝訳 206。現在の邦訳では「アイデンティティの政治」となっている。

268　ST: 123＝訳 207。

269　ST: 123＝訳 207。

270　ST: 123＝訳 207。

271　ST: 124＝訳 209。

272　ST: 124＝訳 209。

273　ST: 124＝訳 209。

274　ST: 124＝訳 209。

275　ST: 124＝訳 209。

276　須長 1999: 8-9。

277　「感動ポルノ（inspiration porn）」という語は、自身も障害者で人権活動家であるオーストラリア人のステラ・ヤング（Stella Young）による造語である。ヤングが 2012 年のウェブ・マガジンの記事「私たちはあなたたちの感動のためにいるんじゃない」で初めて使ったとされる。ごく簡単にいえば、感動ポルノとは「性的興奮ではなく、感動をかきたてるためだけに過剰に障害者を利用し、その姿がさらされた作品」（好井 2022: 5-6）のことを指す。

278　好井 2022: 7。

279　好井 2022: 7。

[4.「Chapter IV.　自己とその他者」を読む]

280　ST: 126＝訳 213。

281　ST: 127＝訳 214。

282　この「連続体の思考」の用語は筆者の創案である。

283　ST: 129＝訳 218。

284　ST: 128＝訳 216。

285　ST: 131＝訳 222。現在の邦訳では「逸脱点がある常人」となっている。「ノーマル者と変わらない逸脱者」といった意味だろうが、本書では「ノーマルな逸脱者」とする。

286　ST: 132＝訳 222。

287　本章の注 189 の箇所で引用した、顔半分に青アザがあった女性は、20 代前半のとき数回のレーザー治療を受けて顔の青アザは消えた（井伏 2019: 54-63, 71-73）。

288　「障害をもった自分」という新たな自己像を受け入れていくことをリハビリテーション分野では「障害受容」と呼んでいる。「障害受容へのプロセス」の考え方として、「ショック期→否認期→混乱期→解決への努力期→受容期」という段階論（上田 1996: 184-9）などがある。

289　ST: 133＝訳 222。

290　グリフィン 2006。小説の内容に関しては、本章の注 297 を参照のこと。

291　「白人」に間違えられるほど肌の白い、混血の「黒人」バーニスが、生まれ故郷シカゴを離れ、改名して生まれ変わろうとするが、白人と結婚後、生まれてくる子どもに黒人の特徴が現れることを懸念して離婚し、帰郷する話である。この小説を元にした、小説と同名の映画 *I Passed For White* が 1960 年に公開された。

292　裕福な白人の父親と黒人奴隷の母親との間に生まれた肌の白い黒人男性が音楽家を志望し実業家として成功するまでの人生を匿名の語り手が回顧する形式で語る小説である。

293　サイコドラマ（psychodrama）は、ルーマニア生まれで米国で活躍した精神科医・社会心理学者の J・L・モレノ（Jacob L. Moreno）が創案した集団心理療法で、「心理劇」と翻訳語で呼ばれることもある。クライアントは劇の「主演者［主役］」となり、「補助自我」や「観客」「監督」の助けを借りて、即興劇を通して表現された心理的葛藤などの洞察を深めていく。「役割交代法」「鏡映法」「二重自我法」などの技法も用いられる。ゴフマンがここでサイコドラマを引き合いに出しているのは、人々が異なった種々の役割を即興的かつ自発的に演じられることがサイコドラマによって示されたからだと思う。

294　ST: 134＝訳 225。

295　ST: 135＝訳 227。

296　ST: 136＝訳 227。

297　グリフィン 2006。白人の作家 J・H・グリフィン（John H. Griffin）が内服薬と紫外線照射を用いて自らの肌を黒くして「黒人」になりすまして書いた潜入ルポルタージュである。「黒人」になった彼は、1959 年 11 月初旬からほぼ 6 週間、米国南部のルイジアナ州・ミシシッピ州・テキサス州などを旅していった。そのとき彼が体験した「黒人」に対する白人からの差別と黒人どうしの関係の実態を日記形式で描写している。

298　『紳士協定（*Gentlemen's Agreement*）』は、エリア・カザン（Elia Kazan）監督、グレゴリー・ペック（Gregory Peck）主演の米国の映画で、1947 年に公開された。1947 年度のアカデミー作品賞、監督賞、助演女優賞（Celeste Holm）を受賞した。「紳士協定」とは個人間や団体間で交わされた非公式な決まりのことで、この場合は「ユダヤ人差別」に関する白人たちの非公式な決まりを指す。グレゴリー・ペックが演じるジャーナリストは果敢な挑戦により米国社会の隠れた反ユダヤ感情を暴露する。

299　「WASP［ワスプ］」は、米国の支配階級を構成してきた「英国から初期に米国へ移民した者の子孫である支配的中産階級の白人」（『ランダムハウス英和辞典』）を "White Anglo-Saxon Protestant"［白人でアングロ・サクソン系でプロテスタント］の頭文字で表した語である。

300　「肌の白い黒人」といわれても想像できないかもしれないが、1910 年代から 60 年代の米国の多くの州で「ワンドロップ・ルール［血の一滴の掟］」という人種分類の原則が制度化されていて、サハラ砂漠以南のアフリカ諸国出身者が先祖に 1 人でもいれば、すなわち黒人の

血が「一滴（one drop）」でも混じっていれば「黒人」とされた。したがって、ほとんど「白人」と変わらない肌の色をした人でも「黒人」に分類されることがあった。

301　部落差別では、自分が「被差別部落」出身であることを知らずに育ち、のちにその「事実」を関係者・当事者から知らされるケースが少なくない（若宮 1988: 19-20; 27-8; 43）。

302　石井他 2001: 21-2。

303　共軛は、この場合「相補的な 2 つのものがセットになっていること」を意味する。したがって、共軛的な役割関係とは、相補的な 2 つの役割がセットになっていて、一方の役割が存在しなければ他方の役割も存在し得ないような関係を指す。「教師‐生徒」はそうした役割関係の典型である。「主人‐奴隷」もそうで、主人がいなければ奴隷は存在しないが、奴隷がいなければ主人も存在し得ない。

304　ST: 136＝訳 229。現在の邦訳では「好ましくない出会いを終結させる無愛想な応答」と訳されている。

305　ST: 137＝訳 230。現在の邦訳では「冷ややかな一瞥」と訳されている。

306　ST: 136＝訳 229。現在の邦訳では「人を愚弄する［こと］」と訳されている。

307　レックリングハウゼン病は、顔や体に色素斑（淡いカフェオレ色から濃い褐色）や神経繊維腫（大きさ・形・数も多様）が出現する疾患である。神経線維腫は数十個もの柔らかいものが台形状に隆起したりリンゴほどの大きさになり垂れ下がることもある。色素斑や神経線維腫のため外見上の問題で悩んでいる患者が多い。遺伝性の疾患で 1882 年にドイツの病理学者レックリングハウゼンにより初めて報告された。

308　石井他 2001: 106。

309　石井他 2001: 106。

310　このような冷静な反問を発することが現実的に可能かというと、そうした反問が会話的相互行為を破壊し、相互行為そのものを「台無し」にしてしまうリスクが確実に予期されるため、実際のところはなかなか発せられないだろう。

311　福留 2000: 50。

312　ST: 137-8＝訳 231-2。

313　ST: 3＝訳 16。

314　戦前の北米における「反ユダヤ主義」については、佐藤（2000）や薄井（2018）を参照のこと。

315　佐藤 2000: 155。

316　ST: 139＝訳 233。

317　ST: 138－訳 232。

318　「マンスプレイニング（mansplaining）」に関しては、ソルニット（2018）を参照のこと。

319　https://merrian-webster.com/dictionary/mansplaining ［2022 年 7 月 3 日閲覧］

320　心理学者のデラルド・ウィン・スー（Derald Wing Sue）は「マイクロアグレッション」を「ありふれた日常の中にある、ちょっとした言葉や行動や状況であり、意図の有無にかかわらず、特定の人や集団を標的とし、人種、ジェンダー、性的指向、宗教を軽視したり侮辱したりするような、敵意ある否定的な表現」（スー 2020: 34）と定義し、何気ない日常の対面的相互行為場面に潜む「無意識の差別」を詳細に考察している。『スティグマ』におけるゴフマンの分析を発展させる上で参照すべき興味深い研究だと思われる。

321　この面を鋭く指摘した著書としてマレー（2022）がある。

『スティグマ』を使う

Analyzing Everyday Occurances using Goffman's *Stigma*

　ゴフマンの著書『スティグマ』と聞くと深刻な「差別」や「偏見」を主題
にした本というイメージが強いが、実際に彼がこの著書で考察している対象
領域は幅広く多岐にわたっている（本書第2章参照）。差別・偏見の問題に
関しては第2章「『スティグマ』を読む」で応用的な叙述を試みたので、こ
こ第3章ではこの問題から離れて、ゴフマンの『スティグマ』がもつ理論的
な応用の更なる可能性を探っていこうと思う。

　以下で展開するいくつかの論考は、一定の研究成果というより、『スティ
グマ』を発想源とした「研究の試作」といった類いとして理解してほしい。
門外漢である筆者がなぜこうしたテーマについて論じるのかというと、『ス
ティグマ』におけるゴフマン独自の視角と概念によってこれらの現象を分析
することが可能だと考えたからである。間違いなく『スティグマ』は今でも
私たちの研究心を触発する本である。差別・偏見以外の多彩な問題、しかも
従来学問的に取り上げられてこなかった問題を考察する上で『スティグマ』
が有効な視角・概念の豊かな供給源であることを示すのが本章の狙いであ
る。（なお、本書で論じられなかった関連事項に関しては、節末に《発展課
題》として提示してある。読者諸氏にぜひ取り組んでもらいたいとの思いで
記した。）

1.「恐喝」の構造

　スティグマと「恐喝」には密接な関係がある。恐喝と聞くと軽い暴力で脅
して金品を巻き上げる「カツアゲ」といった犯罪行為を想起する人がいるか

もしれないが、カツアゲは恐喝の中で最も粗野な形態にすぎない。より洗練された形態の恐喝が、日本語の一般語彙で「ゆすり（強請）[3]」と呼ばれるものである。たとえば、密かに「不倫」をしている人たちに対して、その証拠を手にしている人がそれをネタに金品を脅し取るといった犯罪行為がこのタイプの恐喝に当たる。恐喝の対象になる人物［被恐喝者候補］に「恥ずべき特異性［スティグマ］」があり、その人物はそれを隠すことによって「きちんとした普通の人［ノーマル者］」という人物像を維持している一方で、恐喝者は当該人物の隠された「恥ずべき特異性」に関する情報をつかんでいるという構図があることで、恐喝という犯罪行為が可能になる。

　こうしたタイプの恐喝に関して、引用文も含めてわずか３つのパラグラフの叙述だが、ゴフマンは『スティグマ』で興味深い考察を展開している。内容的に直前のパラグラフから連続しているので、その関連箇所を含めて以下に訳出しておく。

　　……なりすましを台無しにする可能性のある不測の事態のうち最も基本的なものは、なりすましている人物が、その人物［なりすましている人物］を個人的に識別でき、しかも現在の権利主張［見かけの社会的アイデンティティ］とは両立しないその人物に関する隠された事実［スティグマ］を自分たちの生活誌に記録している人たちに偶然発見されることである。（中略）

　　もちろん、ここに多様な恐喝の基盤がある。「でっち上げ（frame-up）」という手法が存在しているが、これはすぐに恐喝の根拠として使える出来事・事件を今生じさせるように仕組むものである。（でっち上げは、犯罪者の常習的な手口、そしてそこから探り出される犯罪者のアイデンティティを明らかにさせる警察の手法である「罠（entrapment）」とは区別されるべきである。）　恐喝を続けるための予備的作業（pre-blackmail）」というものも存在していて、その場合、被害者がそれまでの行動と違った行動をしたら、被害者の自己像に背馳する事実［スティグマ］を暴露すると恐喝者が脅しているため、以前の行動を続けていかざるを得なくなる。Ｗ・Ｉ・トーマスが挙げている例では、警官は売春婦がまともな女性として雇用してもらおうとする彼女の試みを〔彼女が売春婦であることを暴露することによって〕ことごとく潰して、儲かる仕事［売春］にとどまるよう強いることがあるという。おそらく最も重要な種類の恐喝

である「恐喝をしても追及されない恐喝 (self-saving blackmail)」では、〔恐喝の〕償いを強く要求しようものなら、債権者［被害者］の信用を落とすことになってしまうので、意図的であれ事実上であれ、受けるべき報いを回避することができる。

　「罪が証明されるまで無罪である」という推定無罪という考え方は、未婚の父親にとっては保護的措置になるが、未婚の母親にとってはあまり保護的措置にはならない。未婚の母親の罪［妊娠］は、お腹が出てくれば──隠すことが困難で──明白になってしまうからである。未婚の父親かどうかは外見からはわからないし、彼が未婚の母親の妊娠に関与していることも証明しなければならない。しかし、州〔検察〕が彼女の妊娠に彼が主導的な役割を果たしたと想定していないときにその事実を証明しようと思うと、未婚の母親は自分の身元と性的な不品行を多くの人たちに明らかにしなければならなくなる。彼女がこれを嫌がって語らないと、（彼が望めば）彼女を妊娠させた男性の匿名性と表向きの無実が維持されることになる。

　最後に、「完璧な」恐喝あるいは典型的な恐喝というものが存在している。この場合、恐喝者は、ある個人が今維持しているアイデンティティを全く信用できないものにしてしまう可能性のあるその個人の過去または現在に関する事実を暴露すると脅して金品を得るわけだが、彼が首尾よく成功する恐喝であるといえるのは、脅迫によって金品を得るだけでなく、脅迫したという事実に伴う罪まで免れるからである。[4]

　引用した最後のパラグラフにあるように、比較的洗練された恐喝に共通しているのは、「ある個人が今維持しているアイデンティティ［見かけの社会的アイデンティティ］を全く信用できないものにしてしまう可能性のあるその個人の過去または現在に関する事実を暴露すると脅して金品を得る」という対人行為の構造である。上記の「不倫」をめぐる恐喝は、「品行方正な夫（妻）」［見かけの社会的アイデンティティ］を演じている人に配偶者以外の異性と情を通じているという事実［本来の社会的アイデンティティ］がある場合、その事実をつかんでいる人物がそれを配偶者に「暴露する」と脅かして対象人物

から金品を得る行為である。「強請（ゆすり）」を「相手の弱みなどにつけ込んで金品をおどし取ること」と説明している国語辞典があるが、この「相手の弱み」には「隠しておきたい自分の重大な秘密」「人には言えない普通でない自分の経歴」「自分が非常に恥ずかしい行為（犯罪になり得る行為）をしたこと（していること）」など「ある個人が今維持しているアイデンティティを全く信用できないものにしてしまう可能性のあるその個人の過去または現在に関する事実」が重要な構成要素として含まれる。ターゲットになる人物の一見ポジティヴな「見かけの社会的アイデンティティ」像をひどく毀損するこうした「破壊的情報」をつかむことが恐喝を成功させる鍵となる。

　恐喝のネタにされるような破壊的情報［スティグマになり得る事実］を実際に隠しもっている人はある程度存在しているかもしれない。ただし、もし仮にスティグマになり得る事実を隠しもっていたとしても、それが他人に知られ、なおかつそれをネタにゆすられるということはきわめて稀であろう。たとえば、理容店に来た見知らぬ男性客から唐突に「おれは、あんたのことを、いろいろと知っているよ」「たとえば、三カ月前に、あんたの運転していた軽四輪が、幼稚園帰りの女の子をはねたことなんかもね」と言われ、身に覚えのある理容店の店主・野村晋吉が次々に恐喝されていくという西村京太郎の短編小説「優しい脅迫者」のような展開は、小説・ドラマ・映画ではリアリティがあっても、現実世界ではめったに起こらない。

　では、このような恐喝のパターンは、私たちの日常生活と無縁なのだろうか。実際は、そうではない。多彩な「詐欺」の形をとって私たちの身近で現実に起こっている。その１つとして「名義貸し詐欺」という恐喝の手口が挙げられる。典型的な手口はこうである。まず最初の「かけ子」［特殊詐欺グループで電話をかける役］が電話をかけてきて、「私、〇〇老人ホームの運営会社の者です。あなたに〇〇老人ホームの入居権が当選しましたが、入居なさいますか？」などと話す（詐欺師側は事前に調べていて相手が高齢者とわかっている）。電話の受け手が「いや、けっこうです」と返事をすると、「かけ子」は「では、入居する権利を他の方に譲ってもよろしいですか」と提案し、受け手は「別にいいですよ、どうぞ」と受諾して、いったんその話のやり取りは終了する。そして後日、別の「かけ子」が電話をかけてきて、「もしもし、私、弁護士の××ですが、あなた、この前、〇〇老人ホームの入居

権の名義を他人に貸しましたよね。名義貸しは犯罪です。あなた、このままでは逮捕されますよ」などと脅しをかける。そして、動揺する電話の受け手に「でも、ご安心ください。あなたが逮捕されないようにこちらで法律的に処理しますので、解決金として50万円払ってください」と助けるふうを装って、お金を騙し取る。

　名義貸し詐欺という恐喝が他の「単純な」恐喝と異なるのは、ゴフマンのいう「でっち上げ（frame-up）」、すなわち「すぐに恐喝の根拠として使える出来事・事件を今生じさせるように仕組む」詐欺だという点である。単純な恐喝では、対象者が以前に犯した（現在犯している）犯罪ないし犯罪的行為など「スティグマになり得る過去または現在の事実」を恐喝のネタにするのに対して、「名義貸し詐欺」という形態の恐喝では一連の詐欺過程の第一段階で相手に「犯罪」をその場で実行させて、第二段階でそれを恐喝のネタとして利用する。

　これと類似した恐喝のパターンに、第2章で触れた「セクストーション（sextortion）」の手口がある。セクストーションという語は“sex（性）”と“extortion（ぶったくり・ゆすり）”をかけ合わせた造語で、その形態には種々のものがある。その1つのタイプである「SNSでのオンライン美人局」（以下「オンライン美人局」という）と呼ばれるセクストーションが「名義貸し詐欺」型の恐喝に類似した構造をしている。「オンライン美人局」型の恐喝は次のようなパターンで展開する。普段自分が使っているSNS上で知らない「女性」から「友だちになりませんか」という旨のメッセージが送られてくる。被害者はおもに男性で、「女性」とは「女性になりすました詐欺師」である。文字と写真によるやり取りなので「なりすまし」は比較的容易であり、「美人」の写真が使われることもよくある。「女性」からの要望に男性が応えてチャットによるやり取りが始まる。チャットによるやり取りによって互いに親しくなったころを見計らって、「ビデオ通話を使ってお互いのエッチな姿を見せ合いましょう」といった誘いが相手の「女性」からもちかけられる。誘惑に乗ってしまうと、録画されているとも知らずに男性は自分の卑猥な姿をビデオ通話で送ることになる。「この続きは、△△という別のトークのアプリでしましょう」などと相手の「女性」に言われて不正アプリをインストールすると、アクセス権限をそのアプリに許可してしまい、自

分のスマートフォンの連絡先情報などが盗み取られることになる。そして最後に、「女性」は正体を明かして、「あなたの卑猥な映像をあなたの知人にばらまくぞ。そうしてほしくなければお金を払え」と恐喝してくる。

このオンライン美人局型セクストーションでも一連の詐欺過程の第一段階で相手に「非常に恥ずかしい行為」をその場で実行させて録画し、第二段階でそれを恐喝のネタとして利用する。したがって、この形態のセクストーションは、単に「スティグマ利用」型の恐喝（「単純な」恐喝）ではなく、名義貸し詐欺と同じく「スティグマ製造」型の恐喝だといえる。

また、詐欺の形をとった別パターンの恐喝として、「お悔やみ詐欺」という架空料金請求詐欺がある。新聞の「お悔やみ欄［死亡記事］」を詐欺師＝恐喝者が見て、その遺族に手紙を送りつけてくるものである。彼らは多くの場合「貸し倉庫業者」を騙って詐欺を働く。次の引用は、ある女性に実際に送られてきたお悔やみ詐欺の手紙である。

　　突然の手紙、失礼します。
　　じつは、お悔やみ欄を見て連絡させていただきました。
　　当方、荷物等を預かる、貸しスペースの仕事をしていますが、そちらのご主人様から預かった荷物【2005年〜】がありました。
　　亡くなったのを知り、中を確認した所、中身は違法なわいせつDVDでした。
　　子供の女性器がアップで映っている物で、完全に【児童ポルノ法違反】です。
　　亡くなったとはいえ、警察の捜査対象になると思います。
　　そこで奥様にお手紙を差し上げたのですが、この児童ポルノ法違反のDVDをこちらで処分し、無かった事にするか、警察に届けてご主人の名誉を傷つけるか、選んで下さい、と言う話です。
　　奥さんに言いますと、エッチなDVDをこっそりと預ける男の人は、沢山居るのです。
　　ですが、児童ポルノは、今は別格に罪が重く、警察やマスコミがうるさいのです。DVDは内々に処分される事をお勧めします。
　　所で、ご主人の預かった荷物の利用料金は、解約時に清算することになっていまして、14年分で168000円です。
　　168000円を払ってすっぱり忘れるか、警察に介入させるかですね。。。

※入金口座　〇〇銀行　××支店　支店番号 000　口座番号 0000000

口座名義人　□□□□　□□□□

この手紙が届いてから、銀行の 3 営業日以内に入金お願いします。

168000 円の入金の確認が出来次第 DVD は処分します。

入金の確認が取れない場合、この違法 DVD を警察に提出します。

【追伸】この手紙は脅迫文ではありません。その点宜しくです。

本人が亡くなっているとはいえ、利用料金を踏み倒さないで下さいね。

私の住所や素性を明かしていませんが、私も違法性を問われる為です、ご了承を。[12]

　この手紙の【追伸】の欄に「この手紙は脅迫文ではありません」とあるが、明らかに脅迫を組み込んだ典型的な恐喝である。「自分の夫がしていた（と思い込まされた）不面目な行為かつ犯罪行為」という「恥ずべき特異性 [スティグマ]」に付け込んだ恐喝である。全く心当たりがなければ投げ捨てられる手紙だが、「ひょっとしたら夫はそんなことをしていたかもしれない」と思わせる程度のリアリティがあり、脅迫文にある「エッチな DVD をこっそりと預ける男の人は、沢山居るのです」という「論証」によって妻の疑いは強められる。本人 [夫] はすでに亡くなっていて、この情報の真偽を確かめることもできない。「もしそうだとしたら自分が『恥さらしの人』の妻になってしまう [縁者のスティグマ]」[13]という不安感が頭の中で大きくなっていく。手紙の受け手がこう考えてしまったら詐欺師側の思うつぼである。

　恐喝という犯罪行為の被害を受けているのだから警察に被害届を出せばよいはずだが、虚偽か真実か確定していない「夫の一件」で訴えた場合、「もしそれが本当だったら自分が大恥をかくだけでなく、夫を犯罪者にしてしまうことになる」と考え、届け出ることにも二の足を踏む。その結果、このタイプの恐喝は「恐喝をしても追及されない恐喝」[14]、すなわち「[恐喝の] 償いを強く要求しようものなら、債権者 [被害者] の信用を落とすことになってしまうので、意図的であれ事実上であれ、受けるべき報いを回避することができる」[15]恐喝の類いになる。

ただ、お悔やみ詐欺が世の中で実際に数多く発生しているといっても、自分の周りで発生する頻度は比較的低い。自分の家族の「不幸」が頻繁に起こるわけではないからである。より一般的で日常生活に普通に入り込んでいる身近な恐喝の事例としては、「セクストーション・スパムメール」が挙げられる。「デバイスがハッキングされました」などの件名で送られてくる詐欺メールである。外国語の文章を翻訳ソフトで日本語に変換したような文章から詐欺メールとわかるため大多数の人は最後まで読まずに削除してしまって実害はほとんどないと想像されるが、この詐欺メールに使われている恐喝の手法は他の恐喝の手法と異なる点もあるので一考の価値はある。以下のメールは、筆者の職場の PC に実際に送られてきたものである。

　初めまして！残念なお知らせをするために、ご連絡を差し上げております。僕は、約2〜3ヶ月前にネット閲覧用に貴方が利用しているデバイスにアクセスし、その後ずっとネット行動を追跡していました。アクセスするまでの経緯は、少し前にハッカーからメールアカウントへのアクセスを購入したからです（……）。だから、貴方のメールアカウント（xxxxx@yyyyy.ac.jp）にも簡単にログインができました。ログインの1週間後には、既にトロイの木馬というマルウェアを、貴方のメールと繋がっている全てのデバイスのオペレーティングシステムにインストールしました。……そのソフトウェアによって、貴方のデバイスの操作を全て可能になりました（……）。既に、貴方の個人情報、データ、写真、ウェブ閲覧履歴を僕のサーバーにダウンロードし保存してあります。貴方のメッセンジャー、SNS、メール、チャット履歴、連絡先一覧の全てにも僕はアクセス済みです。……貴方の情報を収集している間に、貴方はアダルトサイトの大ファンだということを発見しました。ポルノサイトを訪問して、とてつもない快楽に耐えながら、興奮するような動画を閲覧するのが本当にお好きなようですね。偶然にも、貴方の卑猥なシーンを録画することに成功したので、貴方の自慰行為と絶頂に達する姿を見せるような動画数本をモンタージュにしました。もし嘘だと思うのであれば、僕のマウスを数回クリックするだけで、全ての動画が貴方の友人、同僚や親戚とシェアできることを実現いたしましょう。……公になったら、本当の大惨事になるかもしれませんね。なので、ここで取引をしましょう。16万円（……）を僕に送金してください。

送金を受け取ると、この卑猥な動画は全て削除しましょう。その後は、お互いのことは綺麗さっぱり忘れてしまい、貴方のデバイスにある有害なソフトウェアの機能を停止して削除することを約束します。僕は言ったことは守ります。僕が貴方のプロフィールとトラフィックをしばらくチェックしていることを考えると、これは公正な取引であり、かなり安価なはずです。ビットコインの購入、送金方法が分からない場合は、どのサーチエンジンで検索しても方法は知ることができます。僕のビットコインウォレットは XXXXXXXX です。このメールを開けた瞬間から 48 時間（……）の猶予を与えましょう。

　このあとも長々と続くメールだが、要するに、メールの送り手が受け手のPC をハッキングして PC 内のさまざまな通信・閲覧の履歴データを全て取得した結果、受け手が猥褻動画を頻繁に閲覧していたことを発見し、遠隔操作可能になった内蔵のカメラやマイクを使って「貴方の卑猥なシーン」を録画したので、これを公にされたくなかったら暗号通貨で 48 時間以内に 16 万円払え、という恐喝である。送り手がおこなったというハッキングの信憑性を高める口上が述べられているものの、明らかに詐欺メールとわかる内容なので、騙される人はまずいないと思う。この詐欺メールの脅迫の罠に引っかかってしまう被害者とは、指摘された行為について「身に覚えがある」と思う人、「思い当たるふしがある」と考える人である。「ひょっとしたら」「もしかすると」と考えて不安に駆られる人が詐欺被害に遭っているのだと想像される。

　このセクストーション・スパムメール型の恐喝の独自性はどこにあるのだろうか。このタイプのスパムメールは、先のオンライン美人局型セクストーションとはパターンが異なる。オンライン美人局型が相手［被害者候補］を騙し誘惑して「とても恥ずかしい行為」を実際におこなわせてスティグマになる事実を製造する第一段階を踏む恐喝なのに対して、セクストーション・スパムメール型ではそうした前段階は必要なく、自分の「非常に恥ずかしい行為」が特定の他者に「モニターされて撮られてしまった」と相手［被害者候補］に思い込ませるだけでよいという点である。セクストーション・スパムメールでは、恐喝の準備作業として「すぐに恐喝の根拠として使える出来事・事件を仕組むでっち上げ」が必要がないという点で、手間やコストがか

からない。その種の「人に知られたくない非常に恥ずかしい行為」がおもに男性の間で陰に隠れて一定の割合でおこなわれているという推定に基づき、恐喝の罠を仕掛けたメールを無作為に大量に送って巧みに脅しをかける。「ブラフ［はったり］(bluff)」が「やんわりと問いかけ、相手に考えさせ、自分で『悪い結論』を連想させ、それを悪いほうへ悪いほうへと膨らませるようにもっていくのがポイント[16]」だとすれば、セクストーション・スパムメールで使われているロジックはブラフそのものだといってもよい。こうしたタイプの架空料金請求詐欺のブラフ［はったり］にまんまと乗せられてしまったときの心の動きを年配のある男性が次のように描写している。このケースは「インターネットの番組使用料が長期にわたり滞納している」という古典的な架空料金請求詐欺だが、騙される人の心理は同じだといってよい。

　　（ああ、あのことかな）
　と思い当たるフシがあったからである。
　　（たしかに……）
　心の奥にふっとよぎったものがあった。
　たしかに、なのである。
　　（インターネットの出会い系サイトは見たことがあった。いや、見ただけでなく、掲示板に書き込んだ。さびしさのあまり、無料体験という表示を信じ、その範囲内で書き込んだ。それも一度や二度ではない……）
　悪いほう悪いほうへと考えていく。だんだん寒々しい気持ちになってきた。心がピシピシッと音を立て氷結していくのがわかった。
　　（とうとう足がついたか……）
　まったく心当たりがないわけではない。というより、大いにある。探られれば痛い腹があり、叩けば埃も出るのである。
　　（どこかで間違って有料の番組に入り、その代金がかさんだのだろうか……）
　一応、疑問に思ったが、心の片隅でよぎった諦めに近い感情が、暗雲のようにモクモクと急速にふくらんで、心の隅々にまで広がっていく。[17]

　先のお悔やみ詐欺を含めセクストーション・スパムメール型の架空料金請求詐欺のロジックは同じ構造をしている。そして、詐欺のメールや手紙を送

りつけておきさえすれば、あとは不安に駆られた受け手の「自己申告」を待っているだけでよい。その意味で、こうした恐喝の手口を「スティグマ自白」型と名付けることができる。または、罪の意識に耐えかねて信者自らが教会に出向き聖職者に「告解」して赦しを得る行為に喩えると、「スティグマ懺悔」型の恐喝と呼ぶこともできるだろう。

　法務省法務総合研究所の『犯罪白書（令和3年版）』によると、2020（令和2）年中の「恐喝」事件の認知件数は全国で1,446件、検挙率は86.9%である[19]。しかし、これまでの考察を踏まえれば、恐喝の大部分は、ゴフマンのいう「『完璧な』恐喝」[20]、すなわち「恐喝をしても追及されない恐喝」[21]だと見なすべきだから、恐喝の実際の発生件数は「恐喝」事件として検挙されるものより桁違いに多い可能性がある。恐喝という犯罪の場合、「暗数」[22]は膨大だと推定される。そうだとすれば、世の中で発生している恐喝という犯罪行為の大部分が「闇の中」または「陰で」で繰り広げられ、数多くいるだろう被害者の大多数が「泣き寝入り」していることになる。詐欺と恐喝を組み合わせたハイブリッド型の巧妙な仕掛けが次々に考案されつつある現代社会において「恐喝の社会学」の展開は、被害を防止する上でも、急務である。

【発展課題①】

　「恐喝」「ゆすり」を巧妙に組み込んだ特殊詐欺の事例がほかにないか、探してみよう。そして、各事例において恐喝・ゆすりがなぜ成立するか、どんな「相手の弱み」に付け込んだ恐喝・ゆすりなのか、考えてみよう。

【発展課題②】

　一般には「恐喝」と見なされない対人的行為の中に、実質的に「恐喝」に近い構造をしているものがないか、探してみよう。

【発展課題③】

　人が何らかの犯罪被害を受けたとき警察等に相談するはずだが、自分の「恥ずべき特異性［スティグマ］」をネタにした「恐喝」の場合のように「泣き寝入り」する犯罪被害がある。「恐喝」以外で、犯罪被害者が「泣き寝入り」する

ケースがないか、探してみよう。そして、各ケースで「犯罪被害者の泣き寝入り」が生じやすいのはなぜか、考えてみよう。

2.「大学デビュー」という現象

　日本語に「旅の恥はかき捨て」という慣用表現がある。「旅先では知人もいないので、ふだんなら恥ずかしくてできないような行いも平気でするものだ」[23]といった意味であり、旅の解放感がもたらす負の側面を表している。「人々を旅行に動機づける基礎的欲求」[24]の中に「逃避動機づけ」[25]、すなわち「日常的環境からの脱出を求める」[26]という動機があることは間違いない。これと関連する現象に関して、ゴフマンは『スティグマ』の中で次のように述べている。

> 　スティグマおよびそれを隠そうとする営みまたはそれを取り除こうとする営みも個人アイデンティティの一部として"書き留められる"ことになる。したがって、〔彼らスティグマ保持者が〕仮面をつけていたり故郷から遠く離れていたりすると不適切な行為をやってみようかという思いが強くなることも理解できる。また、匿名の形でなら〔自分たちスティグマ保持者の〕暴露本を出してみようかという思いが強くなったり、ごく少人数の私的な観衆がいる場にだけ顔を出すというのも理解できる。そうした状況なら〔自分のスティグマが〕暴露されても一般の人たちに〔自分の〕個人アイデンティティを同定されることはまずないだろうという想定があるからである[27]。

　この引用の傍点箇所が「旅の恥はかき捨て」に類似した事態を指しているわけだが、「不適切な行為」をするかどうかは別にして、自分のことを個人的に知っている人が誰1人いないという対人社会的環境はスティグマ潜在者[28]に「安全・安心」と「解放感」を与える環境であることは確かである。本書第2章で触れた[29]、円形脱毛症で苦労してきた男性が高校のときに選んだ予備校もそうした条件に適う場所だった。

知り合いに会わないようにするために、あえて自宅からはなれたところにある小さな予備校を選びました。というのも、そのころはもう脱毛の症状がわからないほど回復していたので、知り合いさえいなければ誰も僕が脱毛症だと気づかないだろうと思ったからです。[30]（傍点は引用者）

　逆にいえば、自分がスティグマ保持者であると知っている人たちが身近にいて、しかも彼らは自分のことを個人として識別できるという対人社会的環境にいるかぎり、スティグマ保持者はずっとスティグマ顕在者[31]である。たとえば、「元受刑者」がそうした自分の経歴を知っている人たちの間で生活し続けている間は、その人は「前科のある人間」というレッテル貼りから抜け出すことは難しい。
　この「恥ずべき特異性［スティグマ］」を、より日常的な「劣等感を覚える自分の属性・経歴」に置き換えても、基本的な構図は変わらない。「劣等感を覚える自分の属性・経歴」を知っていて、しかもそうした自分のことを個人的に知っている人たちが自分の身近にいるかぎり、「そうした劣等性をもつ自分」という人物像の呪縛からはなかなか逃れられない。言い換えると、学校の仲間うちで自分に関してネガティヴな「キャラ」[32]がいったん成立し定着すると、そのキャラはそうした仲間との関係が続くかぎり維持されがちであるということである。「キャラ」に関するある心理学的研究[33]で「キャラがあることの〔当人たちの〕デメリット認知」[34]として指摘されている以下の6項目は全てキャラの固定化に関連しているが、それらの中で、筆者が傍点を付した項目がキャラの持続性に関係する項目である。

　　"キャラ"を決めつけられることで、その"キャラ"とは違う自分を出しづらくなる。
　　"キャラ"があると、その"キャラ"に合わない発言がしづらい。
　　"キャラ"があると、その"キャラ"に合った行動しかとれなくなってしまう。
　　一度"キャラ"が定着すると、そこから抜けにくい。
　　"キャラ"があると、イメージが固定されてしまう。
　　自分が望まない"キャラ"を押しつけられることがある。[35]（傍点は引用者）

いうまでもなく、「一度 "キャラ" が定着すると、〔当人が〕そこから抜けにくい」のは、その人物を固定的なキャラ・イメージで捉え、キャラ・イメージに合致した形で扱う複数の他者に日常的に取り囲まれているからである。キャラ・イメージから「抜けにくい」ことと、それが成立し定着している仲間との関係から「抜けにくい」こととは、密接につながっている。小学校・中学校でいうと、同じ学校に通っているかぎり、特に小規模な学校では児童・生徒各人の人間関係はかなり固定している。中学校のほうが小学校より学区が広いことから交友関係も拡大し変化するが、同時に、小学校からの知り合い関係も校内にそのまま残っている。高校に入ると行動範囲および交友関係はさらに広がり、小中学校からの知り合いの数は校内では激減する[36]とはいえ、その人物が生まれ育った家を離れて暮らさない場合、すなわち基本的な生活圏が変わらない場合、「(旧友を中心とした) 知り合いの目」の存在感や影響力は依然として強い。自分のことを個人的に知っている親しい人がすぐ近くに何人もいる対人社会的環境（「親密圏」とも呼ばれる）は意識できる次元では「安心感」や「気楽さ」を与えてくれる環境である反面、潜在的かつ実質的には「拘束」や「不自由」を生み出している環境だということである。

　キャラ存立の基盤となる集団内の関係という観点からいうと、「大学進学」は「人が大きく変わる」絶好の機会となる（短大や専門学校への進学も同様に考えることができる）。「以前の自分」を知っている人がいない対人社会的環境が大学進学によって生じやすいからである。大学進学者の全員がそうであるわけではないが、進学先の大学は実家から離れた地域にあることが多く、高校までと比べると親元を離れて暮らす人が急増する。全国大学生活協同組合連合会が2021年10月から11月にかけて実施した「第57回学生生活実態調査　概要報告[37]」によると、住居形態別で「自宅・実家暮らし」の大学生が51.4%、「自宅外（寮生・下宿）」の大学生が48.6%と、親元を離れて暮らす学生が半数近くに達する。自宅から大学に通学する場合でも、大学の所在地は高校の所在地よりずっと遠くなることが多い。高校生の片道通学時間（2018年現在）は60分超の生徒が21.3%、90分超が6.0%、120分超が2.0%である[38]のに対して、自宅から通学する大学生（昼間部）の片道通学時

間（2018 年現在）は 60 分超が 53.8%、90 分超が 24.4%、120 分超が 5.7%である[39]。このように大学生の生活圏が高校までの生活圏と大きく異なる結果、大学生になると学内や学部内では高校までの知り合いが誰もいない対人社会的環境が一挙に一般化すると思われる。

この「旅先」にも似た対人社会的環境を利用した「自己像」の大胆な転換は、2000 年代以降メディアを中心に「大学デビュー」と呼ばれるようになり、メディア用語ないし若者言葉として定着している[40]。メディア用語・若者言葉なので定義といえるものがあるわけではないが、一般には「大学入学をきっかけに、それ以前の比較的ネガティヴな外見・行動・性格を大きく変えて、ポジティヴな人物に生まれ変わることを指し、その多くは（「異性にモテたい」「同性にうらやましがられたい」をはじめ）周囲の人たちから高評価を得たいという動機に基づく」といった意味で使われているようだ。

大学デビューに関する学術的研究がほとんどない中、「大学デビュー行動」を「大学入学を機に意識的に今までとは異なる新しい行動や外見に挑戦すること」[41]と定義して、その実態を解明しようしている心理学者たちがいる。彼らは、「大学デビュー行動尺度」の因子を「Ⅰ. 積極的な対人関係」と「Ⅱ. 外見や流行への興味関心」に大別している。前者の「積極的な対人関係」の因子を測る質問は、「自分が目立つようにふるまっている」「異性に積極的に話しかけている」「同級生や先輩（後輩）に好意をもたれるように努力している」[42]などの項目から構成される。後者の「外見や流行への興味関心」の因子を測る質問は、「ファッションに力を入れている」「化粧や身だしなみがよく見えるように努力している」「オシャレなエリアやお店に出かけている」[43]などの項目から構成される。

確かにこの研究で取り上げられている項目は「大学入学を機に意識的に今までとは異なる新しい行動や外見に挑戦すること」という「大学デビュー行動」の定義には合致している。しかし同時に、これらの項目には大学生活への適応行動や通常の成長・発達の現象と見なされる項目が多く含まれている。たとえば「新しい友人ができるように努力している」や「新しいグループに入っている。（同好会、クラブ、etc.）」などは、ライフステージが変わり新たな集団に入れば大学に限らずどこでも実行され得ることだろう。また、大学生になると（多くの高校で採用されている制服ではなく）私服にな

り、化粧や毛染めも自由になるわけだから、全員が「今まで［高校まで］とは異なる新しい行動や外見に挑戦すること」が可能になる。その点からいうと、「ファッションに力を入れている」や「流行を気にして、情報を集めている」などは、行動スタイルの自由度が拡大した大学キャンパスという環境における同調行動・適応行動と見なすべきである。「化粧や身だしなみがよく見えるように努力している」や、特に「ちょっと悪い（サボり、タバコ、お酒、ギャンブル等）ことをしていると周りの人に話している」「友人にオールをしようと誘っている」は、「大人」に近づこうとする「背伸び」の行動と理解できる。また、もともと異性に対して積極的な人物にとって「異性に積極的に話しかけている」は今までの行動の延長線上にある。

しかし、筆者がここで問題にしようと思っている「大学デビュー」は、一般的にみられる「適応・成長としての外見・行動・性格の変化」ではなく、「大学入学をきっかけに、それ以前の比較的ネガティヴな外見・行動・性格を大きく変えて、ポジティヴな人物に生まれ変わること」である。たとえば、高校では「地味で目立たない人」であり、そうした自分に劣等感を抱いていた人が大学進学をきっかけに「陽気で積極的な人」に変身しようとすることなどがそれに当たる。先の「大学デビュー行動」研究を参照しつつ、高校時代の「劣等感」に着目して研究している別の心理学者たちがいるが、大学デビューに対する彼らの視点は筆者のそれに近い。

　　大学入学期に行われる一連の行動は、新しい大学環境への適応行動と捉えることもできるが、単なる適応行動としての意味だけでなく、大学入学を機に高校の時の自分とは異なる自己の実現、慣れないことを無理にしている自己変化の側面もあると考えられる。そのように考えたとき、大学デビューに取り組む動機として、高校生時代に抱えていた劣等感が深く関わっているのではないかと想定される。[44]

以上の研究等を踏まえ、筆者は「大学デビュー」を、単に高校生のときの外見・行動・性格が大学生になって自然に変わる現象ではなく[45]、高校時代までの自らの外見・行動・性格をネガティヴなものと捉えていた人が、大学進学を契機として、それらを大きく変える意識的行為と理解する。

こうした観点から大学デビューを理解するためには、上記の項目とは異なる項目が必要になる。そこで、以下に「大学デビューのためにしたことランキング」という調査結果を取り上げる。調査の実施日が2013年2月6日から2月7日とやや古く、またネット上の調査であるためデータの客観性や妥当性に難点はあるが、まとまった類似の調査がほかにない中、大学デビューの実態を把握する上で参考になるデータである。（なお、各項目末尾の番号は筆者が付けたもので、「従来の自分の外見を変える」行動は①で、「流行に乗る」行動は②で、「新たな人間関係をつくる」行動や「モテるための」行動は③で、「従来の自分の内面を変える」行動は④で表す。）

1位　「洋服のテイストを変えた」①
2位　「流行の服を着るようにした」②
3位　「流行の髪型にした」②
4位　「流行に敏感になろうと、ファッション誌を買った」②
5位　「友達をたくさん作ろうと、自分から誰にでも声をかけた」③
6位　「ピアスを開けた」①
7位　「メガネからコンタクトに変えた」①
8位　「友達をたくさん作ろうと、連日飲み会に参加した」③
9位　「カラオケの歌を練習した」③
10位　「ダイエットに励んだ」①
11位　「朝型の人になろうと、早寝早起きをした」④
12位　「得意分野を持とうと、習い事を始めた」④
13位　「おしゃれスポットと言われる場所に頻繁に通った」②
14位　「高い服を着るようにした」②
14位　「なりたい自分のイメージを手帳に書いた」④
16位　「有名な美容室で髪を切ってもらった」②
17位　「楽器を弾けるように練習した」③
18位　「クラブに通った」③
19位　「情報通になろうと、新聞を隅々まで読んだ」④
20位　「情報通になろうと、難易度の高そうな本を読んだ」④
21位　「情報通になろうと、ネットのニュースを頻繁に見た」④

22 位　「忙しい人になろうと、休日を予定で埋め尽くした」③

22 位　「その日の反省を日記に書きつづった」④

24 位　「IT を使いこなす人になろうと、常にノート PC を持ち歩いた」③④

25 位　「『モテるため』の本を読みあさった」③

　これらの項目には先述の「大学デビュー行動尺度」の因子としての「Ⅰ．積極的な対人関係」（③の項目）や「Ⅱ．外見や流行への興味関心」（②の項目）も含まれているが、それ以外に「従来の自分の外見を変える」行動（①の項目）と「従来の自分の内面を変える」行動（④の項目）が含まれている。和製英語の「イメージ・チェンジ」（略してイメチェン）が「外見や名前、やり方、スタイルなどを変えて、世間の受け取り方や全体的評価が変わるようにすること[47]」を指す点から、「従来の自分の外見を変える」行動（①の項目）を「外見的イメチェン行動」、「従来の自分の内面を変える」行動（④の項目）を「内面的イメチェン行動」と呼ぶことができる。高校までの相対的にネガティヴなキャライメージを刷新する行為であるという意味で両群（①と④の項目）はともに「イメチェン行動」だが、手っ取り早く変えることができるのはやはり「外見」なのだろう。外見的イメチェン行動（①の項目）が上位のほうに集中し、即効性の低い内面的イメチェン行動（④の項目）は下位に集中している。1 位の「洋服のテイストを変えた」は「洋服の全体的な雰囲気を以前の自分の洋服の雰囲気からガラッと変えた」の意味に取ることができる。踏み出すのに内面的な抵抗感は若干あるものの、大学における周囲の人たちは「以前の自分の服のテイスト」を知らないわけだから、本人が決意さえすればポジティヴな方向へのイメチェンは比較的容易である。7 位の「メガネからコンタクトに変えた」という単純な変更でも、その人物の全体的雰囲気は大きく変わるだろう。6 位の「ピアスを開けた」も、本人にとっては、ファッション性以上にイニシエーション［通過儀礼］的な意味合い[48]があると考えられる。

　そして、こうした大学デビュー行動を動機づけているものは高校のときの劣等感だと普通は想定される。上記の「大学デビュー行動」研究のうち後者の研究では、「高校時代の劣等感が、大学デビュー行動及びその抵抗感に対してどのような影響を及ぼすか[49]」を検討している。この研究では「劣等感下

位尺度」として「異性とのつきあいの苦手さ」「学業成績の悪さ」「運動能力の低さ」「家庭水準の低さ」「性格の悪さ」「友達作りの下手さ」「統率力の低さ」「身体的魅力のなさ[50]」が取り上げられ、「大学デビュー行動への抵抗感」が組み入れられて、それらの因子と大学デビュー行動との相関関係が検討されている。大学デビュー行動への抵抗感を考慮に入れたこの研究では、高校のときの劣等感と大学デビュー行動との関係が単純でないことが明らかにされている。

　　劣等感の下位尺度ごとの影響を検討するために分散分析を行った結果、「異性とのつきあいの苦手さ」劣等感並びに「家庭水準の低さ」劣等感と抵抗感との間に交互作用がみられた。それぞれ単純主効果の検定を行い、交互作用を検討したところ、どちらの劣等感においても「低・中群」においては、大学デビューへの抵抗感が強い人は大学デビュー行動を行わない傾向がみられたが、劣等感「高群」においては、こうした傾向は認められなかった。さらに、抵抗感「低群」においては「異性とのつきあいの苦手さ」への劣等感が高いと大学デビュー行動を行わない傾向が見られ、抵抗感「高群」においては「家庭水準の低さ」への劣等感が高いと大学デビュー行動を行う傾向が見られた[51]。

　ただし、「劣等感」といっても実際は多面的であるため、高校時代に劣等感が強いと大学入学を機に大学デビュー行動が現れるという概括的な言い方はできない。「家庭水準の低さ」という劣等感に関しては劣等感の強さが大学デビューを引き起こす直接的な動機になっている一方で、「異性とのつきあいの苦手さ」という劣等感は、それが内面化されている結果、「異性とのつきあい」そのものを抑制する働きをするようだ。劣等感下位尺度のうち「家庭水準の低さ」だけが原因帰属の所在（locus）の次元で「外的」帰属であるため、行為者の感情が「絶望感」につながらないことがその理由なのかもしれない[52]。この研究では取り上げられていないが、「自分の出身地・出身校」に関する劣等感も同様に位置づけられると思う。したがって、その人に帰属されるネガティヴなキャラが本人の内面の意欲まで浸食していない場合、高校までの劣等感は大学デビュー行動を発現させる動機になるという仮説が立てられるだろう。

ただし、そうした意欲をもって大学デビューに挑戦したとしても、それが成功するとは限らない。「演じられる役柄」が内在的破壊要因および外在的破壊要因によって台無しになってしまうのと同様、大学デビュー行動で演出される「新しい自己」像に対しても内・外の破壊要因が潜んでいる。大学デビュー行動に対する内在的破壊要因とは、「無理している」「作りすぎている」と周囲の人たちに感じ取られる演技の過剰さと、「にわか作りである」「ぼろが出ている」と周囲の人たちに感じ取られる演出の不十分さである。「バレバレの演技」になってしまうと、もはや演技としては失格である。また、演出が不十分なだけでも、「馬脚を現す」ことになる。インターネット上では、そうした大学デビューの失敗例が数多く指摘されている。

　　　バレない秘策「ムリしてる感を出さない」
　　とにかく、ムリしてる感は出さないように注意。
　　「大学では絶対、充実してやるんだ！！！」
　　という気持がありすぎると、周りに伝わってしまいますからね。
　　　すると（この人は高校時代イケてなかったのかな？）と思われることに。結果、大学デビューを頑張っている陰キャとバレます。
　　　本当の陽キャやイケてる人物みたいに、必死さを出さずに余裕感が伝わるようにすべし。[53]

　　　単純にダサい
　　　急にファッションに目覚めた人に、ありがちな特徴です。本人はおしゃれのつもりでも、周りから見たら「ダサい」と思われてしまうのです。アイテムにまとまりが無かったり、柄物を組み合わせてしまったりなどが挙げられます。[54]
　　（傍点は引用者）

　大学デビューに対するもう１つの破壊要因、すなわち外在的破壊要因の中で最も基本的なものは、「以前の自分」を知る人物の出現である。ゴフマンはスティグマ潜在者に関してノーマル者という見かけの社会的アイデンティティを脅かす情報をもたらすのは「その人物を個人的に識別でき、現在の権利主張［見かけの社会的アイデンティティ］とは両立しないその人物に関する隠

された事実を自分たちの生活誌に記録している人たち」[56]だと指摘したが、この構図は大学デビューした人たちの状況にもそのまま当てはまる。大学デビューが「大学入学をきっかけに、それ以前の比較的ネガティヴな外見・行動・性格を大きく変えて、ポジティヴな人物に生まれ変わること」だとすると、「それ以前の比較的ネガティヴな自分の外見・行動・性格」を知っている他者の出現は、現在演じようとしている「ポジティヴな人物」像を簡単に破壊する。陰で「あいつ、昔は○○だったんだよ」と言いふらされてしまえば、それだけで大学デビューは台無しになる。そうした大学デビューの「失敗例」もウェブ上でよく見かける。

時に厄介な高校生活の影…！
　「高校時代に仲の悪かったクラスメイトと大学が一緒になってしまい、根も葉もないことをその人が周りに言っていて大分困っています。こればかりは避けがたいのですが、そういう不慮の事故もあることを覚悟しておいてください。」（東京大学 教養学部理科三類１年生／男子）

　「大学に入るということでキャラを変えていこうと思っていたのですが、入ってみてクラスに高校時代の友人がいたため遠慮してしまいました。こんな風に気にしたりなどせずにいればよかったです。」（東京大学 教養学部理科三類１年生／男子）[57]

　近年ネット上では「痛い大学デビューの特徴」「大学デビュー失敗あるある」などと殊更に大学デビューをネガティヴに取り上げる論調が目立つが、大学進学を機に「新しい自分」に変わろうとする姿勢に何も責められるべき点はない。高校までの人間関係のしがらみから解放された環境がそこにあるのだから、「なりたかったけれどもなれなかった自分」になろうとすることは自然なことだろう。しかし、高校時代までの「他人の目」からせっかく解放されているのに、もしインターネット上に溢れている「大学デビューの成功例」「失敗しない大学デビュー」の類いの記事通りに実行しようとしている人がいるとすれば、結局、ありもしない別の「他人の目」にとらわれていることになるだろう。

【発展課題④】

　「大学デビュー」と「高校デビュー」および「社会人デビュー」との類似点と相違点について考えてみよう。

【発展課題⑤】

　「旅の恥はかき捨て」という慣用表現と『スティグマ』の叙述を手がかりに、「旅がもつ解放の機能」や「旅による自己像の変容」について考えてみよう。

【発展課題⑥】

　ゴフマンは『スティグマ』の中で「失踪（disappearance）」が究極の「なりすまし」であると指摘している箇所があるが[58]、この指摘は何を意味するか、考えてみよう。

3. 「なりすまし被害」の諸相

　『スティグマ』の Chapter Ⅱ の (7)「なりすまし（passing）」に次のような記述がある。注目すべきなのは傍点部分だが、その意味を正しく理解するには文脈が重要なので当該のパラグラフ全体を引用しておく。

　　同様に、ある個人のスティグマがつねに明白なようにみえるにもかかわらず、必ずしも明白にならないケースが数多くある。というのは、調べてみればわかることだが、人は自分自身についての決定的な情報［スティグマ］を結果的に隠すような立場におかれることがあるからである。たとえば、足の不自由な少年はいつも自分を障害者として見せているつもりなのに、事故のケガで彼が一時的に歩けなくなっていると彼を知らない人たちが一瞬思ってしまうことがある。それはちょうど、目の見えない人を友人が薄暗い小屋に招き入れたとき彼に視力があると友人が一瞬思ってしまうことがあるのと同様である。……今まで一度も公共の場で白人になりすましたことがない黒人が、手紙を出した

り電話をかけたりしている間は、いずれ信用を失うことになるはずの自己像［「白人」である自分の像］を投企することになるのも同様の事態である。[59]（傍点は引用者）

　ここで挙げられている例は「相手の勘違いによる事実上のなりすまし」「本人の意図せざるなりすまし」とでも呼ぶべき事態である。こうした相手の勘違い＝本人の意図せざるなりすましが発生したのは、スティグマ保持者の自己に関する情報がひどく欠けた状況だったからである。特に、手紙や電話を介したやり取りであるため相手に白人と勘違いされた黒人の例では、（自己に関する情報が圧倒的に豊富な通常の対面的相互行為ではなく）手紙で使われる文字や電話で使われる音声という、情報のきわめて乏しい媒体によるやり取りが「相手の勘違いによる当人の事実上のなりすまし」を誘発している。

　この事例から導き出されるのは、「自己に関する情報の乏しさ」[60]がなりすましを容易にする条件になっているということである。ある人物が「誰か」[61]または「何者か」になりすまして相手を騙す場合、最も有利な場面設定は、主として文字情報によるチャット・メール・手紙や音声情報による電話のような、間接的で情報の量がごく少ないコミュニケーション形態である。たとえば、本章の「1.『恐喝』の構造」で取り上げたオンライン美人局（つつもたせ）で男性の詐欺師が「女性」になりすますことが可能なのは、文字を主要な媒体としたチャットというコミュニケーション形態[62]だからである。SNSのチャットでは写真が添付されることもあるが、その場合でさえ、自己に関する情報の媒体は文字（絵文字・スタンプを含む）と写真［静止画像］[63]のみであり、しかもそれは簡単にすり替えられる。また、オレオレ詐欺に引っかかる人が後を絶たないのも、（「騙されやすさ」や「不注意さ」といった被害者の属性というよりも）声だけを介した電話でのやり取りであるという要因が大きい。オレオレ詐欺の成功例の存在は、一般には声が個人アイデンティティの「確然たる標識」[64]の1つに数えられながら、実際は声だけでは本人であることを確認できる決定的な標識たり得ないことを意味している。この点に関して、ある日本人の社会学者は次のように指摘する。

最近社会問題化した「オレオレ詐欺（振り込め詐欺）」のような犯罪が容易に成立してしまうことを考えれば、私たちの「他者」の再認の能力は、状況次第で思いのほか心もとないものになってしまうのだといわざるをえない。少なくとも、「声」の情報から相手が自分の知っている誰かであるか否かを判断することは、決して容易なことではない。[65]

　一方、詐欺師がなりすましをおこなう上で最も不利な場面設定は、騙す側（以下「詐欺師」という）と騙される側（以下「詐欺対象」という）とが直接的に対面する状況である。伝達される自己に関する情報がきわめて多いため、騙し（なりすまし）に綻びが生じやすいからである。この状況では、単に話の内容や相手の声だけでなく、相手の容姿や身なり、顔の表情や話し方、しぐさその他を直に観察して、相手の主張する社会的アイデンティティないし個人アイデンティティの「真／偽」を判断することができる。たとえば、電話のやり取りでオレオレ詐欺に引っかかりそうになった詐欺対象が「息子の会社の同僚」を名乗る「受け子」に会ったときに[66]「スーツが体形に合っていない」「スーツ姿なのにカジュアルな運動靴を履いている」「スーツと髪型が合っていない」「社会人にしては幼くみえる」「受け答えがぎこちない」等に違和感を覚え詐欺を疑うことがあるのも、現金受け渡しの場面が直接的な対面状況だからである。

　この点を踏まえて筆者は、「詐欺におけるなりすまし（passing）が成功する度合い（P）は詐欺対象の欲望の強さ（d：desire）と詐欺師本人の自己に関する情報の少なさ[67]（s：scantiness of information）の積に比例する」という公式（P〜d×s）[68]を提唱する。この公式は、米国の心理学者 G・W・オルポートと L・J・ポストマンが『デマの心理学』で提唱した流言（rumor）の[69]法則、すなわち流言が流布する量（R）は内容の重要さ（i：importance）と内容の曖昧さ（a：ambiguity）の積に比例するという法則（R〜i×a）に[70]なぞらえたものである。

　この公式を筆者は、多様な形で展開される詐欺による「なりすまし被害」の個々の特性を理解する「物差し」として使う。一口に「詐欺」といっても、オレオレ詐欺・預貯金詐欺・架空料金請求詐欺・還付金詐欺・融資保証

金詐欺・金融商品詐欺・ギャンブル詐欺・交際斡旋詐欺・キャッシュカード詐欺盗・ワンクリック詐欺・結婚詐欺・フィッシング詐欺・チケット詐欺・オークション詐欺・原野商法など多様な形態が存在する。「なりすまし被害」という観点からこれらの詐欺を分類・整理する方法として、たとえば使用される経路の違いから「インターネットを介した詐欺」「電話での詐欺」「直接的対面形式での詐欺」に区分する方法が考えられる。ただし、この区分は諸種の詐欺による「なりすまし被害」の各々の特性を理解するには不十分である。同じ「インターネットを介した詐欺」でも「SNSのチャットを使った詐欺」と「ビデオ通話を使った詐欺」とでは条件が相当違うし、同じ「電話での詐欺」でも「通常の音声通話機能を使った詐欺」と「テレビ電話機能を使った詐欺」とでは事情はかなり異なるはずだからである。したがって、ここでは、詐欺を区別する基準を、外的な形態や使われる経路の違いではなく、伝達される情報の多寡とする。同じ「インターネットを介した詐欺」でも、この基準に照らすと、情報が比較的多い「ビデオ通話を使った詐欺」は、「SNSのチャットを使った詐欺」よりも「直接的対面形式での詐欺」に近いことになる。オンラインか否かより「詐欺師本人の自己に関する情報の少なさ」が重要であり、その情報が少ないほどなりすましが成功する度合いが高くなるということである。「直接的対面形式での詐欺」よりも「普通の電話を使った詐欺」のほうが「なりすまし」が容易であり、「SNSのチャットを使った詐欺」のほうがさらに「なりすまし」が容易であるというのは、この基準から導き出される判断である。

　また、なりすましの成功度は、詐欺師が演じる役柄（以下「なりすまし対象」という）に対して詐欺対象が抱く「欲望の強さ」にも依存する。公式（P～d×s）［「詐欺におけるなりすましの成功度（P）」は「詐欺対象の欲望の強さ（d）」と「詐欺師本人の自己に関する情報の少なさ（s）」の積に比例する］の「詐欺対象の欲望の強さ（d）」の項の問題である。「詐欺師本人の自己に関する情報の少なさ（s）」が同じならば詐欺対象［騙される人］がなりすまし対象［詐欺師が演じる役柄］を強く欲するほどなりすましの成功度は高くなるということである。オンライン美人局に一定数の男性がはめられてしまう理由として、SNSのチャットという情報がきわめて乏しい媒体が使われることに加えて、女性に対する男性の性的好奇心が刺激されることが挙げられる。性的好奇心

に限らず、なりすまし対象への欲望が強くなるとその対象に関してまともな判断ができなくなる。人は、金銭欲が刺激されれば詐欺商法の術中にはまりやすくなり、お金が戻ってくるとの甘言に乗せられると還付金等詐欺に騙されやすくなり、結婚できるとの期待感が高められると結婚詐欺に取り込まれやすくなるだろう。

さらに、この公式（P～d×s）の応用力を高めるため筆者は、なりすまし対象の属性に関する二分法を付け加える。詐欺自体が基本的に「別人へのなりすまし」に基づく犯罪行為だが、なりすまし対象の属性の力点が「社会的アイデンティティ[72]」にあるか「個人アイデンティティ[73]」にあるかによって、大きく2つの類型に区分できる。たとえば、名義貸し詐欺で「かけ子」が電話を使って「弁護士」を騙（かた）るのは社会的アイデンティティを偽装するなりすましであるのに対して、「オレだよオレ」と電話をかけてきて「（電話の受け手の）息子」を騙るのは個人アイデンティティを偽装するなりすましである。一般的にいえば、個人アイデンティティ上のなりすましのほうが社会的アイデンティティ上のなりすましより難しい。この点は、たとえば結婚詐欺で「弁護士［社会的アイデンティティ］」を騙る詐欺師が詐欺対象と直接会ってもバレないことがあるのに対して、オレオレ詐欺で「（電話の受け手の）息子［個人アイデンティティ］」を騙る詐欺師が詐欺対象と直接会えば確実にバレることを考えれば理解できる。オレオレ詐欺で「息子」へのなりすましがおこなわれるのは最初のほうの電話のときだけであって、現金を直接取りに来るのは必ず息子以外の人物である。もちろん、直接的な対面状況で社会的アイデンティティへのなりすましがうまくいくことがあるといっても、その成就には、それなりの舞台装置[74]の準備、ふさわしい外見[75]の調整、それらしい振る舞い・言動の習得が必要である。オレオレ詐欺の「受け子」は、「息子の同僚[76]」にふさわしい身なりを整え、「息子の同僚」らしい受け答えができなければ、詐欺には成功しない。しかし、個人アイデンティティ上のなりすましと比べれば、社会的アイデンティティ上のなりすましはそれほど難しくはない。たとえば飲み屋において遊び半分で「（自分の本当の職業ではない）別の職業に就いている人物」になりすますことは比較的容易であろう。また、普段は結婚指輪をはめている既婚者がその指輪をはずして合コンに参加すればその場では「独身」になりすますことができる。より間接的なコ

ミュニケーション形態になると、社会的アイデンティティへのなりすましが「かなり容易」といえるケースも存在している。次の事例はSNSを使った詐欺にわざと引っかかってなされた潜入ルポでの話だが、プロフィールページにアップされた「弁護士バッジ」の写真を見て「その人物が弁護士［社会的アイデンティティ］である」と信じてしまう人がいるようだ。ゴフマンの術語でいえば「職業のシンボル[77]」の呈示だけで社会的アイデンティティ上のなりすましが成立し得るということである。

　　私はこの弁護士〔を騙る者〕のプロフィールページを見てみた。
　　「肖像権の関係から弁護士としての私自身の写真は掲載できませんが、弁護士バッチ（ママ）を撮影して掲載しております。こちらも併せてご確認くだされば幸いです」と、なんと弁護士バッチ（ママ）だけが写っている[78]。

　なりすまし対象の「社会的アイデンティティ／個人アイデンティティ」の区分と上記の公式（P〜d×s）に照らしたとき、なりすましの成功度が最も高くなる詐欺の1つとして「国際ロマンス詐欺[79]」が挙げられる。そして、その対極に位置づけられる詐欺が「地面師詐欺[80]」で、なりすましの成功度は最も低い詐欺の部類に入る。対極に位置するこの2つの詐欺を考察することで、千変万化するといってもよいほど形態変化する詐欺の「なりすまし」を整理し、それらの特性を理解する枠組みを準備する。以下に、国際ロマンス詐欺と地面師詐欺の大まかな位置づけを示す図を掲げる（図4）。詐欺がおこなわれる場面設定が対面か非対面かの軸と、なりすまし対象の属性が社会

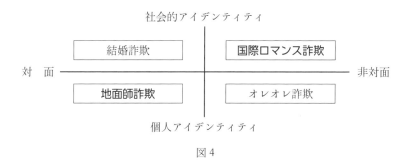

図4

的アイデンティティに関わるものか個人アイデンティティに関わるものかの軸を直交させて、4象限で考える図である。（この図では「相手の欲望の強さ」は同程度に強いことを前提にしている。）

　まず、「国際ロマンス詐欺」から見ていく。近年社会問題化している国際ロマンス詐欺は、従来からある結婚詐欺のヴァリエーションのようにもみえるが、いくつかの重要な点で異なっていることから独自な詐欺類型を構成していると見なせる。

　国際ロマンス詐欺とはどのような詐欺なのか。独立行政法人・日本貿易振興機構（JETRO）のウェブページに「国際的詐欺事件について（注意喚起）」と題された情報が掲載されているので、以下に引用する。（ここでは「国際ロマンス型詐欺」と呼ばれている。）

　　国際ロマンス型詐欺
　　　インターネットの出会い系サイトやソーシャルネットワーキングサービス（SNS）などを通じて知り合った欧米系や紛争発生国に在住などと名乗る異性（軍人、医師、国連職員、船員、資産家等）から、交際や結婚を申し込まれ、その後、多額の秘密資金や資産、第三国での投資資金、贈答品、家財の送金費用・手数料、あるいは本人・家族の生活費や渡航経費の送金など様々な金銭的要求が出てくる「詐欺」と思われるケースが多発しており、被害事案も含めてジェトロへの相談が急増しています。[81]

　この説明でも一定のイメージを形成することはできるが、具体的な国際ロマンス詐欺の事例を1つ挙げておく。次の引用は、国際ロマンス詐欺事件を報道した2019年2月6日付の新聞記事である。被害者は広島在住の50代の日本人女性である。後述する特徴が全て揃っている典型的な国際ロマンス詐欺である。

　　「You are my sunshine（あなたは私の太陽です）」「I love you」。SNSで外国人から情熱的に愛を打ち明けられ、交際を申し込まれた。信頼しお金を貸したとたん、連絡が途絶えた——。「国際ロマンス詐欺」と呼ばれる被害が各地で相次いでおり、広島県警は〔2019年2月〕4日、外国籍の容疑者2人を逮捕した。

県警によると、県内の 50 代の女性は昨年［2018 年］5 月、交際相手を探すインターネットのアプリで「米軍人」を名乗る男と知り合った。翻訳機能を使って LINE（ライン）やメールでやりとりする中で、男性は生い立ちや暮らしぶりを語り、砂漠で活動する写真やパスポートの画像を送ってきた。毎日のように、愛の言葉が添えられていた。

　2 カ月が経つ頃、「戦利品のダイヤモンドを手に入れた。10 億円相当だ」と連絡があった。翌月には、ダイヤを税関に通す際の費用の肩代わりを頼んできた。お金はダイヤを売り、4 割の利息を付けて返すという。女性は指示された口座に振り込むなどして計 915 万円を渡したが、その後、男と連絡が取れなくなった。

　この事件で県警は口座の名義などから〔2019 年 2 月〕4 日、いずれも東京都在住でフィリピン国籍の女（41）と、ナイジェリア国籍の男（35）を詐欺容疑で逮捕した。この詐欺グループによる被害総額は、全国で数千万円に上るとみている。[82]

　国際ロマンス詐欺に関する国内で唯一といえる調査[83]では、以下の定義が使われている。国内で近年発生した被害の実態を反映した定義であり、日本人を詐欺対象として展開されている国際ロマンス詐欺の定義としてはきわめて妥当なものである。

　　国際ロマンス詐欺とは、SNS（ソーシャルネットワーク）やデートサイト・アプリ（出会い系、婚活系）、非恋愛系の交流サイト・アプリ（言語学習、交流系）などを介して、自分ではない人物に成りすました外国人がサイトやアプリのユーザーに近づき、恋愛関係・信頼関係を構築した上で国際送金を通してお金をだまし取るというものである。[84]

　国際ロマンス詐欺で詐欺師が詐欺対象との間に「恋愛関係・信頼関係」を速やかに構築することは、米国連邦捜査局（FBI）がウェブページ上の "Romance Scams" の欄で注意喚起している点である。（「国際」の語は付いていないが、日本で国際ロマンス詐欺と呼ばれている詐欺のことを指している。）

ロマンス詐欺は、犯罪者がオンライン上の偽りのアイデンティティを盗用して被害者の愛情および信頼を得ることから始まる。詐欺師は、その後、ロマンチックな関係または親密な関係という幻想を利用して被害者を操作し、そして／あるいは被害者候補から金品を盗み取る。

　ロマンス詐欺を実行する犯罪者たちは、嘘偽りがなく、思いやりがあり、信用できる人物だと思わせる専門家である。詐欺師たちは、ほとんどの出会い系サイトとSNSに出現する。

　詐欺師の意図は、できるだけ早く関係を構築し、被害者に自分を愛させるようにし、信頼を得ることにある。詐欺師たちは結婚を申し込んだり、直接会う計画を立てたりするが、それらは決して実現しない。最終的に彼らはお金を求めてくる。[85]

　詐欺対象から詐欺師が金品を詐取する手口に関しては、先に引用した日本貿易振興機構（JETRO）が整理したものがウェブページに掲載されている。

【最近の具体的な手口】

　婚約者や恋人を装った犯人の金品詐取の手口は巧妙かつ多種多様ですが、ここでは幾つかの事例を紹介します。

• 自身の資産や高額の贈り物、家財を日本に送付するための費用や手数料の支払い要求。

• 現金や高価な贈り物が、積み替え港、到着港の税関で差し押さえられ、その関税や解除金、罰金を当局に支払う必要があるとして金銭を要求。[86]

• 任地（紛争発生国）から日本に渡航するための航空賃を要求。

• 送った貨物の保険料として金銭を要求。

• 出張先で至急現金が必要となる緊急事態が生じ、送金を要求。

• 新たなビジネスのための機械を購入したが、持っていたカードが使用できないため、機械代金の立て替えを要求。

• 別れた前妻との間の子供が重病で、その入院費用と治療費を要求。

• 弁護士と名乗る者から、あなたの婚約者が海外の当局で拘束されたといって、その解放のための弁護士費用を要求。[87]

以上、国際ロマンス詐欺の実態について少し詳しく紹介してきた。結婚詐欺の別名として恋愛詐欺やロマンス詐欺があることから、国際ロマンス詐欺も結婚詐欺の一種のように考えるむきもある。確かに「ロマンチックな関係または親密な関係という幻想を利用して被害者を操作し、そして／あるいは被害者候補から金品を盗み取る」（前掲の FBI のウェブページ）という点だけに注目すると、従来からある結婚詐欺と変わらない。しかし、国際ロマンス詐欺には従来型の結婚詐欺とは異なるいくつかの重要な特徴があり、それらの諸特徴が相互に関連し合って 1 つの全体をなしている国際ロマンス詐欺は、結婚詐欺とは区別される独自の詐欺類型と見なすべきである。

　第一の違いは、最初の接触の仕方とその後のコミュニケーション形態の違いである。結婚詐欺では、詐欺師がマッチングアプリなどで接触し、オンラインでやり取りしたのちに直接会うパターンもあるが、最初から婚活パーティーなどで直接出会い、交際に発展していくパターンも少なくない。いずれにせよ、結婚詐欺の場合、詐欺師と詐欺対象とはいずれ直接対面することになる。もし詐欺師が詐欺対象との対面を避け続けていけば「結婚しようというのに直接会おうとしないなんて何か変だ」と詐欺対象に疑念を抱かれてしまうだろう。これに対して、国際ロマンス詐欺では詐欺師と詐欺対象は対面しないことを原則とする。[88]国際ロマンス詐欺では最初の接触から最後まで一貫してオンラインのみでやり取りがおこなわれるのがほとんどである。[89]詐欺師が詐欺対象と直接会わなくても詐欺対象に疑われない設定になっているか、そうした設定をつくり出していくのである（後述）。

　直接対面しないことを原則とする国際ロマンス詐欺では、なりすましがバレる危険性はきわめて低い。インターネットを介したコミュニケーションといっても、おもにチャットと写真といった情報量のきわめて少ない媒体によるものである。ときに電話を使うこともあるが、その場合でもせいぜい声を通したやり取りである。[90]詐欺師による情報操作は容易であり、なりすましによって構築される軍人・戦場ジャーナリストといった「見かけの社会的アイデンティティ」に疑問を抱かせるような余計な情報が伝わることもない。結婚詐欺の場合、詐欺師が詐欺対象と対面状況で接触を続けていくと「ぼろが出る」危険性があるが、国際ロマンス詐欺ではそうした機会はまず生じな

い。後述するように、「今は直接会うことができない」職業設定（軍人・軍医・軍看護師・戦場ジャーナリスト・国際的な技術者・国際的なビジネスマンなど）や状況設定（戦場・紛争地域・外国の辺境の地・洋上など）になっているため、詐欺師が直接的な対面を避け続けても詐欺対象が疑問に思うことはない。前掲のFBIのウェブページには、この点についても記載がある。（詐欺師の具体的な職業設定は日本の場合とは若干違いはあるが、詐欺に使うロジックは同一である。）

　　詐欺師たちは、自分たちが建設業界にいて、合衆国の国外のプロジェクトに従事していると語ることがよくある。こう言っておけば、直接会うのを避けていても怪しまれない。そして、ケガをしたので医療費を送ってほしいとか、予期しなかった法定料金が必要になったので送ってほしいと言われても、もっともらしく感じる。[91]

　もちろん、インターネット上でもビデオ通話は可能だから、詐欺対象がそれを求めることはある。しかし、ビデオ通話は「業務上禁止されている[92]」などと返答して、詐欺師はその要請をやんわり断る。このようにして、公式（P〜d×s）［「なりすまし（passing）が成功する度合い」は「詐欺対象の欲望の強さ」と「詐欺師本人の自己に関する情報の少なさ」の積に比例する］の「詐欺師本人の自己に関する情報の少なさ（s：scantiness of information）」は最少レヴェルに保たれる。国際ロマンス詐欺の成立を可能にしているのは、詐欺対象の「騙されやすさ」よりも、「直接対面しない」という条件によって保護されたなりすまし対象の「バレにくさ」の要因である。

　詐欺師本人は対面するつもりなど毛頭ないのに、口先では詐欺対象に「すべての仕事が終わったら日本に行き、君に会いたい、結婚したい[93]」などの甘い言葉を連発する。当然これは詐欺対象の恋愛感情を刺激し、公式（P〜d×s）の「詐欺対象の欲望の強さ（d：desire）」を増大させる。そして、その都度「トラブル」が発生して「会いに来られなくなった」なりすまし対象は、その「トラブル」解決のために詐欺対象に送金を求めるという段取りになっている。前掲の【最近の具体的な手口】［金品詐取の手口］のうち「現金や高価な贈り物が、積み替え港、到着港の税関で差し押さえられ、その関税

や解除金、罰金を当局に支払う必要があるとして金銭を要求」「任地（紛争発生国）から日本に渡航するための航空賃を要求」「出張先で至急現金が必要となる緊急事態が生じ、送金を要求」「弁護士と名乗る者から、あなたの婚約者が海外の当局で拘束されたといって、その解放のための弁護士費用を要求」がこのタイプの手口に該当する。詐欺師は詐欺対象と「直接会えない」（実際は「直接は会わない」のだが）ことを最大限に利用する。

　第二の違いは、なりすまし対象の社会的アイデンティティの属性の違いである。「結婚を名目に異性に近づいて、金品などを詐取する犯罪行為[94]」である結婚詐欺では、異性を惹きつける属性を利用する。この目的で利用される属性には、見た目のよさや美貌などの身体的魅力のほかに、比較的高い学歴・所得や職業威信の高い職業などの社会的アイデンティティに関わる属性がある。詐欺師が男か女かによって異なるが、現代日本社会で望ましい（とされる）社会的アイデンティティを具備している（と見なされる）点では共通している。ある法律事務所のウェブページに、結婚詐欺に関して次のような情報が掲載されている。

　　　たとえば、男の詐欺師であれば、一流大学を卒業し、一流企業に勤務または会社を経営。医者や弁護士であるということも。趣味はゴルフやマリンスポーツ、車や時計、美術品の収集など〔と〕偽っていることがよく見受けられます。
　　　一方、女の詐欺師であれば、いわゆるお嬢様大学を卒業し、アパレルや美容系の店舗を経営。趣味は華道や茶道、料理など〔と〕偽っていることがよくあるパターンです。[95]

　これに対して、国際ロマンス詐欺で騙られる職業は「軍人」が群を抜いて一番多い。日本国内の国際ロマンス詐欺被害者 549 名のアンケートによれば、約半数（47.4％）を占めている。[96] 2019 年 2 月に新聞報道された前出の広島在住女性の国際ロマンス詐欺事件でも、詐欺師のなりすまし対象は「米軍人」だった。同アンケートでは「軍人」以下、「医者・軍医」（24.8％）、「エンジニア」（13.3％）、「ジャーナリスト」（7.7％）、「経営者・自営業・ビジネスマン」（2.7％）と続く。職業威信の高い職業を利用している点では従来型

の結婚詐欺とあまり傾向は変わらないが、「軍」関係（軍人・軍医・軍看護師）、「戦場・紛争地」関係（戦場ジャーナリスト）、「辺境の地」関係（国際的な技術者・ビジネスマン）という特徴が目立つ。そもそもが「外国人」という設定[97]になっている上に、「戦場」「紛争地」「辺境の地」に彼らが「現在いる」との情報によって「容易に帰還できない」ことが正当化される。そうした職業の内実をほとんど知らない一般の日本人は、情報の真偽を疑うことすらできない。しかも、こうした非日常的な舞台設定が、通常なら荒唐無稽な話として笑い飛ばしてしまうようなストーリーにリアリティを与えることになる。現実世界における日常生活の単調さや物足りなさを、映画・ドラマの「強く意味づけられた刺激的な世界」を疑似体験することによって補償してきた人たちは、国際ロマンス詐欺のなりすまし対象の話を信じていくと、現実世界の中に「強く意味づけられた刺激的な世界」が実際に立ち現れているような錯覚に陥る[98]。こうして、国際ロマンス詐欺に取り込まれた人は、「冒険映画」[99]の主人公になったような気分になっていくのだろう。おそらくここに、国際ロマンス詐欺が、「玉の輿に乗る」期待を刺激して騙すタイプの結婚詐欺と区別される点がある。次の事例は、1年半にわたり騙され総額1,200万円を詐取された49歳の日本人女性山田さんが「米国テキサス州で会社を経営している宝石商のトーマス」と出会い系アプリで出会ってから3か月ほど経った時期の出来事である。数々の「困難」を乗り越えて来日する彼とやっと直接会えるということで、彼が指定したホテルにチェックインして待っていたときのことである。

　　［危険なハプニングが起きハラハラさせる］
　　すると翌日、彼から電話がかかってきました。電話の先でざわざわした雑音が聞こえて『ホールドアップ！』という英語が聞こえたかと思うと、電話は突然切れました。その直後に南アフリカのホテルのマネージャーから山田さんあてに電話があり、彼が空港警察に逮捕されたと聞かされました。金塊の輸送量が違反していたらしく逮捕されたので保釈金がいるとのことでした[100]。

　国際ロマンス詐欺には、これら以外にも数々の巧妙な仕掛けが用意されていて、非常に洗練された詐欺だという印象を受ける。おそらく、悪賢い発案

者がいて、プロの詐欺師集団が関わっているのだろう。国際化・グローバル化に伴い、インターネットを介した外国人との（詐欺でない）「非恋愛系の交流サイト」、たとえばランゲージ・エクスチェンジなどの交流サイトが存在している現状において、国際ロマンス詐欺はますます見分けにくくなっている。しかも、詐欺師たちは国際ロマンス詐欺の「進化形」を次々に創案していくだろうから、この種の「なりすまし被害」に遭う可能性は決して低くない。

　さて、国際ロマンス詐欺の対極に位置づけられる詐欺が「地面師詐欺」である。「地面師」とは「他人の土地を所有者になりすまして売却し、その売却代金を詐取する詐欺集団のこと」なので、この詐欺は土地売買の関係者のみが関わる特殊な詐欺ということになる。土地取引に精通した詐欺師集団が土地売買契約のプロを騙す詐欺であるという点からいうと、特別な土地を所有していない私たち一般人が地面師詐欺に遭うことはほとんどない。この発生域の局限性が、まず、広範な人々を巻き込む可能性のある国際ロマンス詐欺と対照的な点である。では、そうした特殊な詐欺である地面師詐欺をなぜ論じるのかというと、国際ロマンス詐欺とは別の意味で、「なりすまし」の成立過程および存立構造を考える好例だからである。国際ロマンス詐欺が「非対面方式の詐欺におけるなりすまし」の代表格だとすれば、地面師詐欺は「直接対面方式の詐欺におけるなりすまし」の代表格である。どちらも「なりすまし」だが、それが成立する条件は全く異なる。

　地面師詐欺とはどのような詐欺なのか。地面師詐欺に関する一般的な説明を確認しておく。時事用語辞典では「地面師」に関して次のように説明されている。

　　　土地の所有者になりすまして不動産取引を持ちかける詐欺グループ。偽造文書を作成して土地所有者に断りなく登記の移転や書き換えを行い、不動産を第三者に転売して代金を騙し取ったり、借金の担保に入れたりする。土地探し、偽造文書作成などの役割を分担し、事件ごとにメンバーを組み替えているとされる。地面師による詐欺被害は、地価高騰で土地取引が活発だった1990年前後のバブル期に多発したが、近年、再び被害が増加傾向にある。

地面師詐欺が既遂になるためには、当該の土地所有者「個人」へのなりすましが成功しなければならない。ゴフマンの術語でいえば当該人物の「個人アイデンティティ」のうち司法書士などによる「本人確認」に必要な情報等を詐欺師が完璧にコピーしなければ、この詐欺は成し遂げられない。しかも、一連の詐欺行為の重要な局面で詐欺対象と直接対面しなければならない。そうした直接的な対面状況は、筆者の公式（P〜d×s）でいう「詐欺師本人の自己に関する情報の少なさ（s：scantiness of information）」とは正反対の事態が生じる状況だから、なりすましの成功度はきわめて低くなる。それにもかかわらず地面師詐欺が敢行されるのは、それが成功すれば多額の金銭を手にすることできるからである。「ハイリスク・ハイリターン」の詐欺なのである。こうした特性をもつ地面師詐欺は、詐欺師の間で次のように評価されているという。

　　　詐欺の分類についてはあとで述べる予定だが、最も“高級な”詐欺師とされるのが、不動産を利用して詐欺を働く一群の人々である。彼らは地面師と呼ばれている。[108]

　この最難関の詐欺が、小説・TVドラマ・映画などのフィクションの世界ではなく、現代日本の現実世界でおこなわれているということである。かなり前のデータしかないが、1972〜1981年の地面師事件の認知件数は、最も少ない1978年で697件、最も多い1981年で1,246件ということだから、当時年間5万件以上あった詐欺事件（認知件数）の1〜2%を占めるにすぎず、発生頻度は相当低い詐欺犯罪である。したがって、ほとんどの地面師詐欺事件はときどき世の耳目を引いては忘れ去られていくような事件である。そうした中、「驚天動地の大事件」として記憶される地面師詐欺事件が近年発生している。2017年3月末から6月にかけて詐欺がおこなわれ、その直後に発覚した「五反田の物件をめぐる積水ハウス地面師詐欺事件」（以下「五反田地面師事件」という）である。日本の大手ハウスメーカーである積水ハウス株式会社が東京都品川区西五反田の土地をめぐる詐欺事件で55億5,900万円を騙し取られた巨額詐欺事件である。ここでは、この事件を中心に考察し

ていく。次の引用は、事件発生の翌年に容疑者たちが起訴されたときの新聞報道である。

　　大手住宅メーカーの積水ハウス（大阪市北区）が約63億円を支払った土地取引で所有者になりすまして登記を変更しようとしたとして、警視庁は〔2018年11月〕16日、35〜74歳の男女8人を、偽造有印私文書行使と電磁的公正証書原本不実記録未遂の疑いで逮捕した。他に4人の逮捕状を取っている。警視庁は、土地をめぐり現金をだまし取る「地面師」グループだったとみて詐欺容疑でも捜査している。

　　警視庁は、逮捕された8人が土地所有者や代理人、土地売買を仲介する不動産業者など様々な役回りを演じ分けていたとみている。

　　土地が売りに出されている――。捜査関係者らによると、積水ハウスの担当者に昨年［2017年］3月30日、問題の土地取引を持ちかけたのは会社役員の生田剛容疑者（46）だったとされる。「売りに出されない土地」として知られており、担当者は生田容疑者に対し、売ろうとしている人が本当の所有者なのか確認するよう要望。生田容疑者は後日、公証人役場でパスポートや印鑑証明書によって土地の所有者の女性の本人確認がされたとする公正証書を示した。

　　積水ハウスの担当者と「所有者」との初めての面会は4月20日。生田容疑者に加え、所有者になりすました羽毛田正美容疑者（63）と、その「財務担当」のカミンスカス操容疑者（58）らが出席した。偽造したパスポートや印鑑証明書などを示し、羽毛田容疑者を本物の所有者と信用させた疑いがある。[111]

　　JR五反田駅近くにあった廃業旅館「海喜館（うみきかん）」の敷地に目を付けた地面師グループが土地の所有者になりすます偽装をおこなって積水ハウス（以下「会社」という）を騙し、虚偽の売買契約を結んで55億円余りを詐取したというのがこの事件の基本的な構図である。旅館の元女将・海老澤佐妃子氏（X氏）は旅館およびその敷地約600坪の所有者だったが、事件直前の2017年2月から末期癌で入院していて旅館を不在にしていた（同年6月死去）[112]。これを好機と捉えた地面師グループは、海老澤氏（事件当時72歳）に年格好が近い羽毛田正美（事件当時63歳）をなりすまし役に仕立てた。海老澤氏になりすました羽毛田（偽X）[113]を使って仲介業者の生田剛への本物件の売

買契約を成立させ、さらに生田を中間買主にして虚偽の転売契約を結んで、会社側に 63 億円余りを振り込ませたのである。現場で主導したのは、主犯格の 1 人小山操［カミンスカス操］である。[114]

　なぜ地面師グループは、積水ハウスのような大企業を相手に 55 億円を超える巨額の金を騙し取ることができたのか。それは、地面師たちが詐欺グループとして「土地の所有者」になりすますことに成功したからである。[115] では、なぜ地面師たちのなりすましが成功したのか。この問いに対しては、いくつかの面から答えを出していく必要がある。

　まず最初に指摘すべきなのは、この不動産売買をめぐって会社側に「どうしてもこの物件を手に入れたい」という強い思いがあったことが会社側の交渉姿勢全体に影響した点である。筆者の公式（P～d×s）でいえば、「詐欺対象の欲望の強さ（d）」が増大した状態となっており、これが詐欺対象の「目を曇らせる」一因になったようだ。「五反田駅近くの好立地にある稀少な物件であるものの、所有者が決して売却しようとしない物件として、不動産業者間では有名な物件」[116] で、「入札ならば 80 億から 100 億と噂された物件」[117] である本件不動産を仲介業者の生田がそれより安い価格で転売する話をもちかけたのだから、会社側が「前のめり」の姿勢になったのも無理からぬ話である。[118] 加えて、会社側に転売価格を 70 億円と提示した 2017 年 4 月 13 日の面談の際、生田が「海老澤氏の財務担当」だと紹介した小山操［カミンスカス操］が「X 氏［海老澤氏］がマンションの購入資金として約 3 億円の調達を急いでいる、申込証拠金の 2000 万円だけだと X 氏は翻意する可能性がある、他の購入希望者がたくさん来ているのでスピードが大切だ」[119] と述べたことも、会社側が契約締結を焦る契機になった。

　一方、公式（P～d×s）の「詐欺師本人の自己に関する情報の少なさ（s）」の面では、なりすます詐欺師側にとって非常に不利な直接的対面状況で専門家による「本人確認」の作業がおこなわれる。分が悪い対面状況で地面師がなりすましの成功度を高めるには、対面の回数を減らしたり対面 1 回あたりの時間を短くしたりして直接対面の総時間をできるだけ短くすることで「詐欺師本人の自己に関する情報の少なさ（s）」を低レヴェルに抑えるか、「ぼろが出ない」ように対面交渉の中でなりすまし役になるべく副次的な役割を担わせるようにするだろう。それが地面師の「常道」だという。

ニセ地主を仕立て上げる地面師事件では、なりすまし役と買い手の接触をできるだけ減らすのが彼らの常道である。理由はニセモノだとバレないようにするためだ。ニセ地主を取引現場に登場させるのは、たいてい一度きりで、取引の細かいやり取りについては、手馴れた地面師グループの交渉役がおこなう。[120]

　五反田地面師事件で、これらの点はどうだったのか。「取引の細かいやり取りについては、手馴れた地面師グループの交渉役がおこなう」という原則はしっかり守られている。地面師グループの主犯格の１人だった小山が「海老澤氏の財務担当」と称して交渉の場に立ち会い、交渉において主導的役割を果たしていった。

　しかし、もう一方の直接対面の総時間の点でいうと、なりすまし役の羽毛田が契約の交渉・締結の場に直接立ち会ったのは「一度きり」ではなかった。巨額の売買契約であることに加え、詐欺を疑う会社内部からの指摘や外部から「真の所有者と主張する者からの通知書」（後述）があったことなどがあって、羽毛田（偽X）が会社側との契約交渉・締結等の場面に直接臨む回数は予定では５回、実際は４回になった。

　１回目は、2017年4月20日、羽毛田（偽X）、財務担当役の小山、仲介業者の生田と会社側のA1営業次長・A2事業開発室課長に、双方の司法書士が加わって、積水ハウスの東京マンション事業部会議室で契約の段取りを協議した場面である。この場で土地所有者の海老澤佐妃子氏（X氏）の本人確認書類として提出されたパスポート・健康保険証・印鑑証明の原本、「本件不動産の登記済権利証」[121]のカラーコピーを司法書士が確認したが、偽造には気づかなかった。つまり、「問題なし」と判断されたのである。

　２回目は、2017年4月24日、前回と同じ顔ぶれで売買契約締結と仮登記の申請がおこなわれた場面である。この場では、前回提示された本人確認書類の原本に加え、「本件不動産の登記済権利証」の原本が提出されて、双方の司法書士が確認したが、「登記官や司法書士等の専門家においても偽造であると気が付かないほど精巧にできていた」[122]ため、やはり偽造を見抜けなかった。

　このあと、2017年5月10日に「真の所有者と主張する者からの通知書」[123]

が積水ハウス本社に内容証明郵便で届いた。この手紙の内容は「真実」だった。差出人も、当該不動産の正当な相続権をもつ、海老澤佐妃子氏の異母弟だった。翌5月11日にも類似の内容証明郵便が同本社に届き、その数は計4通になった。それらの手紙の内容について総括検証報告書には次のように記されている。

> 本件通知書1ないし3の内容は、自身（X氏）は売買契約を締結していないこと、本件不動産の仮登記に用いられた印鑑はX氏の実印ではなく、偽造されたものであること、自身面会謝絶で長期間入院中であり、4月24日の売買契約に立ち会うことなどできる状態にないこと、X氏の印鑑登録証のカード番号であるという番号を示した上、自身が同カードを保有していること、パスポート等が提示されていたとしてもその写真は本物のX氏のものではないことなどを理由に、本件不動産に設定した仮登記の抹消を求めるものであった。[124]

しかし、この「真の所有者と主張する者からの通知書」に対し地面師側が「海老澤氏には内縁の夫がいるが、現在関係が悪化していて、今回の売買契約に反対しているためだ」という作り話で自己弁護した結果、この通知書は契約締結を妨害しようとする者による「怪文書」として扱われた。

ただ、この通知書の一件により、会社側は「念のためX氏の本人確認をもう一度行うという方針[125]」を決めた。その機会として、2017年5月19日に予定されていた本件不動産の内覧を利用しようと会社側は考えた。要するに、「海老澤佐妃子」と称している人物が「本物」かどうかは、敷地内をどのように案内するかを見ればわかるということである。しかし、この設定では「偽物」とバレてしまうと考えた地面師側は「本人（偽X＝X氏）」の「体調不良」を理由に内覧には立ち会えないと連絡してきた。

そして、3回目の対面は、決済日前日の2017年5月31日におこなわれた最終打ち合わせの場面である。この最終打ち合わせには、地面師側からは羽毛田（偽X）、財務担当役の小山、手配した弁護士、仲介業者の生田とそのパートナー、会社側からはA1営業次長とA2事業開発室課長が出席し、双方の司法書士も加わって、小山が手配した弁護士の事務所でおこなわれている。このとき、持参するはずだった権利証の原本を地面師側は「〔権利証を

もっている〕内縁の夫との関係がこじれ、〔内縁の夫とは〕会いたくない〔ので入手できない〕」[126]との「合理性のない理由」[127]で提出しなかったが、「弁護士作成の本人確認証明で移転登記可能」[128]という話で収まった。また、パスポート・国民健康保険被保険者証・印鑑登録証明書・戸籍謄本・住民票・除籍謄本・納税証明書・固定資産評価証明書などの必要書類の確認の際、「パスポートに紫外線ブラックライトを照射することにより隠しロゴや隠し写真などを確認する」[129]という特別な形での本人確認がおこなわれたが、「添付されている女性の写真と同じ顔が浮かび上がってきたことが確認」[130]された。ここでも「問題なし」とされたのである。

この翌日6月1日に4回目、すなわち最後の対面的やり取りが積水ハウスの東京マンション事業部会議室でなされた。羽毛田（偽X）、小山、生田、A1営業次長、A2事業開発室課長が集合し、残金が決済された。この直後「詐欺」が発覚していくのだが、その経緯については割愛する。

この一連のやり取りの事実から、直接的な対面状況におけるなりすましの成立過程ないし存立構造に関する知見を大きく2点で引き出すことができる。それらが、対面状況において専門家を前にした別人へのなりすましがなぜ成功したのかという問いに対する答えである。

第一点は、直接対面する状況で遂行される場合であっても、なりすましは、なりすまし役の演技や自己呈示だけではなく、本人確認書類をはじめとする「書類」等を通しても遂行されるということである。不動産契約等の過程で司法書士がおこなう「本人確認」にパスすることがなりすましを構成する重要な作業になっている。

この「本人確認」に当たる英語として "personal identification" が考えられるが、これはゴフマンが『スティグマ』で使っている術語 "personal identification〔個人アイデンティティの同定〕"[131]と同じである。両語が同義だとすれば、ゴフマンのいう「個人アイデンティティ（personal identity）」[132]に一番近い日本語は「本人性」だということである。そして、本人性、すなわち「その人物がほかならぬその人物であること」を確認・確証する方法は、当該人物を個人的に知っているか否かによって形態が大きく異なる。当該人物を個人的に知っている人たちを相手にして当該人物の本人性を確認するには、たとえば「本人とされる人物の顔写真」を彼らに見せて「写真に写って

いるこの人物はP氏（本人）ですか」と尋ねればよい。五反田地面師事件で、このような形で海老澤氏（X氏）を個人的に知っている人たちによる本人確認がおこなわれていれば、羽毛田（偽X）のなりすましはすぐにバレていたはずである。しかし、「昔からの知人や加盟組合（旅館）などへの写真による本人確認については、X氏の不興を買うおそれがあることから実施は困難ということになった[134]」。[133]

　これに対して、当該人物を個人的に知らない人たちを相手にして当該人物の本人性を確証する場合、ゴフマンの術語でいう「アイデンティティ記録文書（identity document）[135]」がおもに用いられる。本人確認の手段として使用される公文書がそれである。具体的にいうと、住民票・戸籍謄本・運転免許証・パスポート・マイナンバーカード・住民基本台帳カード・在留カード・健康保険証・学生証・印鑑証明書などである。一般に氏名・生年月日・現住所・性別・顔写真など個人を識別できる情報が記載・印刷されている文書であるが、健康保険証や住民基本台帳カード（写真なし）が単独では本人確認書類としては使えず、運転免許証・パスポート・マイナンバーカード・住民基本台帳カード（写真付き）が単独で本人確認書類として使える点からすると、本人確認に必須の情報は「氏名」「生年月日［年齢］」「現住所」「顔写真」ということになる。

　五反田地面師事件では、こうした書類の多くが精巧に偽造されていた。一般人にはほぼ不可能な偽造も、偽造の専門家の手にかかると作製可能なものとなる。（実際はきわめて困難だろうが）顔の整形によって人物P氏になりすますことよりも、本人確認書類を偽造して人物P氏になりすますことのほうが格段に容易である。この「書類によるなりすまし」という詐欺行為が地面師詐欺でなりすましが成功する大きな要因となっている。

　第二点は、なりすましの過程でもある本人確認の過程はいくつかの意味で「文脈依存的」であるということである。なりすまし役の演技や自己呈示は、それ自体が取り上げられて真偽が判断されるのではなく、舞台装置や共演者たちと一体化したものとして受け取られたり、背景を参照しながら前景物を見たり、前後関係から現在の判断を下したりするということである。

　「**A, B, C, D**」というアルファベットの中に置かれた数字「13」を文字「B」と読み間違ったり「**12, 13, 14, 15**」という数列の中に置かれた文

字「B」を数字「13」と読み間違ったりする事例は知覚が文脈や知識に強く影響される現象だが、対人知覚でも同様の現象が発生する可能性がある。たとえば同じ顔ぶれでおこなう契約交渉や契約締結でも、その場所が貸会議室と弁護士事務所とでは「信憑性」に違いが出てくるだろう。実際、五反田地面師事件で、羽毛田（偽X）たちが会社側と面会した3回目の場所は、小山が手配した弁護士の事務所だった。正式契約を結ぶ最終打ち合わせには「最適」の場である。また、元「ABCホームの財務部長」から地面師に転身した小山という最高の「役者」でもって脇を固めたことが交渉場面全体に真実味を加えていった。

そして、公的書類による「本人確認」が済んだ後になると、それが一種の背景的知識となり、なりすまし役を「本人」と見なす傾向が強くなる。「書類によるなりすまし」が「演技・自己呈示によるなりすまし」を補う形で働くのである。3回目の面会で羽毛田（偽X）が些細だが重要な事柄の書き誤り（生年の干支の誤り）を犯したにもかかわらず、会社側が重大な疑念を抱くには至らなかったのも、精巧な偽造パスポートの効果（前述）に加えて、こうした文脈依存効果によるものと考えられる。

さらに、契約の手続きを予備的なものから正式のものまで段階を踏んで進めていることは、何重もチェックし厳格な判断を下しているようにみえる一方で、前の段階での「確認」が次の段階での「確認」の判断材料になってチェックの甘さを生み出しているともいえる。すなわち、「前の本人確認で何も怪しい点はなかった」という情報が「今回の本人確認でも怪しい点は出ないだろう」という予断を生み出すということである。「何回も確認したのに虚偽に気づかない」ではなく「何回も確認したから虚偽に気づかない」のである。奇妙な表現だが、詐欺行為の積み重ねによって詐欺対象の側に詐欺師たちへの「信頼」が蓄積されていく事態だといってもよい。

次の引用は、前出の社会学者がオレオレ詐欺を題材にして「声」による「個人アイデンティティの同定［本人確認］」の過程ないし構造について述べたものだが、オレオレ詐欺に限らず日常のあらゆる対人認知に当てはまる指摘である。

　　その〔オレオレ詐欺の〕犯行の手口から推測されるのは、どうやら私たちは

単純に音声を情報として入手し、これを記憶痕跡と照合して他者の同一性を認識するのではなく、その他者が現れる場面を総合的に判断して相手を特定している、ということである。他者の再認は、その意味で文脈依存的である。……つまり、日常生活のなかで他者の再認の可能性が問題とならないのは、その他者との関わりが比較的安定した文脈のうえに成立しているからであり、一定の文脈を離れたところに他者が現れると、その再認はかなりの程度まで不確かなものになってしまうのだ。[138]

　もちろん、上で論じた要因だけで五反田地面師事件で地面師グループが詐欺を既遂に持ち込めたことを完全に説明できるわけではない。この事件の背景として会社の「リスク管理」「コンプライアンス」さらに「組織体制」の問題点を指摘する論者もいる。[139]個別の人間関係など偶然的な要因が関与していないともいえない。ただ、少なくとも五反田地面師事件の過程からわかるのは、専門家と呼ばれる人たちによる「本人確認」の効力には限界があるということである。そして、それは、専門家個人の力量不足から生じるというより、契約という対人行為の本性に基づくものである。確かに「この人物は本当にこの人物がそうだと称する人物なのか」と徹底して疑えば「完璧な」本人確認がなされる可能性はある。しかし、契約を結ぼうとする相手を全く信頼しないそうした姿勢は、「契約における非契約的要素」[140]の１つである「信頼」と全く反する。五反田地面師事件で、会社側が海老澤氏の知り合いに対して写真による本人確認を実施しなかったのも、それが海老澤氏に知られたら「信頼」が崩壊してしまうと会社側が考えたからである。「契約は契約だけで独立しているのではなく、信頼など、契約に先立つ非合理なものがあってはじめて契約として成り立つ」のだとすれば、「ある程度の証拠」[141]があれば相手に対する疑いは停止しなければならない、すなわち「ある程度の証拠」があれば相手を信じなければならないということである。こうした疑心抑制メカニズムのようなものが契約という対人行為に内在しているかぎり、地面師がつけ込む余地はなくなることはない。

【発展課題⑦】

「詐欺師本人の自己に関する情報の少なさ」という観点から、諸種の「詐欺」を分類・整理してみよう。

【発展課題⑧】

国際ロマンス詐欺の個別事例を題材として、詐欺対象が国際ロマンス詐欺に取り込まれていく過程＝詐欺師が詐欺対象から信頼を獲得し惹きつけていく過程とその仕掛けについて考察してみよう。

【発展課題⑨】

近年、国際ロマンス詐欺だけでなく「国際投資詐欺」[142]という手口による被害が国内で急増しているが、国際ロマンス詐欺と国際投資詐欺とを比較して、両者の共通点と相違点について考察してみよう。

【発展課題⑩】

対面状況で展開される従来型の「結婚詐欺」で、詐欺対象が取り込まれていく過程＝詐欺師が詐欺対象から信頼を獲得し惹きつけていく過程とその仕掛けについて考察してみよう。

【発展課題⑪】

「なりすまし被害」の問題を、「情報理論」や「メディア論」を援用して、整理してみよう。

注［第3章 『スティグマ』を使う］

［1.「恐喝」の構造］

1　日本の刑法では「恐喝」と「脅迫」は別の犯罪を構成する。この点に関しては、第2章の注163を参照のこと。

2　国語辞典には「かつあげ」に関して「恐喝の隠語。脅して金品を奪うこと」（『広辞苑』）、「〔俗〕恐喝して金品を巻き上げること」（『明鏡国語辞典』）などの記述がある。

3　ゴフマンが『スティグマ』で論じている "blackmail" に一番近い日本語は「ゆすり（強請）」だと筆者は考える。しかし、「ゆすり」とひらがなで表記すると「　」なしでは1つの単語と

して識別されにくい。一方、漢字表記の「強請」では「ゆすり」とはなかなか読めず、「ゴウセイ」と読む微妙に異なる語を指すこともあって具合が悪い。したがって、セカンドベストではあるが、ここでは「恐喝」の語を使用することとする。

4　ST: 75-6＝訳 130-2。

5　『明鏡国語辞典』の「ゆすり（強請）」の項目の説明である。

6　PS: 141＝訳 164。

7　『華やかな殺意——西村京太郎自選集〈1〉』（徳間文庫）に収められている。

8　「名義貸し」が違法行為であるというのは事実である。知人から「絶対に迷惑はかけないから名前だけ貸してほしい」といわれてその人が承諾して、知人がその人の名前で契約を結んだとしたら、それは立派な「詐欺行為」になる。詐欺師が語っていることが「虚偽」ではなく「真実」であるところにこの名義貸し詐欺の厄介な点がある。

9　本書第 2 章の 2 の(7)「なりすまし」の箇所である。

10　https://cybersecurity-jp.com/column/51093［2022 年 7 月 21 日閲覧］。このサイトでは、セクストーションを「セクストーションスパムメール」「アダルトサイト閲覧中に偽の警告を表示」「SNS でのオンライン美人局」の 3 タイプに分けている。これらのうちの 1 タイプをセクストーションという語で呼んでいるものが多い中、このタイプ分けは参考になる。

11　正確にいうと、「直前に製造されたスティグマを利用する」型の恐喝ということだが、ここでは簡潔に「スティグマ製造」型の恐喝と呼んでおく。

12　https://www.hamlife.jp/2019/07/09/okuyamisagi-jr8-taiho/［2022 年 7 月 21 日閲覧］。元の手紙には銀行名・支店名・支店番号・口座番号・口座名義人が記されていたが、ここでは重要でないので、伏せておく。ネットの情報によると、2019 年 6 月下旬に北海道内の遺族に 20 件以上送られてきたようだ。なお、「お悔やみ詐欺」がゴフマン社会学に関連づけられるという発想は、北海道教育大学札幌校で 2019 年におこなった「社会学特講」の受講者にヒントを得ている。

13　ST: 31＝訳 59。

14　ST: 76＝訳 132。

15　ST: 76＝訳 132。

16　向谷 2006: 41-2。

17　日向野 2007: 34-5。

18　セクストーション・スパムメールで恐喝が成立してしまう情報環境がどのようなものかと想像していくと、ジョージ・オーウェルの『1984 年』に描かれている世界のような全面的な監視社会がリアリティをもっていることになる。

19　法務省法務総合研究所 2022: 13。

20　ST: 6＝訳 132。ただし、現在の邦訳ではこの“"full" or classic blackmail”の箇所が忠実に訳されていない。「〈従来からある〉、すなわち定型的な脅迫」と訳されている。

21　ST: 76＝訳 131。ただし、現在の邦訳では「自己免責型脅迫」となっている。「脅迫」を「恐喝」に入れ替えれば可だが、意味を取れば「恐喝をしても追及されない恐喝」のほうが適切な訳だと筆者は考える。

22　「暗数（black figure）」とは、「現実に発生した犯罪のうち、犯罪統計では把握されない犯罪数」（『ブリタニカ国際百科事典』）のことを指す。「被害者にも気づかれずに終わる犯罪」（同書）や「気づかれても警察に届け出がなされない犯罪」（同書）がこの暗数を構成する。後者のパターンで被害を警察に届け出ない理由としては、軽微で些細なので届け出るまでもない

と考えたり、届け出ることで生じる加害者側からの報復を恐れたりすることがあるほか、性犯罪被害や家庭内暴力（DV）のケースにみられるように、「恥」の意識が働くため届け出を躊躇することもある。恐喝被害を届け出ないケースの一定部分でも、この恥の意識が働いている。

[2. 「大学デビュー」という現象]

23　『明鏡国語辞典』の「旅の恥はかき捨て」の項目の説明である。

24　佐々木 2000: 31。

25　佐々木 2000: 31。

26　佐々木 2000: 31。

27　ST: 65-6＝訳 115。

28　「スティグマ潜在者」は、ゴフマンの術語「信用を失いかねない者（the discreditable）」をわかりやすく言い換えた筆者の術語である。本書第 2 章の 2 の(1)「スティグマ顕在者／スティグマ潜在者」の箇所を参照のこと。

29　本書第 2 章の 2 の(7)「なりすまし」の箇所である。

30　外川 2020: 9。

31　「スティグマ顕在者」は、ゴフマンの術語「信用を失った者（the discredited）」をわかりやすく言い換えた筆者の術語である。本書第 2 章の 2 の(1)「スティグマ顕在者／スティグマ潜在者」の箇所を参照のこと。

32　「キャラ」は国語辞書的には「キャラクターの略」とされ、その「キャラクター」には「性格。人格。また、その持ち味」「小説・映画・漫画などの登場人物」（『明鏡国語辞典』）といった説明が付されている。「性格」というと本人の本来の性質が発現しているニュアンスが強く、「登場人物」というと「劇」という虚構世界に内在しているニュアンスが強く感じられる。「役柄」という訳語も考えられるが、その場合、「演じている」という側面が少し強調される。おそらく、そのどれも「キャラ」の語義を的確に表していないから、若者を中心に「キャラ」という語が用いられているのだと思う。「キャラ」論に関しては数多くの論考があるが、本論考は「キャラ」論をメインテーマにするものではないので、それらには触れない。ここでは、「キャラ」に関する心理学的研究をおこなっているある論者の規定「小集団内での個人に割り振られた役割や、関係依存的な仮の自分らしさ」（千島・村上 2015: 130）といった意味で「キャラ」の語を理解しておく。

33　この「キャラ」の持続性という傾向は、ポジティヴな「キャラ」の場合でも同じである。「陽キャ［陽気なキャラ］」というキャラが定着すると、気分が落ち込んでいるときでも「陽キャ」を演じなければならなくなる。

34　千島・村上 2015: 136。

35　千島・村上 2015: 136。

36　ここに「高校デビュー」という類似現象が発生する理由がある。高校デビューに関しては、河原和音の漫画『高校デビュー』（集英社文庫）がある。ただし、中高一貫校では高校デビューのような現象は起こりにくい。

37　https://www.univcoop.or.jp/press/life/report.html［2022 年 7 月 30 日閲覧］。

38　学研教育総合研究「高校生白書 Web 版」（2018 年 9 月調査）https://www.gakken.co.jp/kyoikusouken/ whitepaper/h201809/chapter4/05.html［2022 年 7 月 30 日閲覧］による。この調査には、2021 年 8 月実施のものもあるが、コロナ禍で高校でもリモート授業が導入されて

「通学時間」の調査項目がなくなったため、古いほうのデータを使用した。

39　日本学生支援機構の「令和2年度 学生生活調査結果」https://www.jasso.go.jp/statistics/
gakusei _chosa / 2018.html［2022年7月30日閲覧］による。高校生と大学生を同じ調査で対象
にしたものがないので、2つの異なる調査を用いた。

40　「大学デビュー」という語がいつ登場したかについて確たる情報はない。1992年発行の入
不二基義他著『大学デビューのための哲学』（はるか書房）が確認できるが、現在使われてい
る「大学デビュー」とは語の用法がかなり違う。一方、2004年発行の田中圭一・ひぐちゆう
じ著『失敗しない大学デビュー』（飛鳥新社）は現在の用法と同じだと判断できるので、「大
学デビュー」の語が一般に流布したのは2000年代以降と推断できる。この語が現在でも「死
語」になっておらず、20年ほど使い続けられているという事実から、「大学デビュー」とい
う現象は一時的な流行ではなく、持続的で一定のリアリティをもつ現象であると考えてよい
だろう。なお、「大学デビュー」が『スティグマ』の叙述内容に関連しているという発想は、
北海道教育大学札幌校で2019年におこなった「社会学特講」の受講生にヒントを得ている。

41　中臺他 2016: 31。

42　中臺他 2016: 32。

43　中臺他 2016: 32。

44　武田他 2016: 71。

45　明確な基準があるわけではないだろうが、「高校生っぽい」ファッションと「大学生っぽ
い」ファッションの区別という認識が広く共有されていれば、同一人物が高校生から大学生
になったときに着る服のブランドや種類は変わっていくだろう。

46　https://ranking.goo.ne.jp/ranking/32767/［2022年7月30日閲覧］。

47　『日本国語大辞典』の「イメージ・チェンジ」の項目の説明である。

48　ピアスや入れ墨など「永久的ないし半永久的に身体の一部を外科的に変形加工する習俗」
（『ブリタニカ国際大百科事典』）は「身体変工（mutilations and deformations）」と呼ばれる。
「変工目的や施す時期もさまざまであるが、成年式や秘密結社への加入などと関連して行われ
ることが多いのは注目される」（同上）との指摘がある。

49　武田他 2016: 71。

50　武田他 2016: 73。

51　武田他 2016: 74。

52　「帰属理論（attribution theory）」によると、「絶望感（hopelessness）」という帰属依存感情は
「失敗などの否定的な結果が、能力などの安定要因に帰されるときに生じる」（蘭・外山 1991:
72）感情である。能力は、魅力・性格などと同じく「内的で安定的な要因」である。

53　https://araibu100.com/gloomy-person-university-debut/［2022年8月5日閲覧］。

54　https://kirari-media.net/posts/4289［2022年8月5日閲覧］。

55　「見かけの社会的アイデンティティ」はゴフマンの術語 "a virtual social identity" に筆者が充
てた訳語である。詳しくは、本書第2章の注5を参照のこと。

56　ST: 75＝訳 130。

57　https://www.tnews.jp/entries/5059［2022年8月5日閲覧］。

58　ST: 79＝訳 137。原語の "disappearance" は現在の邦訳では「蒸発」と訳されている。この
「蒸発」という語は1970年代にはよく使われたが、「家出」のような事態を指す語としては現
在「失踪」が最もよく使われる。

[3. 「なりすまし被害」の諸相]

59 ST: 74＝訳 128-9。この引用の最後の文に出てくる「投企する」の原語は"project"である。この語は、ゴフマンが多大な影響を受けたフロイトの精神分析で「投影する」「投射する」を意味する語だが、ゴフマンはそれを彼独自の意味に改変して「状況の定義」論に組み込んでいる。おそらく、フランスの実存主義哲学者のジャン＝ポール・サルトル（Jean-Paul Sartre）の「投企（projet）」概念を重ね合わせた用法である。

60 ゴフマンの術語「社会的情報」とほぼ同じ意味で用いている。本書第 2 章の 2 の(2)「社会的情報」の箇所を参照のこと。

61 「なりすまし」行為自体は犯罪ではない。遊び半分でおこなわれるなりすましもあるだろう。既婚男性が結婚指輪を外して「独身」になりすまして合コンに参加しても、それだけでは「違法行為」ではない。なりすまし行為によって金品を詐取して初めて「詐欺」という犯罪になる。

62 チャットといっても「写真」や短い「動画映像」を添付することもできる。ただ、そうした場合であっても、あくまで「文章」が主要な地位を占めていて、「写真」や「動画映像」は従属的な地位にあるだろう。

63 たとえば、テレビ番組を通常の状態（映像＋音声）から「消音」にして「字幕」を出している状態（映像＋文字）に切り替えてみるだけで、「音声」情報に比べて「文字」情報がいかに情報量の乏しいものかが実感できる。後者の状態から、仮に「映像」だけを消す操作が可能だったとしたら、その状態が SNS のチャットや PC のメールの情報量だということである。

64 「確然たる標識（positive mark）」（ST: 56＝訳 100）とは、「その人がほかならぬその人である」と確実に判別できる標識であり、「写真的心像」や「氏名」などがそれに当たる。「声を聞けば誰かわかる」というときに「声」は「確然たる標識」だが、そこまで確実な標識ではないと思われる。本書第 2 章の 2 の(4)「個人アイデンティティ」の箇所を参照のこと。

65 鈴木 2009: 154。鈴木（2009）はこのあと社会的アイデンティティや個人アイデンティティの同定が「文脈依存的」であるという重要な論点を指摘している。この点に関しては、「地面師詐欺」を考察する箇所で取り上げる。

66 「受け子」は詐欺師仲間の隠語で、オレオレ詐欺などで直接現金を受け取る役をいう。現金を引き出す役の「出し子」と同様、特殊詐欺の末端を担うため、中高生などの少年がバイトとして勧誘されて犯行に及ぶことも少なくない。警察庁「令和 2 年度における特殊詐欺の認知・検挙状況」によると、特殊詐欺で検挙された少年のうち「受け子」が占める割合は 8 割に達する。

67 「なりすましが成功する度合い」は必ずしも「詐欺が成功する度合い」を意味しない。詐欺師などがなりすまし対象としての自己呈示がうまくいく度合いのことを指す。

68 筆者がここで使っている「情報の少なさ」という語は、数学的には全く適切でない。「情報の少なさが大きくなれば」といった矛盾する表現をしなければならなくなるからである。「情報の欠損度」「情報の不足度」のような用語のほうが数学的には適切だが、それらの用語を使うと後の記述がきわめて複雑でわかりにくくなってしまう。したがって、ここでは数学的な厳密さを放棄して、「詐欺師本人の自己に関する情報が少ないほどなりすましの成功度は高くなる」ことを表すために「詐欺師本人の自己に関する情報の少なさ」という項を設定する。また、「少なさ」を量的な規定として想定してはいるが、情報科学において規定される「情報量」のように厳密に数量化されたものを想定していない。日常生活で使われる「写真

データは画質がきれいなほどファイルサイズが大きくなる」とか、「写真に比べて動画のファイルサイズは圧倒的に大きい」とかのレヴェルでの「量」的な理解を指している。「百聞は一見にしかず」「論より証拠」という慣用表現に表されている、「音声言語情報」<「視覚情報」または「文字」<「写真」といった理解のレヴェルだといってもよい。旧来の電話が「音声」情報のみであるのに対して、テレビ電話は「音声」情報＋「動画映像」情報であるから、伝えられる情報の種類も量も多いことは誰でも理解できるはずである。

69　記号「〜」は「左右が比例していること」を表す。ただし、筆者の「P〜d×s」という公式は、数学的な意味での公式ではない。詐欺におけるなりましの難易度を理解するための「方便」として理解してほしい。

70　南（1998: 291）を参照のこと。

71　なりすましの成功度の公式でいう「詐欺対象の欲望の強さ」と「詐欺師本人の自己に関する情報の少なさ」の順序と、ここでの叙述の順序とが逆になっている。オルポートらの有名な「デマの法則」にどうしても合わせたいという考えから「なりすましの成功度の公式」の表示では「詐欺対象の欲望の強さ×詐欺師本人の自己に関する情報の少なさ」という順番にした。しかし、文章の流れからは「詐欺師本人の自己に関する情報の少なさ」を先に書かざるを得なかった。

72　社会的アイデンティティは「その人物が何者か（What is the person?）」という問いに答える際に用いられる属性のことで、この場合「職業」「肩書き」「身分・社会的地位」「性格・人柄」などを想定している。

73　個人アイデンティティは、「その人物は誰か（Who is the person?）」という問いに答える際に用いられる属性のことで、「名前」「続柄」「生年月日」「出生地」「現住所」のほか「写真的心像」など、その人物の「唯一無比」性と結びつく属性がそれに当たる。

74　「舞台装置（setting）」は『自己呈示』に出てくる術語である。PS: 22＝訳 25。

75　同様に、「外見（appearance）」も『自己呈示』に出てくる術語である。PS: 24＝訳 27。現在の邦訳では「見せかけ」と訳されている。

76　同様に、「振る舞い・言動（manner）」も『自己呈示』に出てくる術語である。PS: 24＝訳 27。現在の邦訳では「態度」と訳されている。

77　SC: 296。

78　多田 2016: 153。

79　ここでいう「なりすまし」は「なりすまし役の詐欺師がおこなうなりすまし」を指す。ただし、「なりすましの成功度」が高いからといって「詐欺の成功度」が高いとは限らない。詐欺が成功するには、その他の面でクリアしなければならないことがいくつもある。

80　同様に、「なりすましの成功度」が低いからといって「詐欺の成功度」も低いとは限らない。後述するように「なりすまし」は大きく「演技・自己呈示によるなりすまし」と「書類によるなりすまし」があるので、五反田地面師事件における地面師グループのような役割分担や準備・対応などがおこなわれれば、詐欺を既遂に持ち込むことは可能である。

81　https://www.jetro.go.jp/contact/faq/419.html?_previewDate_=null&_previewToken_=&revision=0&viewForce=1 [2022 年 8 月 2 日閲覧]。

82　https://www.asahi.com/articles/ASM25457YM25PITB00D.html [2022 年 8 月 3 日閲覧]。

83　新川（2019）。

84　新川 2019: 4。

85　https://www.fbi.gov/scams-and-safety/common-scams-and-crimes/romance-scams [2022 年 6 月

86　上で引用した2019年2月の国際ロマンス詐欺事件の記事で、詐欺師が詐欺対象に送金を求めた理由がこれである。

87　https://www.jetro.go.jp/contact/faq/419.html?_previewDate_=null&_previewToken_=&revision=0&viewForce=1［2022年8月2日閲覧］。

88　日本でも近年被害が出ている国際ロマンス詐欺では「詐欺師と騙される相手が直接対面しないことを原則とする」といえるが、1970年代から90年代にかけてある日本人が「米軍人のジョナサン・エリザベス・クヒオ大佐」になりすました結婚詐欺事件では詐欺師と詐欺対象とは直接対面していた。吉田（2002）を参照のこと。

89　英語がある程度話せる人の場合、電話でのやり取りで「交際」を続けるケースもあるようである（新川 2019: 22）。

90　国際ロマンス詐欺には、通常の電話を使った形態のものやテレビ電話を使った形態のものもある。

91　https://www.fbi.gov/scams-and-safety/common-scams-and-crimes/romance-scams［2022年6月19日閲覧］。

92　新川 2019: 20。

93　新川 2019: 24。

94　『日本国語大辞典』の「結婚詐欺」の項目による。

95　https://www.gladiator.jp/false-pretenses/2021/06/13/marriage-fraud/［2022年8月12日閲覧］。

96　新川（2019: 10）の「詐欺師が自称する職業」の表から算出した。男女併せた数値である。

97　なりすまし対象が「外国人」、特に「欧米人」という設定が多いことには2つの意味合いがあると考えられる。1つは日本人などアジア人にある「欧米人コンプレックス」を利用していることである。いまだに根強く残っている「欧米崇拝」が詐欺対象である日本人の「目を眩ませる」。もう1つは、これとも関係するが、「愛してる（I love you）」や「君は僕の太陽だ（You are my sunshine）」といった「愛の言葉」の連発しても、「欧米人」が語っていることなので自然に受け取るという点である。あまり「日本人」がしないこの種の愛情表現は、詐欺対象の気持ちを盛り上げていく。

98　この点から、国際ロマンス詐欺で詐欺対象になった人自身に「一方的に詐欺師にだまされるのではなく、みずから進んでだまされていく」（荻野 2005: 24）面があると推測される。このことは、実利的動機だけでない「結婚詐欺」にも当てはまるといえる。

99　英語の"romance"には「恋愛物語」の意味だけでなく「冒険物語」の意味がある。

100　新川 2019: 22-3。

101　新川 2019: 2。

102　新川 2019: 4。

103　「ランゲージ・エクスチェンジ（language exchange）」とは、「チャットやメール等を通じて、自分の母国語をパートナーに教えてあげる代わりに、自分の習得したい言語をそのパートナーから教えてもらう事」である。https://www.rarejob.com/englishlab/column/20151219/［2022年8月14日閲覧］。

104　NPO法人・日本地主家主協会のウェブページからの引用である。原文は「詐取」ではなく「搾取」となっているが、「詐取」の誤りだと思われるので訂正した。その点を除けば、適切な定義である。

105　「特殊詐欺」のことではない。特殊詐欺は「電話などの通信手段を使って、対面すること

なく不特定多数の人から金品をだまし取る詐欺の総称」（『日本大百科全書』）である。オレオレ詐欺が最も有名な例である。ただ、どの国語辞典にも「地面師」が項目として設定されているところからすると、地面師の存在は一般の人たちにも広く知られている可能性がある。

106 『知恵蔵mini』の「地面師」の項目の説明である。

107 刑事上は詐欺罪のほか、有印私文書偽造罪、偽造有印私文書行使罪、有印公文書偽造罪、偽造有印公文書行使罪、公正証書原本不実記録罪などが適用されて、懲役1年以上10年以下の懲役に処せられることが多いようだ。後述する五反田地面師事件では、第一審で主犯格の土井淑雄に懲役11年、内田マイクに懲役12年、カミンスカス操に懲役11年の実刑判決が下されている。

108 久保 2002: 62。

109 宇仁・小林 2018: 41。

110 次の新聞記事に記されている「約63億円を支払った」という事実と食い違っているように思われるかもしれないが、羽毛田（偽X）が積水ハウスから約7億5千万円で分譲マンションを購入する契約をしていたので、その差引額が55億5,900万円だということである。

111 https://www.asahi.com/articles/ASLBJ55T3LBJUTIL03G.html?iref=pc_extlink ［2022年7月6日閲覧］。

112 五反田地面師事件をリスク管理とコンプライアンスの観点から扱った学術論文として樋口（2021）がある。また、この事件のルポルタージュとして森（2018）がある。

113 羽毛田正美は詐欺実行の最前線には立っていたが、「手配役」の秋葉紘子（事件当時74歳）にスカウトされて「なりすまし役」に仕立てられた人物である。末端的役割を果たした人物といってよい。

114 カミンスカス操の旧名は小山操で、五反田地面師事件の主犯格の1人である。羽毛田正美に対してなりすましの指導をしただけでなく、羽毛田だけでは心配なので内縁の夫役を立てたり、信憑性を高めるため交渉現場に弁護士を同行させたりと、現場では主導的役割を果たした。

115 地面師は普通「地面師グループ」として活動し、以下の引用にあるような役割分担があるという。五反田地面師事件に関わった地面師グループにも、ほぼ同様の役割分担があった。

> 概して地面師の犯行グループは、10人前後で構成されていることが多い。犯行計画を立てる主犯格のボスを頂点にし、なりすましの演技指導をする教育係やなりすまし役を見つけてくるのが「手配師」。パスポートや免許証などの書類を偽造する役割の人間を「印刷屋」や「工場」あるいは「道具屋」と呼ぶ。その他、振り込み口座を用意する「銀行屋」や「口座屋」、さらには法的手続きを担う弁護士や司法書士の「法律屋」にいたるまで、それぞれが役割を分担して犯行にのぞむ。（森 2018: 29）

116 積水ハウス 2020: 26-7。

117 積水ハウス株式会社の代表取締役会長宛に2018年1月24日付で提出された「調査報告書」から。

118 生田はもともとアパレル系の会社で成功して有名になった人物で、不動産取引では素人と見なされていたので、この生田の提案を信用できないという声が積水ハウス側にあった。しかし、積水ハウスの営業担当部長代理が以前から生田と知り合いだったことがあって、契約交渉の話が進んだといわれている（森 2018: 44）。

119 積水ハウス 2020: 31。

120 森 2018: 56。

121 積水ハウス 2020: 35。

122 積水ハウス 2020: 35。

123 積水ハウス 2020: 36。

124 積水ハウス 2020: 37。

125 積水ハウス 2020: 38。

126 前掲「調査報告書」から。

127 前掲「調査報告書」から。

128 前掲「調査報告書」から。

129 積水ハウス 2020: 45。

130 森 2018: 49。

131 ST: 57＝訳 102。

132 ST: 51＝訳 93。「個人アイデンティティ」に関しては、本書第 2 章の 2 の(4)「個人アイデ
ンティティ」の項を参照のこと。

133 この方法でない別の方法で羽毛田（偽 X）のなりすましがバレた可能性が高いのは、4 回
目の面会になるはずだった「本件不動産の内覧」の機会である。彼女の敷地案内の仕方が
「勝手知ったる」仕方であるかどうかで「本人性」を見きわめようとしたのである。「写真的
心像」とは異なるが、個人アイデンティティを同定する（＝本人性を確認する）上で「確然
たる標識」に近い役割を果たすものだといえる。

134 積水ハウス 2020: 41。

135 ST: 59＝訳 107。

136 森 2018: 31。2000 年代にマンション開発で広く名の知られた「ABC ホーム」の財務部長
を実際に務めていたのだから、小山は不動産取引のプロだったわけである。

137 森 2018: 48。

138 鈴木 2009: 154。

139 樋口（2021）

140 「契約における非契約的要素」は、デュルケームが『社会分業論』で提出した考え方を
T・パーソンズが『社会的行為の構造』で定式化したものである（パーソンズ 1982: 28）。ゴ
フマンは『アサイラム』の中でデュルケームのこの考え方に言及している（AS: 174 ＝訳 184-
5）。

141 中島・岡崎・小川・山田 2021: 199-200。

142 国際的詐欺は、大きくロマンス系と投資系に分けられるといわれる。その分類に従えば、
本論考で対象にしたのは前者のロマンス系に該当する。後者の投資系は「国際投資詐欺」と
呼ばれることが多い一方で、「ロマンス投資詐欺」（国民生活センター）と呼ばれることもあ
る。国際ロマンス詐欺は独自な詐欺類型だと考えてよいと思うが、ロマンス系と非ロマンス
系が含まれている国際投資詐欺には再区分が必要かもしれない。いずれにせよ、国民生活セ
ンター越境消費者センターが受けた国際的詐欺に関わる年度別相談件数は、「2019 年度は 25
件（うち投資等に関する相談は 5 件）、2020 年度は 109 件（うち投資等に関する相談は 84
件）、2021 年度は 12 月 31 日までで 187 件（うち投資等に関する相談は 170 件）」https://www.
kokusen.go.jp/news/data/n-20220303_2.html［2022 年 8 月 17 日閲覧］と、国際投資詐欺は実
数・割合ともに近年急増している。

引用文献

阿部恭子（編著），2015,『加害者家族支援の理論と実践——家族の回復と加害者の更生に向けて』，現代人文社.

赤坂憲雄，1985,『異人論序説』，砂子屋書房.

Anspach, R. R., "From Stigma to Identity Politics: Political Activism among the Physically Disabled and Former Mental Patients," *Social Science and Medicine* 13-A.

荒井裕樹，2020,『障害者差別を問いなおす』，筑摩書房.

芦川　晋，2015,「自己に生まれてくる隙間——ゴフマン理論から読み解く自己の構成」，中河伸俊・渡辺克典（編）『触発するゴフマン——やり取りの秩序の社会学』，新曜社.

ブリタニカ・ジャパン，2015,『ブリタニカ国際大百科事典 小項目電子辞書版』(2015年改訂版)

Burk, K., [1935]1984, *Permanence and Change* [Third Edition with a New Afterword], University of California Press.

千島雄太・村上達也，2015,「現代青年における"キャラ"を介した友人関係の実態と友人関係満足感の関連——"キャラ"に対する考え方を中心に」,『青年心理学研究』第26巻第2号.

デュルケーム，É., 2014,『宗教生活の基本形態——オーストラリアにおけるトーテム体系（下）』(山﨑亮訳)，筑摩書房.

柄本三代子，1992,「「常人 - スティグマ保有者統一体」概念，その示唆するところ——Goffmanの「構造」の展開可能性」,『ソシオロゴス』No. 16.

Freidson, E., 1983, "Celebrating Erving Goffman," *Contemporary Sociology* 12(4).

藤井輝明，2003,『運命の顔』，草思社.

藤井良樹，2020,「LGBT教育の現状と課題——高校生のグループディスカッションをてがかかりに」,『金城学院大学論集——社会科学編』第17巻第1号.

藤澤三佳，1992,「スティグマとアイデンティティに関する一考察——精神病患者会の会報の分析から」,『社会学評論』第42巻第4号.

福留　均，2000,『甘えるな障害者 おごるな健常者——脳性マヒの著者が綴る人生』，ハート出版.

ガーフィンケル，H., 1987,『エスノメソドロジー——社会学的思考の解体』(山田富秋・好井裕明・山﨑敬一編訳)，せりか書房.

Gerth, H. H. and Mills, C. W., 1991, *From Max Weber: Essays in Sociology*, Routeledge.

Greenblatt, M., Levinson, D. J. and Williams, R. H. (eds.), 1957, *The Patient and the Mental Hospital*, The Free Press.

グールドナー，A., 1978,『社会学の再生を求めて』(岡田直之ほか訳)，新曜社.

グリフィン，J. H., 2006,『私のように黒い夜』(平井イサク訳)，ブルース・インターアクションズ.

ハンセン病家族訴訟弁護団（編），2018,『家族がハンセン病だった——家族訴訟の証言』，六花出版.

張江泰之，2018，『人殺しの息子と呼ばれて』，KADOKAWA.

日向野利治，2007，『実録 詐欺電話 私はこうしてだまされた』，すばる舎.

樋口晴彦，2021，「積水ハウス地面師詐欺事件の事例研究」，『千葉商大論叢』第 59 巻第 1 号.

ヒンショー，S. P.，2017，『恥の烙印——精神的疾病へのスティグマと変化への道標』（石垣琢麿監訳・柳沢圭子訳），金剛出版.

平野啓一郎，2021，『ある男』，文藝春秋.

法務省法務総合研究所，2022，『犯罪白書（令和 3 年版）——詐欺事犯者の実態と処遇』，日経印刷.

Hughes, E. C., [1937] 1958, "Institutional Office and the Person," in *Men and Their Work*, The Free Press.

井伏香保里，2019，『私の人生を変えた顔』，幻冬舎.

池谷孝司，2017，『スクールセクハラ——なぜ教師のわいせつ犯罪は繰り返されるのか』，幻冬舎.

石黒 毅，1985，「儀礼と秩序——初期のゴッフマン社会学における表出の機能論的微視分析」，『現代社会学』第 11 巻第 1 号.

石井政之・藤井輝明・松本 学，2001，『見つめられる顔——ユニークフェイスの体験』，高文研.

Jacobsen, M. H. and Kristiansen, S., 2015, *The Social Thought of Erving Goffman*, Sage.

角岡伸彦，2005，『はじめての部落問題』，文藝春秋.

勝間和代，2012，『「有名人になる」ということ』，ディスカヴァー・トゥエンティワン.

河村裕樹，2017，「「普通であること」の呈示実践としてのパッシング——ガーフィンケルのパッシング論理を再考する」，『現代社会学理論研究』第 11 巻.

北原保雄，2003，『日本国語大辞典（第 2 版）』，小学館.

北原保雄（編），2020，『明鏡国語辞典（第 3 版）』，大修館書店.

清原和博，2020，『薬物依存症』，文藝春秋.

小早川明良，2018，『被差別部落の真実——創作された「部落の仕事と文化」イメージ』，にんげん出版.

小林健治，2015，『部落解放同盟「糾弾」史——メディアと差別表現』，筑摩書房.

———，2016，『最新 差別語・不快語』，にんげん出版.

クラインマン，A.，1996，『病いの語り——慢性の病いをめぐる臨床人類学』（江口重幸・五木田紳・上野豪志訳），誠信書房.

久保博司，2002，『詐欺師のすべて——あなたの財産，狙われてます』，文藝春秋.

草柳千早，2004，『「曖昧な生きづらさ」と社会——クレイム申し立ての社会学』，世界思想社.

黒江ゆり子，2020，「保健医療におけるスティグマ——人々の内面の動きとアドボケイトとしてのあり方」，『医学のあゆみ』第 273 巻第 2 号.

黒川みどり，2011，『近代部落史——明治から現代まで』，平凡社.

桑畑洋一郎，2010，「ハンセン病者のパッシングに関する一考察——沖縄の療養所退所者を事例として」，『宮崎学園短期大学紀要』第 3 号.

ラプランシュ，J.・ポンタリス，J-B.，1977，『精神分析用語辞典』（村上 仁監訳），みすず書房.

眞鍋貞樹，2008，「失踪問題の解決への政治的・法律的課題」，『法政論叢』第 44 巻第 2 号.

マレー，D.，2022，『大衆の狂気——ジェンダー・人種・アイデンティティ』，徳間書店.

松岡宗嗣，2021，『あいつゲイだって——アウティングはなぜ問題なのか？』，柏書房.

松浦加奈子，2018，「発達障害児に対する特別な配慮実践——授業場面の相互行為を中心に」，

『都留文科大学研究紀要』第87集.

南　昌江, 2020, 「患者として医師としての体験から」, 『医学のあゆみ』第273巻第2号.

三沢明彦, 2010, 『刑事眼——伝説の刑事の事件簿』, 東京法令出版.

見田宗介・栗原　彬・田中義久（編）, 1994, 『縮刷版 社会学事典』, 弘文堂.

三井宏隆, 1985, 「スティグマの社会心理学」, 『哲学』第81集.

————, 1987, 「社会的相互作用場面における身体的スティグマについて」, 『実験社会心理学研究』第27巻第1号.

宮内　洋, 1995, 「繋がらない個人のために——ゴフマン『スティグマの社会学』再考」, 『北海道大學教育學部紀要』第65号.

森　功, 2018, 『地面師——他人の土地を売り飛ばす闇の詐欺集団』, 講談社.

森岡清美・塩原　勉・本間康平（編）, 1993, 『新社会学辞典』, 有斐閣.

向谷匡史, 2006, 『恫喝と脅迫の心理戦術——思いのままに相手を操る言葉のレトリック！』, 日本文芸社.

中臺　麗・石井琴子・関　鋼二・泉水紀彦, 2016, 「大学デビュー行動が適応感に及ぼす影響の検討」, 『東京成徳大学臨床心理学研究』第16号.

中河伸俊, 2022, 「パーソンフッドとスティグマ——自己論とカテゴリー化論のいくつかの課題」, 『情報研究——関西大学総合情報学部紀要』第54巻.

中河伸俊・渡辺克典（編）, 2015, 『触発するゴフマン——やりとりの秩序の社会学』, 新曜社.

中島道男・岡崎宏樹・小川伸彦・山田陽子（編）, 2021, 『社会学の基本 デュルケームの論点』, 学文社.

新村　出, 2018, 『広辞苑（第7版）』, 岩波書店.

西尾祐吾, 1996, 『貧困・スティグマ・公的扶助——社会福祉の原点をさぐる』, 相川書房.

荻野昌弘, 2005, 『零度の社会——詐欺と贈与の社会学』, 世界思想社.

大谷藤郎, 1993, 『現代のスティグマ——ハンセン病・精神病・エイズ・難病の艱難』, 勁草書房.

大和田俊之, 2011, 『アメリカ音楽史——ミンストレル・ショウ, ブルースからヒップホップまで』, 講談社.

パーソンズ, T., 1982, 『社会的行為の構造／デュルケーム論（第3分冊）』（稲上　毅・厚東洋輔訳）, 木鐸社.

ラドクリフ＝ブラウン, R. A., 2002, 『新版 未開社会における構造と機能』（青柳まちこ訳）, 新泉社.

酒井順子, 2010, 『黒いマナー』, 文藝春秋.

坂本佳鶴恵, 2005, 『アイデンティティの権力——差別を語る主体は成立するか』, 新曜社.

三部倫子, 2014, 『カムアウトする親子——同性愛と家族の社会学』, 御茶の水書房.

佐々木土師二, 2000, 『旅行者行動の心理学』, 関西大学出版部.

佐藤唯行, 2000, 『アメリカのユダヤ人迫害史』, 集英社.

佐藤俊樹, 2011, 『社会学の方法——その歴史と構造』, ミネルヴァ書房.

積水ハウス株式会社 総括検証委員会, 2020, 「総括検証報告書［公表版］」.

Shalin, D. N., 2014, "Interfacing Biography, Theory and History: The Case of Erving Goffman," *Symbolic Interaction* 37(1).

新川てるえ, 2019, 『国際ロマンス詐欺被害者実態調査——なぜだまされる?! 国際ロマンス詐欺のマインドコントロール』, 太郎次郎社エディタス.

白石大介，1994，『精神障害者への偏見とスティグマ──ソーシャルワークリサーチからの報告』，中央法規出版．

小学館，2014，『日本大百科全書（ニッポニカ）』（2014年12月更新版）．

小学館「大辞泉」編集部，2022，『デジタル大辞泉』，小学館，https://daijisen.jp/index.html（2022年8月26日現在）

シルバーマン，C. E.，1988，『アメリカのユダヤ人──ある民族の肖像』（武田尚子訳），サイマル出版会．

ソープ，C.，2018，『社会学大図鑑』（沢田博訳），三省堂．

ソルニット，R.，2018，『説教したがる男たち』（ハーン小路恭子訳），左右社．

杉田俊介，2021，『マジョリティ男性にとってまっとうさとは何か──#MeTooに加われない男たち』，集英社．

須長史生，1999，『ハゲを生きる──外見と男らしさの社会学』，勁草書房．

砂川秀樹，2018，『カミングアウト』，朝日新聞出版．

スピッカー，P.，1987，『スティグマと社会福祉』（西尾祐吾訳），誠信書房．

スー，D. W.，2020，『日常生活に埋め込まれたマイクロアグレッション──人種，ジェンダー，性的指向：マイノリティに向けられる無意識の差別』（マイクロアグレッション研究会訳），明石書店．

鈴木智之，2009，『村上春樹と物語の条件──『ノルウェイの森』から『ねじまき鳥クロニクル』へ』，青弓社．

多田文明，2016，『迷惑メール，返事をしたらこうなった。──詐欺＆悪徳商法「実体験」ルポ』，イースト・プレス．

高橋裕子，2000，「ゴフマン理論に見る「構造」──「構造」と「主体」の関係性」，『立命館産業社会論集』第35巻第4号．

────，2002，『「女らしさ」の社会学──ゴフマンの視角を通して』，学文社．

武田恒平・山田耕一・北条亜季・泉水紀彦，2016，「劣等感が大学デビュー行動及び抵抗感に与える影響の検討」，『東京成徳大学臨床心理学研究』第16号．

田中理絵，1998，「養護施設における子どものスティグマに関する研究」，『教育社会学研究』第63集，

────，『家族崩壊と子どものスティグマ──家族崩壊後の子どもの社会化研究（新装版）』，九州大学出版会．

種田博之，2021，「HPVワクチン接種後の有害事象／健康被害をめぐる係争──スティグマの視点より」，『関西学院大学先端社会研究所紀要』第18号．

外川浩子，2020，『人は見た目！と言うけれど──自分の顔で，自分らしく』，岩波書店．

Travers, M., 2001, *Qualitative Research Through Case Studies*, Sage.

鶴田幸恵，2009，『性同一性障害のエスノグラフィ──性現象の社会学』，ハーベスト社．

上田　敏，1996，『リハビリテーション──新しい生き方を創る医学』，講談社．

宇仁美咲・小林正典，2018，「地面師詐欺事案から考える我が国の不動産取引と米国のエスクロー制度」，*RETIO*, No. 110.

薄井　明，2012，「社会階級論の磁場の中のゴフマン社会学──彼の最初の公刊論文（1951）に関する一考察」，『北海道医療大学看護福祉学部紀要』第19号．

────，2013，「ゴフマンの「隠れジンメリアン」疑惑──従来のゴフマン理解の見直し」，『北海道医療大学看護福祉学部紀要』第20号．

———, 2016, 「羽化したばかりのゴフマン社会学——第二公刊論文（1952）に関する一考察」, 『北海道医療大学看護福祉学部紀要』第 23 号.

———, 2018, 「アーヴィング・ゴフマンはなぜ化学の勉強を続けなかったのか？——北米の反ユダヤ主義がゴフマンの人生行路と彼の社会学に与えた影響に関する一仮説」, 『北海道医療大学看護福祉学部紀要』第 25 号.

———, 2019, 「ユダヤ人移民二世アーヴィング・ゴフマンと彼の著書『スティグマ』——二十世紀の北米ユダヤ人の社会的地位の変化がゴフマン社会学に与えた影響」, 『北海道医療大学看護福祉学部紀要』第 26 号.

———, 2020, 「全体主義と『アサイラム』——E・ゴフマンを強制収容所と全体主義社会の主題に導く四つの繋がり」, 『北海道医療大学看護福祉学部紀要』第 27 号.

内田　健, 1995, 「『ゴフマネスク』とは何か？——E. ゴフマンの著述スタイルをめぐって」, 『早稲田大学人間科学研究』第 8 巻第 1 号.

内田　良, 2001, 「児童虐待とスティグマ——被虐待経験後の相互作用過程に関する事例研究」, 『教育社会学研究』第 68 集.

———, 2002, 「スティグマの感情——相互作用過程における精神的傷害の二類型」, 『ソシオロジ』第 46 巻第 3 号.

矢吹康夫, 2011, 「強いられた「よい適応」——アルビノ当事者の問題経験」, 『応用社会学研究』第 53 巻.

山口　毅, 2003, 「スティグマ再考——「見せかけの受容」とその回避をめぐって」, 『ソシオロジ』No. 27.

山下幸子, 2000, 「障害者と健常者の関係から見えてくるもの——障害者役割についての考察から」, 『社會問題研究』第 50 巻第 1 号.

山下　力, 2004, 『被差別部落のわが半生』, 平凡社.

安川　一（編）, 1991, 『ゴフマン世界の再構成——共在の技法と秩序』, 世界思想社.

———, 1998, 「ゴフマン『スティグマの社会学』」, 見田宗介・上野千鶴子・内田隆三・佐藤健二・吉見俊哉・大澤真幸（編）『社会学文献事典』, 弘文堂.

吉田和正, 2006, 『結婚詐欺師クヒオ大佐』, 新風舎.

好井裕明, 2022, 『「感動ポルノ」と向き合う——障害者像にひそむ差別と排除』, 岩波書店.

Yoshino, K., 2007, *Covering: The Hidden Assault on Our Civil Rights*, Random House.

若宮啓文, 1988, 『ルポ現代の被差別部落』, 朝日新聞社.

渡辺克典, 2015, 「ゴフマネスク・エスノグラフィー」, 中河伸俊・渡辺克典（編）『触発するゴフマン——やりとりの秩序の社会学』, 新曜社.

Watson, R., 1999, "Reading Goffman on interaction," in Smith, G. (ed.), *Goffman and Social Organization: Studies in sociological legacy*, Routledge.

Williams, R., 1988, "Understanding Goffman's Methods," in Drew, P. and Wooton, A. (eds.), *Erving Goffman: Exploring the Interaction Order*, Polity Press.

ヴァンカン, Y., 1999, 『アーヴィング・ゴッフマン』（石黒　毅訳）, せりか書房.

Winkin, Y., 2010, "Goffman's Greenings," in M. H. Jacobsen (ed.) *The Contemporary Goffman*, Routeledge.

Wolff, K. H., 1950, *The Sociology of Georg Simmel*, The Free Press.

ザイデル, C., 2015, 『女装して, 一年間暮らしてみました。』（長谷川圭訳）, サンマーク出版.

ゴフマンの略年譜 (1922〜1968年)

　本書はゴフマンの『スティグマ』を主題としたものなので、年譜はそれに関連する時期に限定している。ゴフマンの経歴からいうとカリフォルニア大学バークレー校を辞職してペンシルヴェニア大学に転任するまでの時期である。
　アミカケ部分は、当時の情勢を示したものである。

年月	出来事
1922年 6月	父マックス・ゴフマンと母アン・アヴァバック（ともにロシア帝国領内のユダヤ人特別強制居住地区で生まれた東欧系ユダヤ人移民）の第二子として、カナダ・アルバータ州の田舎町マンヴィルで生まれた。3歳年上の姉フランセスがいた。
1926年 暮れ	4歳のとき一家でカナダ・マニトバ州ドーフィンに移り住んだ。
1937年	15歳のときカナダ・マニトバ州のウィニペグに家族で移住し、セントジョンズ技術高等学校に入学した。
1939年 9月	17歳でカナダ・マニトバ州にあるマニトバ大学文理学部に入学した。当初の専攻は「化学」を中心とした自然科学だった。
1939年 9月	ナチ・ドイツがポーランドに侵攻して欧州で第二次世界大戦が勃発した。
1941年 12月	日本が真珠湾を攻撃して太平洋戦争が勃発した。
1942年	3年次（20歳）にマニトバ大学を中途退学した。一時ウィニペグ市トランスコーナの弾薬工場で働いたのち、首都オタワにあるカナダ国家映画委員会で働き始め、1943年まで勤めた。
1943年 2月	スターリングラードの大攻防戦でソ連軍がナチ・ドイツ軍を破り、ガダルカナル島の攻防戦で米国軍が日本軍を破り、第二次世界大戦の戦局が連合国側の優位に変わった。
1944年	22歳でカナダ・オンタリオ州にあるトロント大学ユニヴァーシティカレッジ政治経済学部に編入学して、おもに人類学と社会学を学んだ。
1945年 5月	ナチ・ドイツが無条件降伏し欧州で第二次世界大戦が終結した。
1945年 8月	日本がポツダム宣言を受諾して太平洋戦争が終結した。
1945年 9月	23歳で米国・イリノイ州にあるシカゴ大学社会学科修士課程に入学した。このときトロント大学時代からの恋人エリザベス・ボットも同大学同学科に入学した。
1946年頃	勉学上・学生生活上のスランプに陥っていた。

年月	出来事
1947 年　3 月	本格的な「冷戦」の開始宣言とされる米国大統領トルーマンの議会演説「トルーマン・ドクトリン」が出された。
1948 年	米国・マサチューセッツ州ボストンの旧家出身のアンジェリカ・S・チョート（19 歳）がシカゴ大学の修士課程に入学してきた。
1949 年 10 月	27 歳で英国・スコットランドにあるエディンバラ大学社会人類学科のインストラクターに就任した。このときトム・バーンズと同僚だった。
1949 年 12 月	博士論文のフィールドワークのためにスコットランド北方沖にあるシェトランド諸島のアンスト島に渡った。これ以降の 18 か月のうち 12 か月をアンスト島でのフィールドワークに費やした。修士論文「絵で描出された経験に対する反応の諸特徴（Some Characteristics of Response to Depicted Experience）」をシカゴ大学に提出した。
1950 年	米国上院政府機能審査小委員会委員長マッカーシーを中心に展開された共産主義者弾圧の旋風「マッカーシズム」が起こった。以後 5 年ほど続き、「赤狩り」の追及は各種政府機関や映画界にも及んだ。
1951 年　5 月	アンスト島でのフィールドワークを終え、数か月間パリに住んで博士論文の草稿を執筆した。
1951 年 12 月	最初の公刊論文「階級ステイタスのシンボル（Symbols of Class Status）」が『英国社会学雑誌』に掲載された。
1952 年	この年から翌年にかけて、シカゴ大学社会科学部の「社会階層の命題目録のためのプロジェクト」（フォード財団助成でエドワード・A・シルズが統括）で研究助手を務めた。2 番目の公刊論文「カモをなだめることについて：不首尾に対する適応の諸相（On Cooling the Mark Out: Some Aspects of Adaptation to Failure）」が『精神医学：対人過程の研究のための雑誌』に掲載された。
1952 年　7 月	30 歳でアンジェリカ・S・チョート（23 歳）と結婚した。
1953 年　4 月	アンジェリカとの間に一人息子トーマス（トム）が生まれた。
1953 年 12 月	31 歳で博士論文「ある島コミュニティにおけるコミュニケーション行動（Communication Conduct in an Island Community）」をシカゴ大学に提出し、社会学博士号を取得した。
1954 年　5 月	ブラウン対教育委員会事件で連邦最高裁が「公立学校における人種分離教育は違憲である」との判決が下され、公民権運動の端緒となった。
1954 年　9 月	国立精神衛生研究所の社会環境研究ラボラトリーの客員研究員に就任したため、ワシントン DC の郊外にあるメリーランド州ベセスダに家族で移り住んだ。
1955 年	この年から翌年にかけての 1 年間、ワシントン DC にある公立精神病院のセントエリザベス病院で行動観察の調査をおこなった。3 番目の公刊論文「面子の作業について：社会的相互行為における儀礼的要素に関する一分析」（のちに『相互行為儀礼』に再録）が『精神医学：対人過程の研究のための雑誌』に掲載された。

年月	出来事
1955 年 12 月	アラバマ州モンゴメリでの公共交通機関における人種隔離措置に対する抗議運動である「バス・ボイコット事件」が起こった。「ブラウン判決」とともに公民権運動が急速に盛り上がるきっかけになった。
1956 年	英国・エディンバラ大学社会科学調査研究センターからモノグラフ・シリーズの 1 冊として『日常生活における自己呈示』が出版された。
1956 年 6 月	4 番目の公刊論文「表敬行為と品格行為の本性 (The Nature of Deference and Demeanor)」(のちに『相互行為儀礼』に再録)が『アメリカン・アンソロポロジスト』誌に掲載された。
1956 年 10 月	ジョサイヤ・メイシー・ジュニア財団後援でプリンストン大学で開催された「集団過程」に関する会議の第 3 回年次総会に参加し、セントエリザベス病院での調査結果を理論化して報告した。
1956 年 11 月	5 番目の公刊論文「決まりの悪さと対人社会的組織 (Embarrassment and Social Organization)」(のちに『相互行為儀礼』に再録)が『米国社会学雑誌 (AJS)』に掲載された。
1957 年 4 月	ワシントン DC で開催された「予防精神医学および社会精神医学に関するシンポジウム」にパネリストとして参加し、「全体的施設の特徴」というタイトルで報告した。
1957 年	公刊論文「相互行為からの疎外 (Alienation from Interaction)」(のちに『相互行為儀礼』に再録)が『ヒューマン・リレーションズ』誌に掲載された。
1958 年 1 月	35 歳で米国のカリフォルニア大学バークレー校の客員助教授に就任した。
1959 年 1 月	カリフォルニア大学バークレー校の准教授に昇任した。
1959 年 6 月	米国のダブルデイ・アンド・カンパニー社から『日常生活における自己呈示』の増補改訂版が出版された。
1961 年	『アサイラム』と『出会い』が出版された。『日常生活における自己呈示』がアメリカ社会学会 (ASA) によりこの年のマッキーヴァー賞を受賞した。この年の授業「逸脱と社会的統制」で『スティグマ』につながる講義をした。
1962 年 1 月	39 歳でカリフォルニア大学バークレー校の正教授に昇任した。
1962 年 4 月	ケンタッキー州ルイヴィルで開催された南部社会学会でマッキーヴァー賞受賞の講演で『スティグマ』に近い内容の話をした。
1962 年 12 月	公刊論文「精神病的兆候と公共の秩序 (Mental Symptoms and Public Order)」の元になる研究報告が神経疾患・精神疾患研究の研究出版協会の紀要に掲載された。
1963 年 8 月	黒人を中心とした 20 数万人の群衆がワシントン DC で「仕事と自由」を求めておこなった大デモンストレーション「ワシントン大行進」で公民権運動は最高潮に達した。この際にキング牧師がおこなった「私には夢がある」演説は有名である。

年月	出来事
1963 年	『公共の場での振る舞い』と『スティグマ』が出版された。
1964 年 1 月	公刊論文「精神病的兆候と公共の秩序」（のちに『相互行為儀礼』に再録）を収録したリオクら編の著書『コミュニケーションの諸障害』が出版された。
1964 年 4 月	精神疾患に苦しんでいた妻アンジェリカ（35 歳）がサンフランシスコ湾に架かる橋から身を投げて命を絶った。
1964 年 7 月	ジョンソン政権で公民権法が成立した。
1964 年 9 月	カリフォルニア大学バークレー校で「フリースピーチ［言論の自由］運動」が起こった。
1964 年 12 月	公刊論文「状況、この見落とされてきた研究対象領域（The Neglected Situation)」が『アメリカン・アンソロポロジスト』誌に掲載された。
1966 年	この年から翌年にかけての 1 年間、サバティカル・イヤーを取得し、ハーヴァード大学の国際事情センターの客員フェローとして勤務した。
1967 年	『相互行為儀礼』が出版された。
1968 年 6 月	カリフォルニア大学バークレー校を辞職した。
1968 年 9 月	46 歳でペンシルヴェニア大学に転任し、ベンジャミン・フランクリン記念講座の「人類学および社会学」教授に就任した。

あとがき

　1963 年に米国で出版されたゴフマン著 *Stigma* は、1950 年代から 60 年代初頭の北米の政治的・社会的状況の影響を受け、またそれに応答しているという意味で、時代と一体化した著書である。*Stigma* を読むときにまず必要なのがそうした位置づけである。その一方で、社会生活の深部の構造を抉り出した *Stigma* の分析には国や時代を超えた普遍的な知見が数多く含まれている。さらに、ゴフマンの着眼や視角には先見性さえ感じられる。

　その先見性を示す一例が、当時の米国の「スティグマ」問題と現代日本の「個人情報」の問題との符合である。2003 年 5 月 23 日に成立した個人情報保護法はその後何度か改正されたが、全面的に改正された個人情報保護法が 2017 年 5 月 30 日に施行された。この法律で新たに付け加えられたのが「要配慮個人情報」という規定である。

　　第二条
　　3　この法律において「要配慮個人情報」とは、本人の人種、信条、社会的身
　　　分、病歴、犯罪の経歴、犯罪により害を被った事実その他本人に対する不当な
　　　差別、偏見その他の不利益が生じないようにその取扱いに特に配慮を要するも
　　　のとして政令で定める記述等が含まれる個人情報をいう。

　この条文の背景にあるのは、要配慮個人情報に該当する情報によってその保持者に対する「不当な差別、偏見」が日本において現に生じているという認識である。同法の「ガイドライン」では「社会的身分」に関して、「ある個人にその境遇として固着していて、一生の間、自らの力によって容易にそれから簡単に脱し得ないような地位を意味し、単なる職業的地位や学歴は含まない」と述べられており、「非嫡出」「被差別部落出身」「在日何世」といった個人情報が想定されているようだ。もちろん条文だから「不当な差別、偏見」が具体的にどのような行為・処遇なのかは示されていない。憲法

上「人種、信条、性別、社会的身分又は門地により、政治的、経済的、社会的関係において差別されない」（日本国憲法第14条）ことになっている現代日本において、そのような「不当な差別、偏見」はどこにも存在しないようにみえる。だが、社会の表層を一皮むけば、この類いの「不当な差別、偏見」がそこかしこに残存していることに気づく。

　　今、熊本地裁及び広島高裁松江支部において、「家族訴訟」と呼ばれる裁判が進められている。原告になっているのは、ハンセン病患者の子あるいは兄弟姉妹であるというただそれだけの理由で、差別され、苦難の人生を歩み続けてきた人たちである。[2]

　引用文冒頭の「今」とは2018（平成30）年である。*Stigma* の術語でいえば「縁者のスティグマ」によって周囲から凌虐を受け辛苦を嘗めさせられているハンセン病患者の家族が生活しているのは「令和」の時代である。「被差別部落出身」であることを理由に「不当な差別、偏見」を受けている人たちの境遇もそうである。法務省人権擁護局が2020（令和2）年6月に発表した「部落差別の実態に係る調査——結果報告書[3]」によると、「現在でも部落差別があると思うか」という問いに対して「部落差別はいまだにある」と回答した人の割合が73.4%、「部落差別はもはや存在しない」と回答した人の割合が24.2%だった。改めて問われれば「部落差別はいまだにある」と考えている人が大多数だということである。60年前に米国でゴフマンが提起した問題が、日本では依然として「現代の課題」なのである。

　これらの問題の「解決策」が書かれているわけではないが、*Stigma* は「スティグマ」問題を考えていく上で必読文献である。しかし、米国での出版から60年、その邦訳が1970年に出版されて50年以上経つにもかかわらず、*Stigma* あるいは『スティグマの社会学』は日本の読者に近づきやすい著書になっていない。こうした現状をどうにかしたいとの思いから、筆者は本書を書き下ろすことを決意した。ここ10年ほど筆者が力を入れてきた「ゴフマン社会学とアーヴィング・ゴフマンの生活誌」研究をいったん中断して本書の執筆に取り組んだのは、ゴフマン生誕100年にあたる今年、ゴフマン社会学へのオマージュを書き著さなければならないとの使命感からである。筆者

がゴフマンの著書を読み始めたのは1980年代初頭である。大学院の指導教官だった故・佐藤毅先生が誠信書房「ゴッフマンの社会学」第2巻『出会い』の翻訳を手がけるなど、当時の大学院はゴフマンの著書に自然に親しむような環境だった。佐藤先生の授業で論文 "Footing" を講読したり、ゼミの仲間と開いた読書会では *Frame Analysis* を読了したりしていた。そうした機縁もあって、同輩の安川一（現・一橋大学大学院特任教授）が中心となり若手研究者が集まって『ゴフマン世界の再構成——共在の技法と秩序』（世界思想社）を1991年に上梓した。それから約30年、ゴフマンにとって大きな節目の年に *Stigma* の入門書を刊行できたことに、ゴフマン研究の先学として、「責務」の一端を果たした達成感と安堵を感じている。

　筆者を本書執筆へ突き動かした動因に関して「使命感」といった言葉で語ったが、出版の機会をくださった誠信書房の小林弘昌さんのご尽力に言及しないと公正さを欠く。「ゴフマン生誕100年の年にぜひ出版しましょう」という小林さんの熱意と叱咤激励があったからこそ、7か月弱という短い期間で本書を書き下ろすことができた。また、字句の添削から展開内容への助言まで、小林さんの的確で丁寧な指摘には何度となく助けられた。改めて御礼申し上げる。そして最後になるが、妻、富美子の協力により本書の完成度が高くなったことを付言しておく。長年養護教諭として幼稚園と小中学校に勤務し、社会学とは無縁の彼女が、今回本書の「最初の読者」として、わかりにくい記述箇所の指摘、ファクト・チェック、経験に基づく適切な助言をしてくれた。心から感謝している。

　　ゴフマンの40回目の命日である2022年11月19日を前に

薄井　明

1　「個人情報の保護に関する法律についてのガイドライン（通則編）」。https://www.ppc.go.jp/files/pdf/211116 _guidelines01.pdf［2022年7月19日閲覧］

2　ハンセン病家族訴訟弁護団 2018: 5。

3　https://www.moj.go.jp/content/001327359.pdf［2022年7月22日閲覧］

索 引

著者紹介

薄井　明（うすい　あきら）

1989 年　一橋大学大学院社会学研究科博士後期課程単位取得退学
現　在　北海道医療大学看護福祉学部教授
主　著　『ゴフマン世界の再構成』（分担執筆，1991，世界思想社）
　　　　『生と死の現在』（分担執筆，2002，ナカニシヤ出版）
　　　　『MINI-MAX 英単語倍増計画〈パワーアップ版〉』（単著，2012，郁文堂）

『スティグマ』というエニグマ
—— ゴフマン社会学（しゃかいがく）の新（あら）たな地平（ちへい）へ

2022 年 11 月 19 日　第 1 刷発行

著　者　薄　井　　　明
発行者　柴　田　敏　樹
印刷者　西　澤　道　祐

発行所　株式会社　誠　信　書　房
〒112-0012　東京都文京区大塚 3-20-6
電話　03 (3946) 5666
https://www.seishinshobo.co.jp/

あづま堂印刷／協栄製本

［ゴッフマンの社会学 1］
行為と演技
日常生活における自己呈示

日常世界に生起する相互行為のコンテクストにおいて、自己がどのように提示されるかを演出論的視点から追及する。社会学研究における日常性の復権を目指す先駆的著作。

E.ゴッフマン 著
石黒 毅 訳
四六判
3300 円

［ゴッフマンの社会学 2］
出会い
相互行為の社会学

対面的相互行為を詳細に分析した「ゲームの面白さ」と、伝統的な役割理論をこえて独自の研究局面を切り拓いた「役割距離」の二論文よりなる、初期ゴッフマンの代表作。

E.ゴッフマン 著
佐藤 毅・
折橋 徹彦 訳
四六判
2500 円

［ゴッフマンの社会学 3］
アサイラム
施設被収容者の日常世界

ゴッフマンの微視社会学の金字塔。一般社会と隔絶された空間の中で繰り広げられる社会的相互作用を、個人間、医師・職員と患者間等の個人に焦点を当てて論考した。

E.ゴッフマン 著
石黒 毅 訳
四六判
4800 円

［ゴッフマンの社会学 4］
集まりの構造
新しい日常行動論を求めて

日常の些細ではあるがパブリックな社会行動である「集まり」に焦点をあて、その構造と集団や社会に変形する過程を、シンボリック相互作用論および現象学的社会学の視点より考察する。

E.ゴッフマン 著
丸木恵祐・
本名信行 訳
四六判
3000 円

※価格は税別